80°
100°
120°
140°
160°
180°
160°
日本中央標準時子午線
北極圏
シベリヤ
ソビエト聯邦
中央アジア
滿洲國
新京
支那
北京
南京
東京
日本
香港
ネパール
ブータン
ビルマ
印度
印度洋
日附變更線
太平洋
ハワイ諸島
マーシャル群島
カロリン群島
ジャワ島
フィジー諸島
サモア諸島
ニューカレドニヤ
ニュージーランド
4500
4800
3400
1580
1440
883
海
極

叢書　戦争が生みだす社会 I

［関西学院大学先端社会研究所］

戦後社会の変動と記憶

荻野 昌弘 編

石田　淳
前田至剛
今井信雄
雪村まゆみ
池埜　聡
中尾賀要子
武田　丈
李　永祥

新曜社

叢書「戦争が生みだす社会」序文

荻野　昌弘

ふたつの世界大戦に代表される二〇世紀の戦争は、大量破壊、大量殺戮をもたらした。しかも、今もなお、世界で大量破壊兵器を用いた紛争が絶えることはなく、また、新たに戦争が勃発する可能性も否定できない。戦争はまさに今日的な問題であり、この問題を抜きにして、二一世紀の未来を語ることはできないのである。この意味で、戦争に関してさまざまな学問分野が、最新の方法を駆使して研究していくことの現代的意義は疑いえない。

戦争は単に破壊をもたらすだけではない。それは、その後の社会変動の契機ともなる。したがって、社会がいかに変容するかを捉えようとするとき、戦争がいかなる役割を果たしたのかを研究することは不可欠である。ジョン・ダワー『敗北を抱きしめて』が示したように、歴史学において、こうした観点から、「第二次世界大戦後」を捉えようとする流れが、一九八〇年代に本格化する。ただそれは、戦争のようなできごとが、いかに社会の変化を基礎づけているかを包括的に問うところまでには至っていない。本研究では、より包括的に、戦争というできごとと社会変動の関連性を分析するために、三つの概念を導入する。それは、**空間**、**移動**、**他者**という三つの概念である。

ダワーの著作の冒頭には、地図上に、一九四二年における日本の版図が示されている。それは、日本軍がもっともその勢力を広げた時点のものであり、日本軍は、アリューシャン列島から、現在のインドネシア、インドシナ半島、そして中国の一部に至るまで、広大な地域を支配している（実は、同様の地図は、高校の日本史の教科書にも載っている。本書巻頭地図参照）。この支配領域の広がりはほんの一瞬のことであったが、支配下にあった地域を変化させる重要な契機となったことは疑いない。

その後、敗戦時まで、この版図は収縮する一方であったが、この短期間における版図の拡大と収縮は、膨大な数のひとびとの移動を招いた。厚生省は、戦後の日本が経験した引揚げは「地理的規模」と「人員の総量」において前例がないと言い、次のように指摘する。

内南洋、ニューギニヤ、オーストラリヤ、ニュージーランド、ビスマーク諸島、ソロモン諸島、ボルネオ、蘭領東インド、馬來半島（シンガポールを含む）、ビルマ、タイ、仏領印度支那、台湾、満州（内蒙古含む）、中国、朝鮮、樺太および千島、欧露・シベリヤ・外蒙などソ連邦と関係諸地域、ハワイ、米本土、カナダ、南米、ヨーロッパ諸国、トルコ、アフガニスタン、その他ほとんど地球上のあらゆる隅々から日本人は故国へ帰還した。これは人類が経験した最も広範囲な集団人口移動である（厚生省『引揚と援護三十年の歩み』第三章11）。

ここで言われている「人類が経験した最も広範囲な集団人口移動」が、その後の日本とその占領地域にもたらした直接、間接の影響ははかり知れないであろう（特に、引揚げに関しては、本叢書Ⅱ巻で詳細に論じられる)。日本は敗戦を迎えたが、中国大陸では、共産党と国民党とのあいだに戦闘が生じ、敗れた国民党軍が台湾に渡ったことで、台湾社会も大きく変化することになった。朝鮮半島はふたつの国家に分かれ、朝鮮戦争が起こった。

戦争を通じて、新たに設けられる境界は、新たな国籍と、社会的カテゴリーを生みだす。複数の民族が同一国家に存在する場合(ほとんどの国家はそうである)、ひとつの民族が複数の国家にまたがって存在する場合など、新たな境界はさまざまな状況を生み、多様な「他者」を創出する。そして、新たな紛争の可能性をも生みだす。

イギリスの社会学者ジョン・アーリは、新たな社会学的基準として、「適切なメタファーを通じて、均衡状態や構造、社会秩序ではなく、動きや移動性、偶発的な秩序に焦点を当てた社会学を発展させる」ことを挙げている(アーリ『社会を越える社会学』)。まさに戦争というできごとが、「動きや移動性」を加速し、「偶発的な秩序化」を生んできた。これは、アーリのいう「基準」が、ごく最近になって生じた「新しい」社会学的基準というわけではないことを意味している。むしろ、「均衡状態や構造、社会秩序」などの、国民国家を暗黙の前提とした理論モデルの背後に、「真の問題」が隠されていたというべきであろう。

人文・社会科学の領域において、戦争研究を先導してきたのは、歴史学である。しかし、歴史研究では、特に日本を中心とした歴史記述の場合、「戦前」「戦中」「戦後」という区分が暗黙のうちに前提とされている。また、政治学においても、丸山真男がかつて「八月十五日にさかのぼれ」(八・一五革命説）といったように、戦前戦中と戦後には、大きな隔たりがある点が強調されてきた。

たしかに、「敗戦」を境にして、日本とその支配が及んでいた地域は、大きく変容する。しかしそれは、敗戦の時点で白紙の状態から始まるわけではない。戦争というできごと自体が、社会そのものを沸騰状態（日本に関していえば、少なくともミッドウェイ海戦の敗戦まで）におき、変容の大きな契機となるからである。

こうした沸騰状態は、他者と接触するなかで生じる。近代戦争の特徴は、⑴職業軍人だけではなく、多くの「国民」が動員され、⑵戦争の当事国だけではなく、広範囲の地域・国家に影響が及んだ点にある。日中戦争と太平洋戦争の戦場は、至るところに広がっており、それは、軍人だけではなく、強制収容所や強制労働、空襲や戦場になった地域の住民の避難や疎開、それによってもたらされる家族や友人、恋人の離散と新たな出会いを生みだす。戦争は、「他者」と遭遇する機会を飛躍的に増大させるのである。また、敗戦によって、大量の軍人、引揚者が自国に戻る、いわば国家の収縮過程が生じる。日本の場合、太平洋戦争敗戦後、元軍人をはじめ、「外地」に生活していた６５０万人に及ぶ者が帰国した。戦争開始から始まる社会の膨張と収縮、それに伴う人の移動の軌跡は、それ自体が社会を創り、変容させる大きな動因となる。また、それは、日本の旧植民地や占領地域に「空白」をもたらすことをも意味する。

戦前、戦中、戦後の物理的移動への注目は、必然的に空間の問題を問うことにつながる。そもそも、戦争は軍事施設の建設、陣地の設営、兵器生産への生産システムの改変（これは、工場の移動を伴う）を前提としている。また、戦争がひとたび終われば、これを土台にして、新たな空間への働きかけが行われる。敗戦国である日本の場合には、軍隊が解体したことから、旧軍用地の再利用は、戦後社会の形成と大きく関わっていた。つまり、かつての戦場や軍用地が、その後どのように利用されていくのか。それは、戦後の工業開発といかなる関係があるのか（あるいはないのか）といった問題は、戦後の日本社会の構造化を考えるうえで欠かせないものである。

また、近代戦争において用いられる核兵器や化学兵器は、破壊の対象を兵士ではなく、環境においている。広島と長崎への原子爆弾の投下は、このことを象徴する事件である。米国や実際に原爆を投下したエノラゲイの乗組員は、広島や長崎市民ではなく、広島市、長崎市と呼ばれる空間を爆撃したにすぎない。個々の被爆者の「顔」は、攻撃する側には見えない。湾岸戦争やイラク戦争は、こうしたタイプの攻撃がより純化されたものである。戦争による空間の生産、兵器を通じた認識の大転換は、人を環境、空間との関連で捉えようとしない社会理論が無効であることを示している。

本叢書は、以上のような問題意識のもとに戦争と社会変動との関係について問うものである。戦争が生みだす社会の実態と様相を、社会学、人類学、民俗学、カルチュラル・スタディーズ、社会福祉学等の分野における研究を通じて明らかにしていく。全体を全Ⅲ巻とし、以下のような構成とする。

Ⅰ巻　戦後社会の変動と記憶

本叢書全体の意義を示し、「空間」「移動」「他者」を分析概念として、太平洋戦争のもたらした社会変動（領土と空間の変容、旧軍用地の利用と都市形成）、境界と他者の記憶（戦争アニメ、戦争被害の語りと保存）に関する論考を収める。

Ⅱ巻　引揚者の戦後

「移動」のなかでも敗戦を契機に旧植民地域・戦地から一斉に移動した引揚者に注目し、引揚者が戦後の都市や農村の形成にいかに深く関わったか、また新たな文化をもたらしたのかを探究する。

Ⅲ巻　米軍基地文化

戦後、米軍の進駐・占領・駐留は、音楽、文芸などに大きな文化変容をもたらした。沖縄、横須賀をはじめとする米軍基地の存在は地域社会に影響を与え続けている。また、日本と同様、米軍が駐留してきたアジア諸国との文化交流を探る。

本叢書は、二〇〇八年四月に発足した関西学院大学先端社会研究所の共同研究の成果である（先端社会研究所共同研究「戦争が生み出す社会」二〇〇八～〇九年度、ただし、日中戦争に関しては、二〇一〇年度も継続）。

先端社会研究所は、文部科学省二一世紀ＣＯＥプログラム「『人類の幸福に資する社会調査』の研究」（二〇〇三～〇八年度）を持続・発展させるために生まれたものである。「人類の幸福」というおそらくは結論がでないような問題をいかにして「調査」するのかという研究基盤がＣＯＥプログラムによって整ったという認識から、研究所発足後は、研究の第二段階として、「他者問題」に関する研究をテーマとして掲げた。これは、「人類の幸福」を考えるには、ある特定の共同体の幸福ではなく、共同体の網の目から抜け落ちたひとびとの現実を捉える必要があるという問題意識から生まれたものである。これらのひとびとを「他者」と捉え、他者が抱える問題を調査することが、「人類の幸福に資する社会調査」につながると考えたのである。他者の問題を考えるうえで、具体的に戦争を取り上げた理由はすでに述べた通りであり、より詳しくは叢書全体を通して理解していただきたい。

戦争という新たな研究領域を開拓するため、二〇〇九年には中国、韓国、オランダの研究者を招聘し、国際シンポジウム「戦争が生み出す社会パートⅠ」を開催した。また、39th Congress of International Institute of Sociology では、War and Society という部会を開催した。二〇一〇年には、映画監督の森達也氏を迎え、「戦争が生み出す社会パートⅡ」を開催した。この間、研究会では、先端社会研究所関係者のほかに、野上元氏（筑波大学）、福間良明氏（立命館大学）、一ノ瀬俊也氏（埼玉大学）、祐成保志氏（東京大学）、竹沢尚一郎氏（民族学博物館）、内海博文氏（追手門学院大学）の各氏に報告していただいた。加えて、二〇一〇〜一一年度の先端社会研究所共同研究「共生・移動プロジェクト」では、日中戦争の舞台であった雲南省における戦争の記憶について、雲南社会科学院に委託調査を依頼した。その成果の一部が本書第7章である。

いち早く近代国家へと足を踏み出した日本と中国、朝鮮半島など他のアジア地域では、近代国家としての境界への認識をもつようになる時期にもずれがある。これが、現在の領土をめぐるコンフリクトにつながっている。こうした点を認識したうえで、日中戦争や日本による植民地化が、戦後も影響を与えている点について共同研究を行うことこそ、アジア地域の研究者が担うべき役割であろう。

目次

装幀　鈴木敬子（pagnigh-magnigh）

＊本文中の写真は断りのない場合、編者・著者の撮影・提供による

序章　「戦争が生みだす社会」研究の課題

荻野　昌弘

1　暴力をいかにとらえるか

1・1　社会学における暴力の不在

人類の歴史が始まって以来、戦争は絶えることがない。人間の社会に、戦争はつきものであるといってもよい。この意味で、社会について考えるためには、戦争は避けては通れない問題である。ところが、社会学はこの問題について、ほとんど考えてこなかった。戦争はあくまで例外的な事態であり、通常の社会の状態とは異なると見なされてきた。社会学理論の考察対象から排除されたため、一部の例外を除けば、戦争は社会変動において、いかなる役割を果たすのかという理論的な問いが立てられることもなかった(1)。

これは、社会学理論が、ほとんど暴力の問題を取り上げてこなかった点とも関わっている。社会システム論では、暴力の噴出は社会システムの終わりを示しており、社会システムが成立していることを前提としている以上、暴力は考察の対象にはならない(2)。現実には、社会問題という言葉が用いられるとき、多くの場合、暴力が絡んでいる。一般に犯罪に暴力が関わっていることはもちろんのこと、いじめや虐待(児童虐待から高齢者虐待に至るまで)など、近年社会問題とされているものは、暴力の問題なのである。

それにもかかわらず、暴力が社会学的思考の対象とならず、また暴力という用語が社会学的概念として用いられなかったのは、ひとつには、しばしば指摘されるように社会学者の関心が社会の均衡状態のほうにあり、また、社会が安定している状態を考察の対象としてきたからである。こうした姿勢は、近代に対する信仰によって支えられてきた。文明化が進むにつれて、暴力を行使する機会は薄れ、ひとびとは物理的暴力が行使される事態を不快に感じ、極力これを忌避するようになるという文明化の理論が、その典型である(Elias [1939] 1969 = 1977)。現実には、二十世紀こそまさに戦争の世紀であり、また暴動、内戦、革命、反乱の時代であった。日常生活における暴力は忌避されるようになったかもしれないが、集団間の暴力は、頻繁に噴出するようになったのである。

1・2 社会という集合

暴力が社会学の対象となっていない事実は、より深く考えてみると、社会学そのものの理論的前提と関わっていることがわかる。それは、社会学が、おもに境界線内部の集合だけを「社会」としてとらえ、境界内集合とその要素を対象とする方向に収斂してきたという点である(3)。仮に、異なる集合を比較することがあっても、個々の集合は、閉じた集合としてとらえられてきた。

社会学における集合の構成要素の概念化には、いくつかのタイプがあるが、一個人をひとつの単位とするのが、最も一般的である。集合の要素である自己Aは他の自己B・C…Xとともにある集合の構成要素となる。Aにとって、B・C…Xは、他者として定義され、自己と他者のあいだの相互作用やコミュニケーションが論じられる。社会学で用いられる「家族」「町内」あるいはより抽象的な「社会」のような概念は、すべてこうした集合の内部に位置する境界内存在のみを射程に入れている。

このように、自己と他者を区別するのは、個人主義的な(もしくは近代的)哲学の反映である。たしかに社会学では、自己を中心として、自己と他者を含む、あるいは複数の自己が集まる集合をとらえるのではなく、他者の存在を媒介として自己が存在すると考える(4)。しかし、このような発想の転換は、集合とその構成要素としての自己という認識を変化させるには至らない。境界内存在だけが対象となっているからである。

古典的な社会学においては、社会は、境界内存在の集合としてとらえられ、具体的には、共通の文化的背景をもった国民国家がイメージされている。その典型が、エミール・デュルケームである。デュルケームは、フランスの第三共和政における共和国の道徳はいかにあるべきかを追求し、社会学を通じて、国民道徳を確立しようとした。デュルケームが強調していた社会の統合を支える規範の重要性は、まさにフランス共和国の国民道徳による統合の必要性を念頭においたものである。こうした社会観では、他の国家とのあいだに紛争が生じるかどうかは、問題の埒外にある。

また、タルコット・パーソンズのような社会学者が、社会学以外の分野（特に自然科学の分野）から「システム」のような概念を導入してきたのも、社会学が社会の自律性を前提としてきた点を端的に示している。パーソンズが関心を抱いていたのは、社会システムがいかなる条件において安定するかという問題であり、これは、境界内集合にパーソンズの関心が集中している点を示している。パーソンズの理論は、相対的に政治的、経済的、社会的安定性のあった一九五〇年代のアメリカ合衆国に暗にその根拠をおいていたと思われる。言いかえれば、一見抽象度の高いその理論を支える社会観は、アメリカという国家をモデルとしていたのである。

デュルケームやパーソンズの理論の延長線上に、社会学は、社会秩序の形成過程を社会の成員がいかに統合されるかという問題として理解し、境界内存在の集合だけに関心を払いながら、秩序を支えているのは規範であるという前提に立ってきた。その一方で、集合内の秩序維持に実は深く関わっている境界外存在を、考慮の外に置いてきた(5)。今日、このような社会学の伝統に批判的な社会学の潮流が生まれつつある。この潮流は、境界内存在の集合として社会をとらえる既存の社会学が、「グローバル化」によって意味を失いつつあるとして、「ネットワーク」のような新たな概念群の重要性を指摘する。そして、この新たな概念群を用いることで、「移動」や「流動性」のように、古典的な社会学においては、考慮されることがなかった問題をとらえることが可能になるという(6)。こうした発想は、国民国家を社会の暗黙のモデルとしてきた社会学に対する批判的視点を提供しているが、国家を越えるネットワークの存在を強調するだけでは、新たな社会学理論としては不十分だといわざるをえない。国境をめぐるコンフリクトは、今も絶えることがなく、それどころか、テロリスト、ウィルス、麻薬などさまざまな

「外敵」から、国境の「安全」を守るための策が講じられ、国境警備は強化されている。国境を越える流動性の程度が高まれば高まるほど、境界内存在の集合としての国家は、国境の重要性を認識していくのである。

2　境界の設定と社会

2・1　二重の境界

境界が設定もしくは再設定されるときに、暴力を伴う可能性が高くなるにもかかわらず、境界がいかに設定されるかについて、社会学は問題にしてこなかった。社会学が暴力や戦争をその対象としない理由も、ここにある。暴力と戦争を社会学としてとらえるためには、まず境界の問題を考えなければならない。境界内存在だけを対象とするのではなく、境界が設定される過程を通じて、いかにして境界内存在と境界外存在が区別されていくかについても、とらえていかねばならないのである。

そこで注目すべきなのは、ある境界が設定されるとき、実はもうひとつの境界が引かれているという点である。まず、一つの境界が設定されることによって、境界内と境界外が区別される。それは、境界内、境界外それぞれの環境を表象することを通じて進む。ただし、第一の境界が設定されて、それで終わりではない。第一の境界が設定されると同時に、第二の境界が設定されるからである。それは、表象された境界外存在と、いまだ表象されていない境界外存在、潜在的に表象可能性がある境界外存在とのあいだに引かれる境界である。このもうひとつの境界の外部には、境界内存在の関心の埒外であるか、関心はあってもいまだその表象に十分な知的エネルギーが、費やされていないような領域が存在する。境界の設定とは、つねに二重の境界を設定することにほかならないのである。

境界の二重性は、あらゆるタイプの境界設定に内在している。たとえば、村落共同体における村境の設定に、境界の二重性という特徴が表われている。村境の外部には「他界」が存在し、祖先の霊がそこに棲むと考えられている。そこは、いずれは自らが向かうべき場所であり、村人たちにとって、けっして無縁な場所ではない。それどころか、村人たちは他界に存在すると見なされている祖先の霊と定期的に象徴交換を行う(7)。村境の外にある山なども境界外の空間でありながら重要な意味をもつ。なぜなら、そこには山の神や主が住むと考えられているからである。村境の外部は、完全に関心外の世界ではない。そこは、容易に足を踏み入れてはならない危険に満ちた場所であり、また、村の生活を支配する山の主や祖先の霊などの象徴的存在が住む空間でもある。

このように、村境の外部にありながら、象徴的意味を帯びる空間の先には、関心の対象外である空間が広がる。実は、ここにもうひとつの境界が引かれているのである。ただし、それは村人たちにとっては、ほとんど存在しない、無に等しい空間である。村から失踪した者は、何者かによって連れ去られたのかもしれないし、みずから進んで村を出たのかもしれない。しかし、村人たちは、こうした「現実的」な推論を働かせるのではなく、「神隠し」にあったのだと認識する。失踪者の捜索を山のなかで行うときにも、この認識に基づいて、儀礼的な手続きを踏んで行われる。失踪者が、遠い都のような第二の境界の向こう側にある未知の世界に行ったと公言することは許されない。なぜなら、それは、村人が信仰する他界のような境界外空間以外に、未知の世界が広がっているという認識を排除するシステムができあがっているからである。

境界外存在を敵対者として措定する場合も、同様の論理が働いている。敵は神や祖先の霊に守られた秩序を脅かす脅威であり、敵の攻撃に対して防御の必要性がある。また、機会があれば、敵を制圧しようとする。敵対関係がなかば恒常的になると、敵との対立において、境界内の秩序が維持されるようになり、敵の存在は欠かせないものとなっていく。この段階では、敵と味方陣営（境界内存在）は、敵対すると同時に相補的な関係を築いている。味方と敵の双方は、お互いのあいだにある境界の防衛を強化することで、ある意味ではひとつの集合となり、対立関係を維持しながら、このなかば一体化した集合と、その外部とのあいだに潜在的な第二の境界を引くことになる。

2・2　第二の境界の可視化

先祖の霊や敵対者を境界外の存在として表象することによる境界設定は、境界の向こう側にある世界を原則として排除する。これに対して、十九世紀から本格的に発達する国民国家では、第一の境界としての国境が人工的に設定されると同時に、第二の境界が可視化される。その結果、それまでは縁のなかった世界が、支配可能性のある地域として明確に意識される。いわば、境界の二重性が積極的に活用されるのである。これが、あたかもパンドラの箱を開けてしまったかのように、暴力を誘発していく。

以上のプロセスは、まず、境界外存在を「外国人」として認識することから始まる。外国人は、国民国家＝社会に、完全には帰属していない存在である。ただし、境界内存在と同じ「人間」であることもまぎれもない事実である。境界外存在が、単に排除されるべき存在ではなく、交流可能な存在として認識されるのである。つまり、他者としての外国人とは、境界によって外部に遠ざけられるだけの存在ではなく、新たな境界が設定されることによって、視界に入ってくる存在である。他者は、単なる差異、排除の対象ではなく、同時にどこかに親和的な部分をもち、場合によっては、親近感や愛着さえ感じられる存在となる。もちろん、それが純粋な親近感であるとは限らない。そこには、支配可能な空間を拡大しようとする意志が伏在している。表象された存在は、やさしく包まれながら支配される、包含＝支配の対象ともなりうる。

つまり、国境の設定＝他者の認識は、単に他者を認識したということではなく、領土の拡大と密接に関わっている。国境は、完全に固定されているわけではなく、移動することが前提とされているのである。領土を拡大するために、ヨーロッパ内部（特に西欧）に成立した国民国家のあいだでは、境界をめぐる闘争が始まり、ふたつの国家のあいだを行き来して、帰属先が定まらない地域が生まれる。フランスとドイツのあいだで、その領有権をめぐって戦争が起こったアルザス・ロレーヌ地方が、その典型である。

西欧諸国の領土拡大のための攻撃対象は、西欧内部にとどまらない。領土拡大の欲望は、ヨーロッパ外部にも注がれる。植民地は、それまで国境が設定されていなかった他者の土地を、場合によっては暴力も行使しながら占有し、境界を設定することである。それは、異質な存在、野蛮な存在の住む地域への単なる侵略ではなく、他者像の構成を通じた権力関係の構築である。たとえば、イギリスとフランスの知識人が生みだしたオリエント地域に関する知は、単なる趣味的な文学的あるいは美学的産物ではなく、植民地の形成と密接に関係している。エドワード・サイードによれば、それは、西欧とオリエントの差異をとらえるだけではなく、西欧の優位を前提として、オリエントをあらかじめ劣った存在、抵抗しても勝利しえない存在として表象している（Said 1978＝1986）。それは、生身の身体をもった存在というよりは、イメージされた存在である。

また、植民地の形成は、植民地と宗主国とのあいだに支配関係に基づく境界を引くと同時に、宗主国と植民地以外の地域とのあいだに明確に第二の境界を引く。西欧内部の国民国家ではなく、その植民地でもない、第三の地域も明確に認識されるようになる。それは、いずれ植民地や勢力圏内に取り込まれるか、そうでなければ敵対する可能性がある境界外地域である。第二の境界が可視化されることで、それまでは縁のなかった世界が、支配可能性のある地域として明確に意識されるのである。

境界の位置が移動すると、誰が他者なのかという他者認識にも変化が生じる。たとえば、それまで境界外だった地域がある国家によって植民地化されると、宗主国と新たな植民地は、同一の集合に帰属するようになる。しかし、植民地の住民が、完全に宗主国の国民と同等の資格を得るわけではない。宗主国と植民地のあいだには厳然とした境界が存在し続ける。このもともと存在した境界を第一の境界とし、宗主国と植民地をひとつの集合ととらえ、これとその外部とを隔てる境界を第二の境界とすると、いずれの境界が注視されるかによって、植民地住民の社会的位置が変わる。第一の境界が注視される場合、植民地と第三の地域は、宗主国にとって、いずれも他者である。また、第二の境界が特権視される場合には、宗主国と植民地とは、同一の集合に帰属すると見なされる。宗主国にとって植民地は、あるときには、境界内に包含され、あるときには境界外に排除される存在となるのである。

このように、第一の境界と第二の境界のふたつの境界が使い分けられることによって生まれる両義的存在こそ、特に他者性を担った存在である。植民地は、この意味で典型的な他者である。植民地あるいは支配される側にとっても、支配者は他者であり、闖入者でもある。ただし、境界設定の主体は宗主国であり、植民地は宗主国が設定した境界には元来何ら関心はなかったはずである。

境界の設定は、多かれ少なかれ恣意的なのである。したがって、植民地とされた地域は、宗主国による境界設定を完全に容認したわけではなく、必ずしも世界を宗主国の引いた境界に基づいて認識しているわけでもない。

オリエントの表象に限らず、境界の外部を可視化し、意味づけていく営みである他者像の構成は、国民国家の形成を促す。また一方で、境界内存在は、共通の「文化」をもつ社会の正式な成員として公認される。このメンバーシップは、国家秩序を支え、国家に対する帰属意識を醸成する。国民国家が形成されつつあった十九世紀の西欧では、まだひとびとの国家への帰属意識が十分ではなかったが、軍隊の組織化などによって、国家の一員としての意識が形づくられていった（Mann 1993＝2005）。

2・3　世界大戦

境界の変更は、多くの場合、暴力を伴う。その最たるものが、戦争である。国民国家という新たな境界設定の方法が浸透した結果、戦争が生じることを端的に示しているのが、第一次世界大戦である。アンソニー・ギデンズは、戦争と工業化が結びつくことで、第一次世界大戦ではそれまでにはなかった残虐な殺戮が可能になったと指摘する。また、一部のエリート軍人だけではなく、国民全体が動員されることで、市民意識が醸成されることになったという（Giddens 1985＝1999）。これは誤りではないが、なぜこうした新しいタイプの戦争が生じたかといえば、それは、国民国家という社会の境界設定方法が、不可避的に境界をめぐる闘いを引き起こすからである。お互いが塹壕のなかから相手をにらみ、攻撃を繰り返しながらも対峙する状況が続く第一次世界大戦の戦闘形態にも、その特徴がよく表われている。

戦争によって大きく変化するのは、直接戦闘に関わる軍隊や戦場となった地域だけではない。国民国家間の戦争では、戦闘が行われる一方で、戦地以外の状況にも大きな変化が訪れる。それは、第一次世界大戦期に、慢性的労働力不足から、周辺諸国ではなく東欧、アフリカ、アジアからの移民が増加した点に如実に表われている。歴史学者のイブ・プルシェは、この経緯について、次のように記述している。

> 外見と服装のちがいから、アフリカ人、中国人、アラブ人はすぐにわかり、ひとびとは、それに驚き、不安を抱いた。フランスは、その領土にさまざまな人種を見出したのである。閉鎖的な世界、他者を閉ざした国（フランスのことを指す　筆者注）は、これらの見知らぬ集団を、はじめは好奇心をもって、それから極度に恐れながら眺めた（Pourcher 1994: 278）。

プルシェは、「戦争は、かつてなかったほどの想像を絶する大規模な人種の交わりをもたらした」と言う。

フランス革命を経たフランスは、出生率が低下し、不足した労働力を供給するため、十九世紀なかばには、周辺諸国から積極的に移民を受け入れ始める。その結果、周辺のイタリア、スペイン、ベルギー、スイスなどから労働者として移住する者が増加する（Armengaud 1977）。境界外存在は、排除の対象ではなく、必要があれば、労働力として活用されるようになったのである。

こうした傾向に拍車をかけると同時に、国民国家という境界設定が潜在的にもっている、二重の境界の動員力が、最大限に発揮されるのが、世界大戦なのである。フランスは、戦時期の労働力不足から、植民地（アルジェリアは、植民地ではなく、フランス領土という扱いではあるが）から、兵力だけではなく、労働力も調達する。また、「東欧」のように、直接植民地ではない地域もより積極的な意味をもつようになり、第一次世界大戦のあいだには、フランスの隣国で対戦国であるドイツより東に位置する地域（第二の境界の外部）というだけではなく、労働者の供給源としての役割が大きくなる。第二の境界の向こう側は、もはや無に等しい世界ではない。二重の境界が、意図的、戦略的に動員されているのである。第二の境界を可視化するとはこのことである。戦争状態では、いうまでもなく敵こそ最大の関心の対象である。したがって、近代以前の戦争であれば、敵以外の境界外存在は関心の埒外に消え去ってしまうはずである。潜在的境界の外部は、視野の外におかれるはずなのである。しかし、近代戦においては、潜在的境界の外部にも関心が向かっている。ふたつの境界のうち、第一の境界だけではなく、第二の境界も不可視の状態から積極的に可視化される。

現在においても、先進資本主義国家が外国人労働者を雇用するのは、旧植民地や、戦争などを通じて一時的にせよ支配した地域などからである場合が多い。これは、かつての境界設定が、依然として有効であることを示している。境界の設定は、絶対的なものではない。なぜなら、境界が、状況に応じて変化するからである。境界内の範囲の拡大と縮小は境界の位置を変化させる。絶対に見えるような国境でさえ、戦争やさまざまな紛争、政治的決着によって、変化していく。これは、第二次世界大戦前の世界地図と戦後のそれとを比べれば、歴然としている。しかし、境界が変化することによって、完全にかつての境界が消滅するわけではない。それは、残存し続ける。そしてそれが、労働力を確保する際に活性化するのである。

企業は、労働力が必要な場合には、積極的に外国人を境界内に取り込んでいく。しかし、景気が悪化すると、外国人労働者は解雇されてしまう。このように、外国人が他者として活用される状況を可能にしているのは、二重の境界の存在である。国境（第一の境界）とは別に第二の境界が暗に引かれており、ふたつの境界の狭間にある他者が、労働者として雇用の対象となるのである(8)。

戦争を通じて、新たに設けられる境界は、新たな国籍と、社会的カテゴリーをつくりだす。複数の民族が同一国家に存在する場合（ほとんどの国家はそうである）、ひとつの民族が複数の国家にまたがって存在する場合など、新たな境界は、さまざまな状況を生み、多様な「他者」を創出する。そして、新たな紛争の可能性をも生みだす。たとえば、太平洋戦争が終わり、日本軍だけではなく、連合軍も退いた後、中国大陸では、共産党と国民党とのあいだに戦闘が生じ、敗れた国民党軍が台湾に渡ったことで、台湾社会も大きく変化することになった。朝鮮半島はふたつの国家に分断され、朝鮮戦争が起こった。

第二次世界大戦後、二大勢力となったアメリカとソ連は、直接戦争を行うのではなく、いわば場外乱闘のように、米ソのいずれにも支配されていない地域を支配下に置こうとすることで、つねに米ソ以外の地域で紛争を起こすようになる。冷戦期の二極構造は、米ソ間で排他的な敵対関係を築いている。それは、両者のあいだで充足した対立関係ではなく、第二の境界の外側をいかに支配するかが、ふたつの巨大勢力の最大の関心事となる。第二の境界の外側が、ますます重要な意味をもつようになるのである。

3　戦争が生みだす社会

3・1　太平洋戦争と戦後社会

十九世紀以降の国民国家の形成において、戦争は決定的な意味をもっている。また、戦争が及ぼす効果は戦時期に限ったものではなく、戦後社会の復興と再構築においても大きな役割を果たす。アンリ・ルフェーブルは、戦争は単に破壊するだけではなく、創造もすると言い、戦争による破壊と、その後の都市復興が、資本の原始的蓄積を推し進めたと指摘している（Lefebvre［1974］2000＝2000）。戦争は、例外的なできごとではなく、まさに社会を生みだしているのである。本書は、日本を中心に太平洋戦争が、戦後社会にいかなる影響を及ぼしたか解明することを目的としている。

太平洋戦争に関しては、小説、マンガ、ラジオ・テレビドラマ、映画などで戦争が描かれてきた。近年では、太平洋戦争に関する歴史学的研究も本格的に刊行され(9)、当事者自身による戦争体験の回顧録出版や、研究者による聞き取り調査なども盛んに行われている。こうした戦争に関する記述において、戦中と戦後のあいだには、明確な境界が引かれている。戦争が終わるとともに、しだいに社会は通常の状態に戻り、戦後が始まることが、暗黙の了解事項とされている。佐藤卓己が指摘したように、八月一五日＝終戦記念日という歴史的境界は、すぐに引かれたわけではない（佐藤 2005）。しかし、八月一五日は、終戦を示す歴史的記号と見なされ、日本は（そして、連合国も）、戦争という例外状態から脱却し、戦争は、過去のできごととなるという認識が、共有されるようになる。戦時は、戦前と戦後というふたつの時代区分にはさまれた特別で、例外的な時期としてとらえられるようになる。

また、太平洋戦争は、おもに個人の記憶との関わりにおいて、語られ、表象されている。特に、戦争の体験者が高齢化するにつれ、戦争体験を記録しようという動きが、行政からマスメディア、研究者に至るまで、非常に高まってくる。戦争がなければ記録されることがなかったであろう、無数の個人的体験が記録されていく。一方で、こうした個々の戦争体験が、総体としていかなる意味をもつのかについては、ほとんど考察されていない(10)。戦争は、例外的で異常なできごととして認識され、しかも、それは、個々人の記憶の集積として、表象されていく。

本書は、個人の意識のなかに潜む戦争経験ではなく、戦争が生みだした社会そのものをとらえるために、いくつかの新たな視点を提供しようとしている。それは、すでに触れている「境界」のほかに、「移動」と「空間」というふたつの概念に基づくものである。

3・2　戦争と移動

近代戦争、特に第二次世界大戦は、大量の兵士や軍関係者を動員し、空襲や戦場になった地域においてかつてないほどの無数のひとびとの移動を伴ったできごとである。日本の場合、太平洋戦争敗戦後、元軍人をはじめ、「外地」に生活していた620万人を越える人々が帰国した。この人口移動そのものの実態がいかなるものであったのかについて、戦後社会への影響も含めて明らかにする必要がある。

本書の第1章では、戦争と人口構造の変容に関して詳細に論じられる。戦争は膨大な数の死傷者を生む。しかし、敗戦直後の日本の人口は引揚げ・復員によって増加しており、これにベビーブームが拍車をかける。敗戦によって縮小した国土のなかで、人口そのものは増えている点に注目する必要がある。既存の社会学は、「定住」を前提としたかたちで理論構成を行ってきたため、移動という言葉が用いられるときには、階層間の移動を意味する社会移動だけが問題にされてきた。人口移動が扱われるのはあくまで社会移動との関係においてであり、その対象とされるのは、市町村、都道府県のような行政区分間の移動だけである。戦争や大規模災害などを契機とした国際的規模の人口移動に関しては、ほとんど扱われることがない。社会学が境界内存在の集合だけを対象とするとは、より具体的には、住民登録に基づいた定住の原則を前提にしていることを意味する。最近でこそ、空間の移動が議論されるようになっているが、それは観光を研究対象としている場合などだけである。言うまでもなく観光では、観光地での滞在は一時であり、定住している場所に戻ってくることが前提である。観光のように、最低限の安全が保証されているなかでの移動ではなく、行く先のあてのない移動、どこが定住先なのかわからない不確定な状況における移動こそ、対象にされていかねばならない。

第5章で取り上げられている在米被爆者の問題は、戦争と移動の関わりを端的に示している例である。近代国家における人口の膨張の対応策として、移民を国外へ送り出す政策が採られる。日本でも、戦前から植民だけではなく、北米や南米への移民政策が採られた。在米被爆者のなかには、日系二世として、アメリカに生まれながら、一世の意志で渡日し、日本で教育を受けているときに戦争が勃発し、アメリカに帰ることができなくなり、広島で被爆したひとたちがいる。この被爆者たちは、終戦後、アメリカに戻るが、被爆者としての補償は、日本、アメリカいずれの政府からも受けられない。

戦争は、第5章の在米被爆者のように、ふたつの国家のあいだで、明確な居場所がない存在を生みだす。いずれの国家においても、定住の原則から外れているため、社会的位置を確保できない両義的存在が生まれるのである。こうした両義的存在は、いずれの国家からも境界外存在として排除される可能性がある。まさに、こうしたひとびとの移動の軌跡こそ、取り上げられるべきなのである。

3・3　戦争と空間

戦争を社会学的にとらえる場合に不可欠となるもうひとつの概念が空間である。そもそも、戦争と空間は、切っても切れない関係にある。なぜなら、戦争とは支配できる空間を拡大しようとする行為だからである。それは、第一次世界大戦を契機に、「大気」まで含むようになる。ペーター・スローターダイクは、これを「化学戦」と呼ぶ(Sloterdijk 2002 = 2003)。化学戦は、第一次世界大戦に、ドイツ軍の「ガス連隊」が、塩素ガスを大量に使用した時点に端を発している。ガス爆弾は、敵の兵士の身体に対してではなく、敵の環境を攻撃することを目的としている。そこでは、「敵の身体を〝生きられない環境〟の内に十分に長い間閉じこめておくことで、生存を不可能にすることのできる可能性」が追求される。それは、「古典的戦争(対等な能力のある敵対者同士の古いチャンバラ)」から「テロリズム」への移行であり、「人に対する暴力」と「事物に対する暴力」の区別を廃棄する。環境自体が攻撃対象となることで、人と事物を区別する必要はなくなるからである。人間を直接に攻撃しなくとも、環境を攻撃さえすれば、人は死ぬのである。

戦争が空間の支配をめざすものであるとすれば、戦争を通じてなされた空間の再編成は、社会そのものを変容させ、また、その後の社会の進展を基礎づけていく。しかし、空間の問題は暴力同様に、既存の社会学において、ほとんど扱われてこなかった。空間の重要性について論じていたのは、すでに本章で言及したルフェーブルの『空間の生産』だけである（Lefebvre［1974］2000＝2000）。ルフェーブルは、おもに工学的側面からとらえられてきた建築や都市計画は、社会に外在的なものではなく、社会の再編成に不可欠な要素であることを明らかにした。まちを創ることは、社会を形成することをも意味するのである。

大きな被害を被った太平洋戦争敗戦後の日本でも、戦災復興とは、まず新たな空間を生産することだった。いまでは想像することが難しいが、敗戦までの日本では軍隊関連施設が占める面積は広大で、しかもそれは、一九三〇（昭和五）年ごろから拡大の一途をたどり、それは一九四五（昭和二〇）年まで続いた。この広大な軍用地が、軍隊の解体によって一瞬のうちに空白地帯となった。その多くは、当初、農地として利用された(11)。それは600万人を越える引揚者の雇用対策であると同時に、食料供給源であった植民地を失ったために生じた食糧難への対応策でもあった。

旧軍用地は、農地以外にも、大学などの文教施設、官公庁施設あるいは、工業用地としても利用された。特に一九六〇年代に入ると、農地は工業用地に転用されていった。これは、旧軍用地が工業開発に広く利用されたことを示している。図式的にいえば、(1)戦前から戦中に至る軍用地の拡大、(2)敗戦後の大規模な農地開拓事業、(3)高度成長につながる工業化とそれに伴う都市部の拡大という土地開発の流れは、日本の戦後社会の形成の過程でもある（荻野 2012）。

第2、3章では、北関東と東海地域で、戦前において、軍隊がいかに地域の変化をもたらしたのか、また、旧軍用地が戦後どのように開発されていったのかについて論じている。軍隊は、道路などの整備や病院の設置、軍需産業の育成など、地域の開発を推進する牽引車となる。敗戦まで、軍隊の設置は、公共事業の性格を兼ね備えていたのである。

戦後は、米軍が進駐し、旧日本軍軍用地を中心に、相当の規模の土地を占領した。それは、新たな他者の到来を意味した。その一方で、旧軍用地はしだいに開発された。工場が建ち並ぶ地域には、一九九〇年代から、日系ブラジル人などの外国人労働者がやってきた。それは、新たなタイプの他者であり、外国人労働者に対する排他的な意識が、覚醒されることもある。

旧軍用地の開発は、過去の痕跡を消し去る。しかし一方で、過去を保存しようという動きも生まれる。戦災に遭った建築物を戦争遺産あるいは負の遺産として残そうという動きが、それである。世界文化遺産に登録された原爆ドームがその象徴である。

第7章では、日中戦争における激戦地だった雲南省の騰衝《とうしょう》で、かつての戦場が観光地となっている点が示される。こうした動きが始まるのは、中国が文化大革命を経て、「改革開放」の時代に入ってからである。というのも、日中戦争時の中国軍の主体は国民軍であり、戦勝碑や慰霊碑を建立していったのは国民党で、国民党の戦果を讃えることにつながるからである。したがって、文化大革命のときには、兵士の墓まで破壊されたという。ところが一九八〇年代に入り、開放政策が採られるようになると、愛国教育にもなるということで、慰霊施設などが積極的に再建されていく。観光振興がナショナリズムと結びついていくのである。騰衝近郊で国民軍が日本軍と対峙した村は、観光施設となっている。一方で、かつて日本軍の司令部があった建物は、現在では塾として利用されている。

中国ではほかにも日本軍基地があった場所に、工場や住宅が建てられている。延辺朝鮮族自治区には、いまだ掩体壕（航空機を隠すための格納庫）が残っている場所に住んでいるひとびとがいる。中国に限らず、日本軍が戦闘を繰り広げたアジア太平洋地域には、至るところに、いまだに軍関連施設が残っている。戦争関連の施設が戦後どのような運命をたどるかについては、大別して(1)開発による解体、(2)日常生活における利用、(3)戦争遺産として認定、(4)放置（ジャングルのなかに残された施設など）の四つのパターンがある。

ただこのほかに、かつての軍の痕跡がほとんどないにもかかわらず、当時の記憶が残存している場合がある。第6章で取り上げるフィリピンのマパニケ村が、これに当てはまる。村の小学校には、慰霊碑を除けば、ほかと変わりがない光景が広がっているようにみえる。しかしそこは、かつて村の男性が、日本軍によって虐殺された場所だった。その後、女性たちは大地主が所有していた屋敷に連れて行かれ、暴行されたという。何気ない村の風景は、暴力の記憶と結びついている。場所は、現在の風景だけではなく、過去を内包している。場所と関わった者にとって、特定の場所を通じて、記憶が蘇るのである。

この場所の記憶の問題は、既存の社会学に反省を迫るものでもある。社会学で対象となる自己と他者の相互作用は、それが成立する場所と切り離して考えることはできない。しかしこの点について、社会学はあまり問題にしてこなかった。アーヴィング・ゴフマンは例外的に、相互作用が成立する場所と相互作用との関係について、詳細に分析している（Goffman 1959＝1974）。ただそれは、相互作用が展開する「現在」に焦点が絞られているため、過去の記憶が現在とどのように関わっているかという点には、考察がいかない。しかし、過去の経験を前提として現在の生活は成り立っている。たしかに、過去の記憶は現在の観点から再構築されるものである。したがって、過去の記憶は、現在の意識を投影している。

また、現在の風景を通じて、過去の記憶が喚起される。この意味で、時間意識は空間を媒介としている。この点を端的に示すのが、戦争のような暴力の記憶なのである。なぜなら場所こそが、トラウマとしての暴力を絶えず喚起してしまうからである。社会学が、暴力や戦争をその対象としてこなかったのは、場所と記憶の関係のような空間と時間の問題をとらえる視点と方法を提供できなかった点と関わっているのである。

4　他者概念の認識論的転換

本章の1・2で示したように、社会学は、境界内存在の集合だけを対象としてきた。これに対して、境界外存在をより積極的に意味づけし、境界外存在に関する知識を蓄積しようとしてきたのは、対象を境界外存在に特化した領域で構成されてきた人類学である。境界内存在と境界外存在は、学術的次元で厳密に区別され、それぞれを個別に扱う専門領域が、しだいに構築されていったのである。

境界の設定が行われ、境界内と境界外が異なる知の体系として成立する。これは、近代において自己に固着する個人主義が発達する一方で、境界外存在の表象への欲望も開発されていくことを示している。この意味で、境界内存在への関心だけではなく、境界外存在に対しても関心が及び、このふたつの関心が交差することによって成立しているのが近代である。そしてここに、ふたつの他者概念が立ち現れる。ひとつは、境界内存在の集合において、自己との関係において定義される他者である。もうひとつは、境界が設定され、境界の向こう側にいると見なされた存在を他者とする認識である。

こうした二重の他者概念が、西欧に独自に成立した知の体系であることを総体的に分析した研究は皆無に等しい。なぜなら、自己との関係において成立する他者概念を生みだす個人主義に関しての考察と、境界外存在を他者とする知に対するそれとが、つねに別個に成されるからである。前者に関しては、人類学者のルイ・デュモンの分析などがある。デュモンは、十七世紀から西欧では、最小単位としての個人のほかに「社会から独立した存在」としての個人という新たな個人概念が発達し、それが個人主義の起源になっているという。デュモンによれば、個人主義は「イデオロギー」なのである（Dumont 1977）。

後者を代表するのは、すでに本章で言及したサイードによるオリエント地域に関する知、「オリエンタリズム」の創出過程に関する分析である。境界の設定そのものが恣意的であり、その結果、表象された境界外存在自体が、認識主体の中心的な問題関心にのみ基づいているというサイードの主張は、その後に人類学内部でも起こる内在的批判を先取りしている。ただ、他者を境界内の集合でとらえるのではなく、境界外存在こそ他者であるとする他者概念を提示している点では、その主張は人類学における対象の措定と変わりはない。

境界内存在において他者を定義する社会学の他者概念も、境界外存在に他者性を見る人類学の他者概念も、境界が固定されたものである点を前提として構成されている。社会学のように、そもそも境界内存在だけを対象としている場合、境界設定それ自体は、ほとんど無視されている。また、境界外存在を対象とする場合、境界そのものの存在を無視するわけにはいかないが、境界が恒常的なものであると見なす傾向があり、やはりすでに設定された境界を暗黙の前提として、他者がとらえられる。

第4章では、他者を表象するメディアが、戦争を通じて生まれることがあることが、アニメーションを事例に論じられる。戦時期に軍隊が財政的支援を行うことで、今日、世界に広がるアニメーション生産体制の枠組みの基礎がつくられた。新たな支配の対象や敵と直接対峙している状況において、こうした新たな他者を認識する必要性から、アニメーションというメディアが生みだされたのである。

ところで、近代的定義における他者は、自立した個人が、他の個人を認識するときか、もしくは異文化に属する存在全体をとらえるときに用いられる概念である。いずれの場合においても、中心は近代的個人にある。このような他者認識では、境界の設定とその移動のなかで、いかに他者が認識され、またそれが社会秩序形成の契機となるかという点は、見えてこない。近代社会であれ、それと対置された伝統社会（あるいは、「未開社会」）であれ、社会そのものは、本質的に閉じた集合であることが前提とされてしまっているからである。しかし、真に問われるべき問題は、境界内集合の「社会秩序」がいかに形成されるかではなく、境界設定や変更のなかでいかなるコンフリクトが生じ、いかなる条件でそれが収束に向かうのかについてである。この意味で、暴力や戦争は、近代社会を研究するうえでの単なる対象のひとつではなく、研究せずに済ませることはできない不可欠で本質的な研究対象である。

戦争を社会学的に研究するには、本章ですでに考察した以下のような理論的視角から出発する必要がある。

(1) すでに境界が設定された後の集合を社会としてとらえ、集合内における要素間の関係を分析するだけではなく、境界設定の過程自体に注目する必要がある。新たな境界設定は、新たな他者を認識することを意味する。

(2) ひとつの境界設定は、つねにもうひとつの境界、第二の境界を創出する。それは、目立たない場合もあれば、積極的にそれが認識される場合もある（第二の境界の可視化）。

(3) 第二の境界の可視化は、近代国民国家の形成過程のなかで進む。国民国家は領土を拡げるため、さまざまな地域を領有しようとする。領土を拡げ、境界を再設定する企ては、不可避的に暴力を誘発し、国家間の戦争を招く。

(4) ある国家に領有された地域のひとびとは、宗主国の正式なメンバーとは見なされない。そのため、ときには宗主国による包含、ときには排除の対象となる。

本書は、以上のような前提のもとに、国民国家の戦争をめぐる経済的・文化的戦略だけではなく、国家において正式なメンバーシップを獲得していない他者たちの抵抗の戦略も、考察の対象とする。またそのために、多様な研究方法を導入している（方法の問題については、終章で論じる）。境界内存在の集合のみを対象とした、すなわち国民国家を前提とした社会学から、他者概念を通じて、その成立過程と存立基盤までとらえようとする社会学へと大きな転換を図ることこそ、二十一世紀社会学の課題となるであろう。

注

(1) 軍事を論じた数少ない社会学者のひとりであるマイケル・マンは、この理由を「第二次世界大戦以後の欧米を支配したのが常ならぬ地政学的・社会学的平和の時代であったために、社会学は近代社会における軍事組織の重要性を無視するようになってしまった」と言う（Mann 1993 = 2005: 44）。マレセヴィッチ（Malešević 2010）も、戦争に関する社会学が、社会学の対象からすっぽり抜け落ちている点を指摘している。

（2）ニクラス・ルーマンは、争っているふたりのうちどちらかが、相手を殴り倒したときに、コンフリクトという社会システムは終結すると言う（Luhmann 1984 = 1995）。

（3）フランスにおける社会学の発想の源流のひとつとして挙げられる十九世紀初頭の反動派（反革命派）ボナルドやド・メストルの思想では、社会を統一体としてとらえる観点が提示されている。彼らにとって社会は聖性を帯びており、死者と生者との調和によって成立している。死者たちの生きていた過去が現在にも絶対的な影響を及ぼしている以上、反動派にとって、伝統の遵守は不可欠である。現在のフランス社会学史研究においては、これらの反動派がフランス社会学の事実上の「創設者」であるという見解は合意を見ている（Namer 1994: 302）。つまり、社会学の創成期に、すでに境界内の集合だけを社会としてとらえる傾向が見られたのである。

（4）デュルケームは、人間は二重性を帯びており、個人的な存在であると同時に、社会的存在であると言い、個人のなかに「知的、道徳的秩序」すなわち「社会」を見ることができると言う（Durkheim［1912］1985: 23）。

（5）少数ではあるが、境界外存在を考慮に入れた社会学理論も存在する。それは、敵対者を作り、敵と対立することが、社会秩序の形成につながるという理論である。たとえばジンメルは、コンフリクトに関する論文のなかで、長期にわたって続いたアイルランドの抗争が、一頭の牛の色をめぐる対立だったという例をあげ、ほんのささいな諍いが、大きな紛争に発展してしまうことがある点を指摘している（Simmel 1908 = 1994: 278）。ジンメルによれば、それは、人間には本来的に闘争本能が備わっているからである。また、ジンメルは「よそもの」論においても、境界外存在の重要性を指摘しており、この意味で、他者の存在を視野に入れていた数少ない社会学者のひとりである。

（6）たとえば、イギリスの社会学者ジョン・アーリは、新たな社会学的基準として、「適切なメタファーを通じて、均衡状態や構造、社会秩序ではなく、動きや移動性、偶発的な秩序に焦点を当てた社会学を発展させる」（Urry 2000＝2006: 33）という点を挙げている。

（7）祖先の霊と定期的に儀礼的な交換をすることで、村の秩序が成立している。したがって、他界と祖先の霊、あるいは神々は、村の秩序にとって不可欠な存在である。

（8）このような二重の境界を用いた雇用の論理は、外国人の場合に明らかであるが、いうまでもなく、この論理が適用されるのは、外国人労働者に限ったことではない。たとえば、企業組織における正規雇用と非正規雇用の区別がこれに相当する。この場合、少なくとも二重の境界が引かれている。ひとつは、正規雇用と非正規雇用とのあいだの境界、そしてもうひとつは、企業の内と外のあいだの境界である。企業の経営が悪化したときに、企業は、まず非正規雇用の労働者を「排除」すなわち解雇する。近代社会自体が、二重の境界を作動させることによって、成り立っているともいえる。

（9）代表的なものとして、『岩波講座　アジア・太平洋戦争』がある（倉沢ほか 2005–06）。

（10）社会学に限れば、戦争そのものに関する研究もさほど多いわけではない。日本における先駆的な研究としては、森岡清美の戦死者の遺書を分析した『決死の世代と遺書』『若き特攻隊員と太平洋戦争』がある（森岡 1991; 1995）。また、高橋三郎の『強制収容所における「生」』（高橋［1974］2000）などの一連の研究も重要である。より若い世代では、戦争体験記を中心に分析した野上元の『戦争体験の社会学』がある（野上 2006）。また、最近では『戦争社会学ブックガイド』（野上・福間編 2012）も出版されている。

（11）旧軍用地は敗戦直後の日本において、どれほどの敷地面積があったのか。戦後、軍隊が解体した後、旧軍用地を管理したのは旧大蔵省である（一九四五年八月二八日閣議決定）。「昭和二十年度末一般会計雑種財産内訳」によると、陸海軍の旧軍用地は併せて26万8822町あり、そのうち陸軍省分が23万

８７１８町、海軍省分が3万１０４町の敷地面積であった（大蔵省財政史室による）。ただ、軍事施設設置のための戦時期の急速な土地取得、敗戦による混乱、連合軍による接収のなかで、実際にどこまでが軍用地だったのかを確定することは不可能である。この点を勘案したうえで、戦後農地に転用された旧軍用地の全体像をとらえようとするとき、現在入手可能な史料のなかでは、農林省開拓局管理課による「昭和二〇年一〇月末現在　旧軍用地に関する調査報告原義」が参考になる。これは、農地開拓の目的で、旧農林省が各都道府県を通じて、旧軍用地の種類、軍施設ごとの総面積と農耕可能面積および各施設の開拓事業主体を調査、報告させたものである。各都道府県が提出した報告を合計すると、旧軍用地の総面積は、29万３５８３・83町である。これは、大蔵省の雑種財産内訳より大きな数字であるが、各都道府県が実地で調べているだけに、より正確な数字に近いであろう。もちろん、この報告書に記載されていないものもあり、旧軍用地の総面積は、30万町、3千平方キロメートル以上は確実にあったと推定できる。また、報告書によれば、開発可能面積は11万４５５６・２町、１１４５平方キロメートルで、総面積のほぼ39%が農地として開発可能だという見積りが出されている。開発可能面積すべてが実際に開墾されたわけではないだろうが、おそらく10万町以上の新たな農地が、敗戦直後に創出されたのである（荻野 2012: 31-4）。

文献

Armengaud, André, 1977, *La Population française au XIXe siècle*, P.U.F.

Dumont, Louis, 1977, *Homo aequalis*, Gallimard.

Durkheim, Emile, [1912]1985, *Les Formes élementaires de la vie religieuse*, P.U.F.（＝1975 古野清人訳『宗教生活の原初形態　上・下』岩波文庫.）

Elias, Norbert, [1939]1969, *Über den Prozess der Zivilisation*, Suhrkamp.（＝1977 赤井慧爾ほか訳『文明化の過

程　上・下』法政大学出版局.）
Giddens, Anthony, 1985, *The Nation-State and Violence*, Polity Press.（＝1999 松尾精文・小幡正敏訳『国民国家と暴力』而立書房.）
Goffman, Erving, 1959, *The Presentation of Self in Everyday Life*, Anchor.（＝1974 石黒毅訳『行為と演技――日常生活における自己呈示』誠信書房.
厚生省援護局 1978『引揚と援護三十年の歩み』ぎょうせい.
倉沢愛子ほか編 2005-06『岩波講座　アジア・太平洋戦争　1～8』岩波書店.
Lefebvre, Henri, ［1974］2000, *La Production de l'espace*, Anthropos.（＝2000 斎藤日出治訳『空間の生産』青木書店.）
Luhmann, Niklas, 1984, *Sozial Systeme: Grundriss einer allgemeinen Theorie*, Suhrkamp Verlag.（＝1995 佐藤勉監訳『社会システム理論　下』恒星社厚生閣.）
Malešević, Sinisa, 2010, *The Sociology of War and Violence*, Cambridge University Press.
Mann, Michael, 1993, *The Source of Social Power* Vol. 2, Cambridge University Press.（＝2005 森本醇・君塚直隆訳『ソーシャルパワー――社会的な〈力〉の世界歴史　II』ＮＴＴ出版.）
森岡清美［1991］1993『決死の世代と遺書――太平洋戦争末期の若者の生と死　補訂版』吉川弘文館.
森岡清美 1995『若き特攻隊員と太平洋戦争――その手記と群像』吉川弘文館.
Namer, Gérard, 1994, "Postface", in Halbwachs, Maurice, *Les Cadres sociaux de la mémoire*, Albin Michel, 299–397.
野上元 2006『戦争体験の社会学――「兵士」という文体』弘文堂.
野上元・福間良明編 2012『戦争社会学ブックガイド』創元社.
荻野昌弘 1998『資本主義と他者』関西学院大学出版会.

荻野昌弘 2005『零度の社会――詐欺と贈与の社会学』世界思想社.
荻野昌弘 2009「他者の社会理論序説」『先端社会研究所紀要』第1号 関西学院大学先端社会研究所: 3–12.
荻野昌弘 2012『開発空間の暴力――いじめ自殺を生む風景』新曜社.
Pourcher, Yves, 1994, *Les Jours de guerre*, Plon.
Said, Edward, 1978, *Orientalism*, Georges Borchardt Inc.（＝1986 今沢紀子訳『オリエンタリズム』平凡社.）
佐藤卓己 2005『八月十五日の神話――終戦記念日のメディア学』ちくま新書.
Simmel, Georg, 1908, *Soziologie*, Duncker & Humblot.（＝1994 居安正訳『社会学――社会化の諸形式についての研究 上』白水社.）
Sloterdijk, Peter, 2002, *Luftbeben: An den Quellen des Terrors*, Suhrkamp.（＝2003 仲正昌樹訳『空震――テロの源泉にて』御茶の水書房.）
高橋三郎［1974］2000『強制収容所における「生」』世界思想社.
Urry, John, 2000, *Sociology beyond Societies*, Routledge.（＝2006 吉原直樹監訳『社会を越える社会学――移動・環境・シチズンシップ』法政大学出版局.）

第1章　戦争と人口構造——高度経済成長の基盤としてのアジア・太平洋戦争

石田　淳

はじめに

本章では、アジア・太平洋戦争と敗戦が日本の人口構造に与えた影響を概観し、そのインパクトが戦後の高度経済成長、そしてその結果立ち現れた「現代社会」の人口学的基盤となっていたことを確認する。

戦争が社会に与える影響を考える場合、おおまかに短期的な影響と長期的な影響を分けて考える必要があるだろう。戦争の短期的な影響は、総力戦体制下の地域組織の再編、統制経済による生活の窮乏化や戦災などを通して現れるが、戦争の終結後一定期間が経つとその影響は消失する。一方、社会の編成そのものに深く関わり長期的・潜在的にその影響を保ち続け、次の時代の基盤になるような変化もありうる。つまり、戦争が社会に与える影響としては、短期的な撹乱的影響と、より長期的かつ基底的な影響がありうる。

産業・階層・コミュニティ・家族・コミュニケーション様式といった社会的領域は、それら独自の内生的要因によって変動する側面もあるものの、ハード・ウェアとしての「人口構造」、そしてオペレーション・ソフトとしての「制度」によって大きな部分が規定されていると図式化することができる。もちろん、現実にはこれらの先行要因自体がそれらに先立つ社会・経済的要因によって規定され、またそれぞれの要因がほぼ同時に相互規定し合っているという、より複雑な連関が想定される。しかしながら、分析的な出発点としては「人口」「制度」が「社会領域」に先行する図式が簡便である。

このような見取り図から見た場合、戦争の社会に対する長期的影響は人口構造へのインパクト、そして制度変革という先行要因を経て現れるであろう。

本章では、まず戦争による根本的な制度変革を主張する総力戦体制論を概観し、その後に戦争と敗戦が人口構造に与えたインパクトを検討し、それが高度経済成長の基盤となる様子を確認する。

1　戦争の制度面での影響

一九三七（昭和一二）年の日中戦争の開戦を契機として日本においても本格的に成立した総力戦体制は、戦後日本社会にどのような影響を残したのであろうか。とくに現代日本社会の成立の契機をどの時点に求めるかという歴史認識上の問題に関連して、一九九〇年代以降日本近現代史研究において「戦時と戦後」の連続と断絶の問題が大きな争点となっていった。戦時期の総力戦体制下での社会変革と、その戦後への連続性を強調した一連の研究の端緒となった研究として、山之内ほか編（1995）や雨宮（1997）がある。

山之内靖は、ファシズム型体制だけでなく民主的なニューディール型体制においても、「二つの世界大戦が必須のものとして要請した総動員によって根底からの編成替えを経過した」（山之内 1995: 10）と見なす。その編成替えとは、国内の人的資源を総動員するために実施される「強制的均質化」による社会的紛争や社会的排除の除去であり、社会の機能主義的合理化であるという。つまり、総力戦体制下において不可避に一種の社会革命が起こり、国民国家への統合と「階級社会からシステム社会への移行」を促し、これが戦後社会を用意したとする。

雨宮昭一（1997）もまた、R・ダーレンドルフ（Dahrendorf 1967）によるナチス社会革命説を参照しながら、「グライヒシャルトゥング＝強制的均質化」が戦時体制、そして高度成長期の戦後体制において進展したと論じ、戦時と高度成長期の連続性を強く打ち出している。

さらに、戦時体制を現代日本社会の源流ととらえる議論として、経済史においても岡崎・奥野編（1993a）に代表される議論がある。それによれば、企業の所有と経営の分離、終身雇用・年功序列賃金に支えられる企業内の長期的関係、メインバンク制や下請け制などの企業間の長期的関係、間接金融制度、そして行政指導や業界団体を通じた閉鎖的な政府・企業間関係など、日本の経済体制の特徴の多くの部分は、「日中戦争・太平洋戦争を遂行するために、資源を総力戦に動員することをめざした企画院などによって人為的に作られた統制システムを原型としている」（岡崎・奥野 1993b: 3）。そして、これらは占領軍による民主化やドッジライン設定以降の市場経済化を経るなかで変質を被りつつも、経済体制の規定因として残存したと主張する。そして、奥野正寛（1993）や岡崎哲二（1995）は、比較制度分析の枠組みに依拠して、戦争という強い外的ショックによる経済システムの広範にわたる変革によって、経済システムに不可逆的かつ経路依存的な変化が起こり、各サブシステムが相互補完的で安定的な戦後日本経済システムが立ち現れたことを指摘する。

基本的に、こうした経済システム源流論は、戦争による体制変革や軍需産業化が、経済システムの合理化・近代化にとって結果的に順機能として働き、後の高度経済成長の制度的基盤となったことを強調する。先の大戦は後の経済成長にとって「役に立った戦争」（Dower 1993＝2010）であったというわけである。

さらに、戦時に施行されたさまざまな社会政策と、戦後の福祉国家体制の連続性も指摘されている。日中戦争下の一九三八（昭和一三）年には、国民＝潜在的兵力の体力維持をめざす陸軍の意向が一つの推進力となり、厚生省が設立される。さらに、戦後の社会保障の根幹をなす制度である国民健康保険と厚生年金保険はいずれも戦時下において創設された。こうして、「『十五年戦争』が日本における社会保障の政策主体と有力な制度・政策の形成を促進し」（鍾 1998: 174）、戦後の福祉国家の原型を創ったとされる。

こうした総力戦体制論や経済システム源流論に対しては、実証的な立場からの批判が多くなされており、「新体制」のイデオロギー上の理念と実体の乖離の問題、ＧＨＱによる戦後改革や市場経済化の影響を軽視していることなどが問題点として指摘されている（森 2005）。しかしながら、具体的にどの程度の影響を与えているかという計量的な問題はあるものの、総力戦体制における社会変革が、戦後改革とともに戦後体制、そして戦後社会の成立に一定の影響を与えていることは間違いないだろう。

2　戦前・戦中の人口移動

戦争はまた、人口移動・人口構造にも大きな影響を与えた。すなわち、人口移動に関しては膨張と収縮、そして人口構造については減少と増加が敗戦を挟んで短期間に起こり、このときの人口構造が戦後の高度経済成長における人口学的基盤を形成したと考えられる。ゆえに、戦争が人口に与えるインパクトは、むしろ敗戦後に強く表れたと考えられるが、ここではまず、戦前・戦中の人口移動について概観しておこう。

明治以降の産業化に伴って日本の人口は右肩上がりに増加していったが、特に大正期に入って人口過剰は強く意識されるようになった（鬼頭 2007: 136）。その背景には都市化の進展や周期的な不況、そして特に一九二〇年代以降に顕著になる二重構造下の農村の疲弊があった（中村 1993: 93–123）。この時期、こうした国内の人口過剰感が圧力となって、日本の植民地帝国化に伴う植民地・勢力圏への移民による移動が活発化する（岡部 2002）。さらに勢力圏外でも、ハワイ・アメリカ本土への移民が十九世紀末から続いていたが、一九二四（大正一三）年の新移民法の実施で新規の移民が不可能になると、今度は中南米への移民が活発化した。特に、ブラジルへの移民は一九二五（大正一四）年以降実質国策化された。しかし、一九三二（昭和七）年に関東軍によって満洲国が建国され、一九三五（昭和一〇）年頃にブラジル側の移民数制限策が実施されると、国策移民の重心は満洲への開拓移民に移っていった。さらに、日中戦争、太平洋戦争に伴う勢力圏の拡大によって多くの民間人が各地に渡った。

このように、戦前・戦中を通して、人口過剰という内部エネルギーに加えて、十九世紀末からの帝国の拡大と戦争による勢力圏の膨張に合わせて、大規模な人口の空間的拡大が見られた。では、最終的に敗戦時までにどの程度の空間的拡大があったのだろうか。

敗戦時の海外在住一般邦人数は、満足に統計がとられていないこともあって正確なところは不確かである（若槻 1995: 46）。いま、入手可能な統計資料によって、太平洋戦争開戦直前の外地における内地人人口を確認すると、朝鮮（一九四二年）75万3千人、台湾（一九四一年）36万8千人、樺太（一九四一年）40万6千人、南洋群島（一九三九年）7万7千人である（総務庁統計局監修 1988）(1)。これに、戦時期から急拡大した満洲国（関東州を含む）の約155万人(2)と中国での勢力圏約50万人（厚生省・社会援護局援護五十年史編集委員会監修 1997: 31–2）、さらにその他の勢力圏への進出を加えると、単純計算で植民地・勢力圏への拡散人口は360万人以上となる(3)。

非勢力圏では一九三八（昭和一三）年の在留本邦人数として、北米29万5千人（うちハワイ州15万1千人）、中南米23万7千人という数字が残されている（拓務大臣官房文書課編 1940: 190–1）。

こうした民間人の人口移動に加えて、戦争遂行のために多数の軍人・軍属が海外進出していた。図1・1は一九三〇年以降の兵力数の推移であるが、一九三七年の日中戦争勃発後徐々に拡大し、さらに太平洋戦争開戦後は飛躍的に増大していったことが示されている。一九四五年には、陸軍550万人、海軍169万人、合わせて719万人の規模にふくれあがった。このうち、終戦段階で陸軍308万5

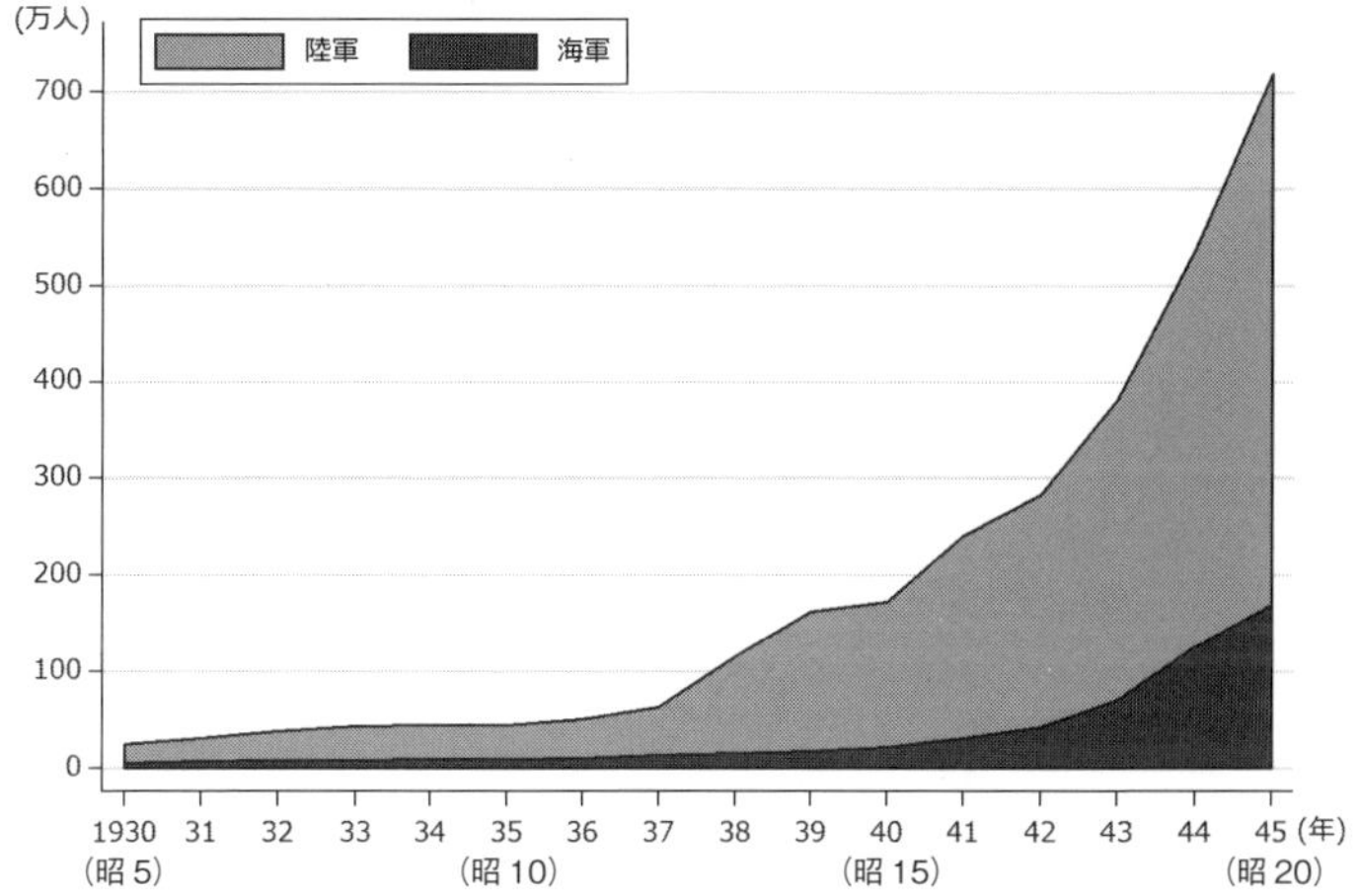

図1・1　日本軍の兵力数（1930〜45年）
（資料）米国戦略爆撃調査団調査　（出典）東洋経済新報社編（1991）

千人、海軍44万9千人が内地外に配置されていた（厚生省・社会援護局援護五十年史編集委員会監修1997: 5–27）。

さらに、総力戦遂行のためには、軍事部門、軍需産業部門へ投入する人的資源が必要とされた。このため、戦時期には人口拡大が政策的に目指されることになる。一九三八（昭和一三）年には人的資源の質的量的統制のために厚生省が設置され、さらに翌三九年に厚生省の付属機関として人口問題研究所が設置される。そして、研究所の調査研究のデータをもとにして、一九四一（昭和一六）年一月、人口政策確立要綱が閣議決定された（荻野2006: 152–3）。この要綱は「東亜共栄圏を建設して、その悠久にして健全なる発展を図る」ために、一九六〇（昭和三五）年の内地人総人口を1億人とすることを目標にすえ、さまざまな方策を挙げたものである（岡崎1999: 22）。そしてこの要綱をもとに、結婚の奨励・斡旋、多子家族の表彰、母子保護と妊娠届出制といった人口政策が集中的に実行された（荻野 2006: 158–69）。

この結果、後掲の図1・8でも示されているように、一九三七（昭和一二）年の日中戦争勃発以後急低下した出生率は回復するものの、戦争の激化によって戦争末期に再び大きく下降した（岡崎 1999: 26–7）。しかしながら、戦時期の出生率の回復に対する人口政策の効果には否定的な意見もあり、こうした政策が人口動向にどの程度の影響を与えていたかを評価することは難しいとされている（岡崎 1997: 93）。

3　人口還流としての引揚げ

一九四五（昭和二〇）年八月の戦争終結時、植民地ならびに勢力圏にあった軍人軍属および一般邦人の数は約660万人とされている（引揚援護庁編 1950）。戦争終結直後一九四五年一一月一日の内地総人口が約7215万人とされているので、総人口の8％以上が戦争による帝国勢力圏の拡大に伴って海外に進出していたことになる。

こうして戦争に伴って空間的に膨張した人口が、敗戦による撤退と植民地喪失によって一気に収縮を強いられる。それは具体的な現象としては「引揚げ」として現れたのであるが、この引揚げを移民の「人口還流」としてとらえ、その歴史的意義を明らかにしようとする歴史研究が近年いくつか見られるようになった（加藤 1995：坂口 2004：成田 2006：蘭 2008）。本稿でも、こうした視点を引き継ぎつつ、敗戦までの膨張と一続きの過程として引揚げをとらえ、膨張と急激な収縮が人口構造にもたらす影響を見ていきたい。

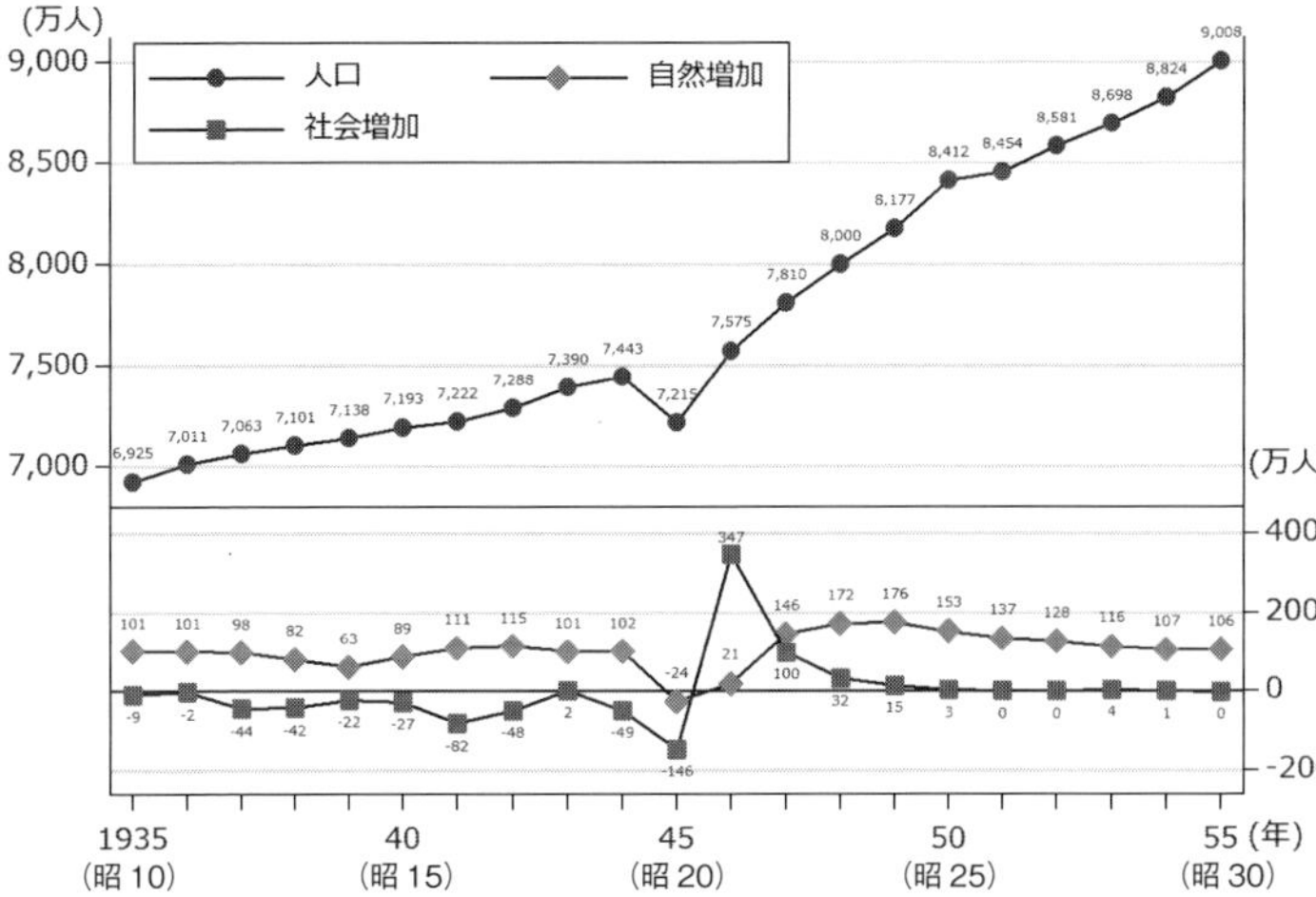

図1・2　日本の人口・自然増加・社会増加の推移（1935～55年）
（資料）国勢調査各年　（出典）総務省統計局監修（2006）

ここで、引揚げの背景となる国内の被害状況を確認する。

まずは人的被害であるが、一九四一～四五（昭和一六～二〇）年のアジア・太平洋戦争による死者は軍人軍属230万人、沖縄住民を含む在外邦人30万人、内地での戦災死者50万人、合計310万人とされている（広田 1992）。こうした戦災に加えて、兵員・移民としての内地外への人口移動も加えると、一九四五（昭和二〇）年一一月の人口は前年から228万人減の7215万人となり、明治以降の一貫した人口増加傾向にあって初めて大きな人口減少を経験した（図1・2参照）。

また、戦争末期の本土空襲によって、資産的一般国富の四分の一を失い、残存国富は一九三五（昭和一〇）年の国富総額とほぼ同じになり、十年間の蓄積をすべて失う結果となった（中村 1993: 135-6）。さらに、国民徴用令に基づき徴用された大量の労働者が、敗戦による軍需工場の停止によって再配置を

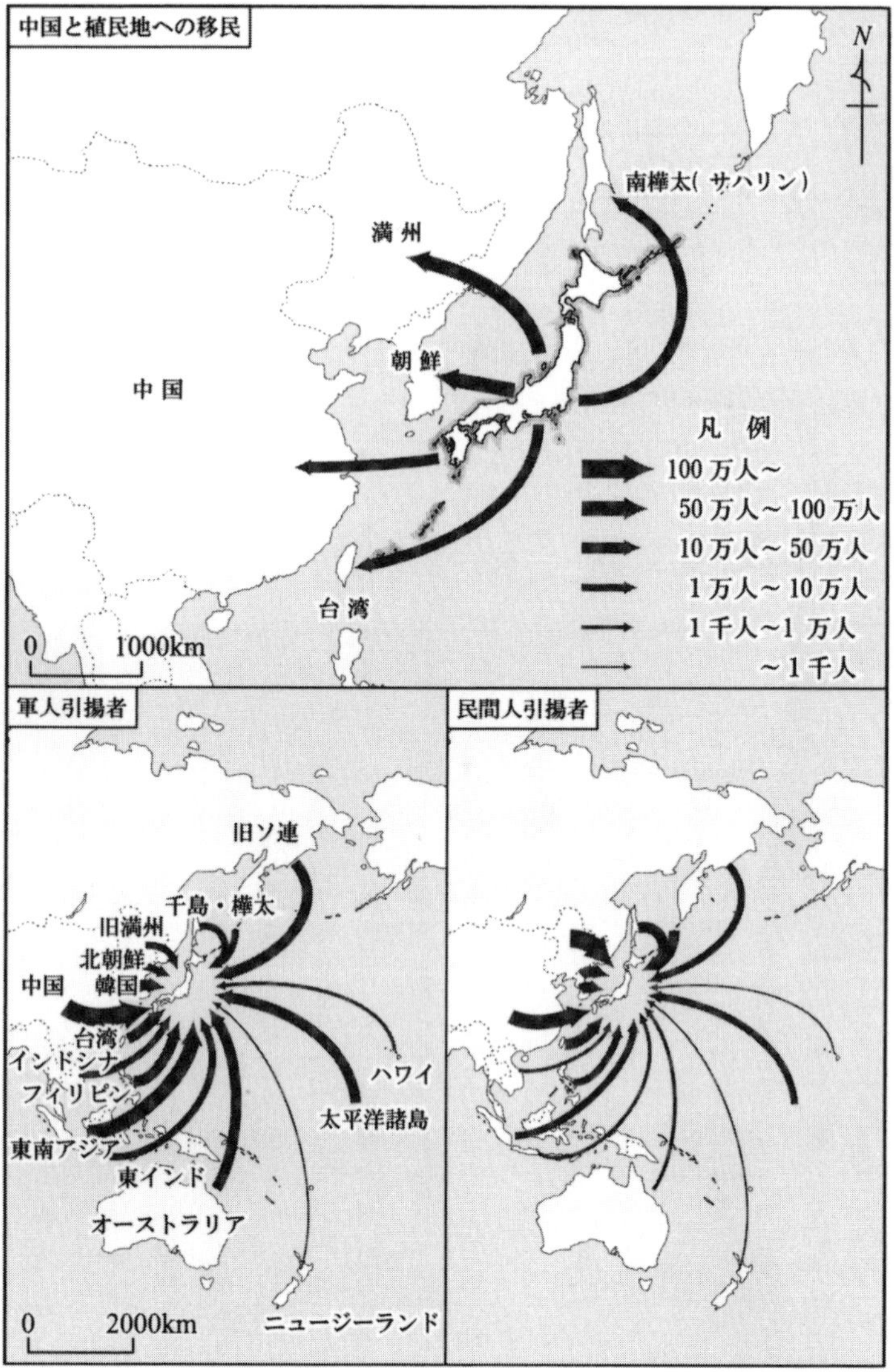

図1・3　植民地・勢力圏への移民と引揚げの流れ

（出典）米山・河原編（2007: 239）

（注）野島博之監修『昭和史の地図』（成美堂出版 2005: 42-3）をもとに，飯塚隆藤が作成。引揚者数は厚生労働省社会援護局資料（2004〔平成16〕年1月1日現在）による。

迫られる。こうした荒廃した国土に戦前・戦時期に拡散した人口が短期間に引き揚げてくることになったのである。

具体的に、引揚げの内訳は以下の通りである（引揚援護庁編 1950: 13）。満洲を除く中国、台湾、北緯十六度以北の仏領インドシナからなる中国軍管区からは、全引揚者の47％に当たる311万6千人、満洲、北緯三十八度線以北の朝鮮、樺太および千島諸島からなるソ連軍管区からは24％に当たる161万4千人、南朝鮮とフィリピンと太平洋諸島を含む米軍管区からは15％に当たる99万1千人、東南アジア軍管区からは11％に当たる74万5千人、豪軍管区からは2％に当たる13万9千人であった。

これらの終戦時の海外邦人が引揚げ事業によって順次帰国し、一九五〇（昭和二五）年までに624万人の帰国を果たした。これは、海外邦人数を660万人としたときの実に94％に上る。逆に、一九五〇年までの植民地出身者などの送出は約130万人となっており（引揚援護庁編 1950: 12）、差し引き500万人近い人口の膨張が敗戦後の短期間に起こった（図1・3参照）。

4　敗戦による人口圧力

このように、敗戦による兵員と一般人の引揚げによって、一九四五（昭和二〇）年には減少した人口が大きく増加する。その様子は、一九四五年前後の人口数、自然増加数と社会増加数の推移からはっきりと読み取ることができる（図1・2）(4)。一九四六年だけで347万人の社会増加が記録されており、翌四七年も100万人、さらに四八年32万人、四九年15万人となっている。

かくて敗戦直後の日本経済は、国土の荒廃に加えて急激な人口圧力の増加に見舞われ、「食糧の不足、生産の激減、大量失業発生の惧れ、インフレーション爆発の危険など、破滅的な状況」（中村 1989: 41）に直面することになった。

一九四五年一一月一六日に発表された厚生省による「復員および失業者推計」では、四五年一〇月上旬時点の第一次復員数として、内地配属の軍復員数396万人、工場休廃止による徴用解除413万人、計809万人と推計している。そしてさらにその後、外地配属の軍復員が365万人、在外邦人引揚数が150万人の計515万人が加わり、合計1300万人以上の余剰労働人員が見込まれていたのであるが、一九四六年四月一六日時点の失業者数は159万人となり、結局失業者問題は顕在することはなかった（大河内 1958: 262）。その最も大きな理由は、こうした余剰人員の多くが結果的に農業層へ吸収されたことによる。

敗戦間際から、都市部の戦災や窮乏から逃れるために農村部への人口流出が起こっていたが、その流れが敗戦後もより大きな流れとして続くことになった（加瀬 1997: 11–2）。また、都市人口の抑制を促進する政策として、「過大都市の抑制並に地方中小都市の復興」の戦災地復興計画基本方針のもと、人口10万人以上の都市への転入制限（都会地転入抑制緊急措置令）が一九四六年以降実施された（本間 2004: 41–2）。さらに一九四五年一一月からは、「離職した工員、軍人その他の者の帰農を促進するため」、緊急開拓事業が始められ、とりあえずの開拓対象を軍用地とし、国有林野も開放された（農用地開発公団編 1976: 13）。

こうした状況下で、引揚者の少なくない部分も出身地や身寄りのある農村部に流入していったと考え

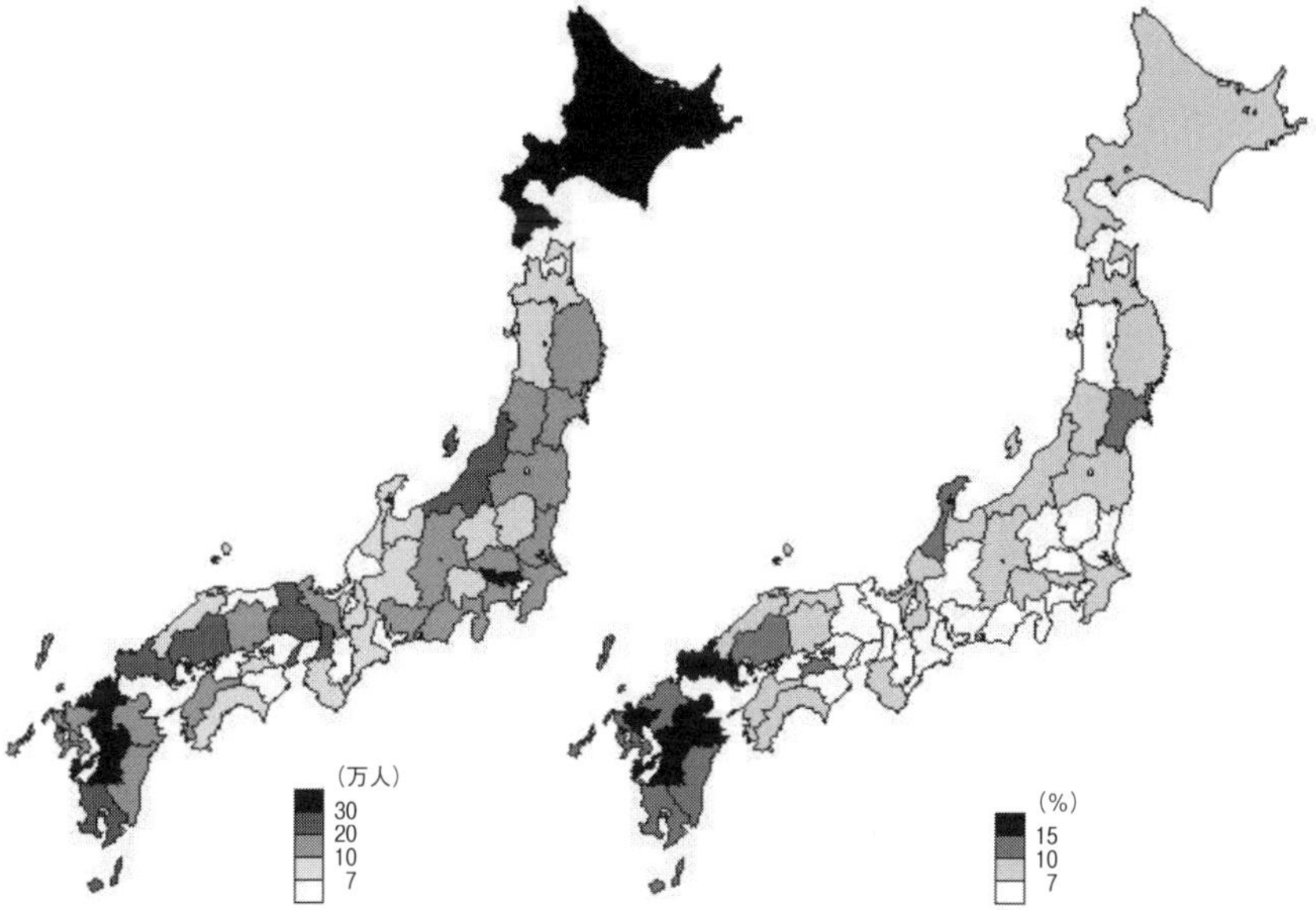

図1・4　（左）都道府県別引揚者数（右）都道府県人口に占める引揚者比率
（1948年12月31日現在）（出典）引揚援護庁編（1950: 図版4(1)(2)）

られる(5)。図1・4は一九四八（昭和二三）年一二月三一日現在の都道府県別引揚者数と都道府県人口に占める引揚者の比率を示している。戦前の代表的な移民送出地域であった九州や中国地方の引揚者数・比率が高くなっている。なお、北海道の引揚者数のかなりの部分は樺太からの引揚げによって占められている（若槻 1995: 269）。

また、引揚援護局が一九四九（昭和二四）年に実施した新規引揚者5万3千人の就職状況を見ると、一般人の就職就業者のうち現職復帰したものが12%、農漁業への就業は40%、復員者の就職就業者のうち現職復帰したものが25%、農漁業への就業は47%であった（引揚援護庁編 1950: 123）。一九四九年の段階でも第一次産業が引揚者の有力な就業先となっていたことがうかがえる。さらに、先述の緊急開拓事業によって一九四九年段階で2万9

千戸の引揚者の入植があり、さらに一九四九年度中に1万戸の入植を見込んでいた（引揚援護庁編 1950: 121）。

こうして、敗戦によって突如生じた余剰労働力が農業層に吸収されたという事実は、マクロ統計にもはっきりと表れている。図1・5は国勢調査による産業大分類別の15歳以上就業人口比率の推移を示している。アジア・太平洋戦争直前の一九四〇（昭和一五）年には44・3％であった第一次産業人口が、敗戦後の四七（昭和二二）年には10％近く上昇し53・4％になっている。実数でいえば、総就業人口の純増が84万6千人であるときに、第一次産業人口は341万9千人増加したことになる。

戦時期・敗戦後の産業構成の変化をさらに詳細に検討しよう。図1・6は、中村隆英（1989: 18–9）による産業別有業人口推移表から筆者が作成した、産業別有業人口比率の一九三〇〜五五（昭和五〜三〇）年の推移である。このグラフから、戦時期の労務動員の影響と敗戦後の第一次産業への人員吸収の様子が見て取れる。

ここで労務動員の経緯を見ておこう（原 1995: 17–8）。経済計画の一環として一九三九（昭和一四）年度から労務動員計画が作成され、算定された労働需要に応ずるための労働力調達計画が立てられた。同時に、一九三九年には国家総動員法に基づいた国民徴用令が発動される。そして最初は、軍需工場に在籍する労働者に対する現員徴用、次に他産業の労働者を徴用して軍需工場に配置換えする新規徴用が一九四一（昭和一六）年頃から開始され、一九四三（昭和一八）年以降とくに強化された。さらに、兵力動員によって不足する労働力を補うために、学生や女性の動員も行われた。部分的な学徒勤労動員はすでに一九三八年六月から開始されていたが、一九四三年から本格的な動員が開始された。また、同年に

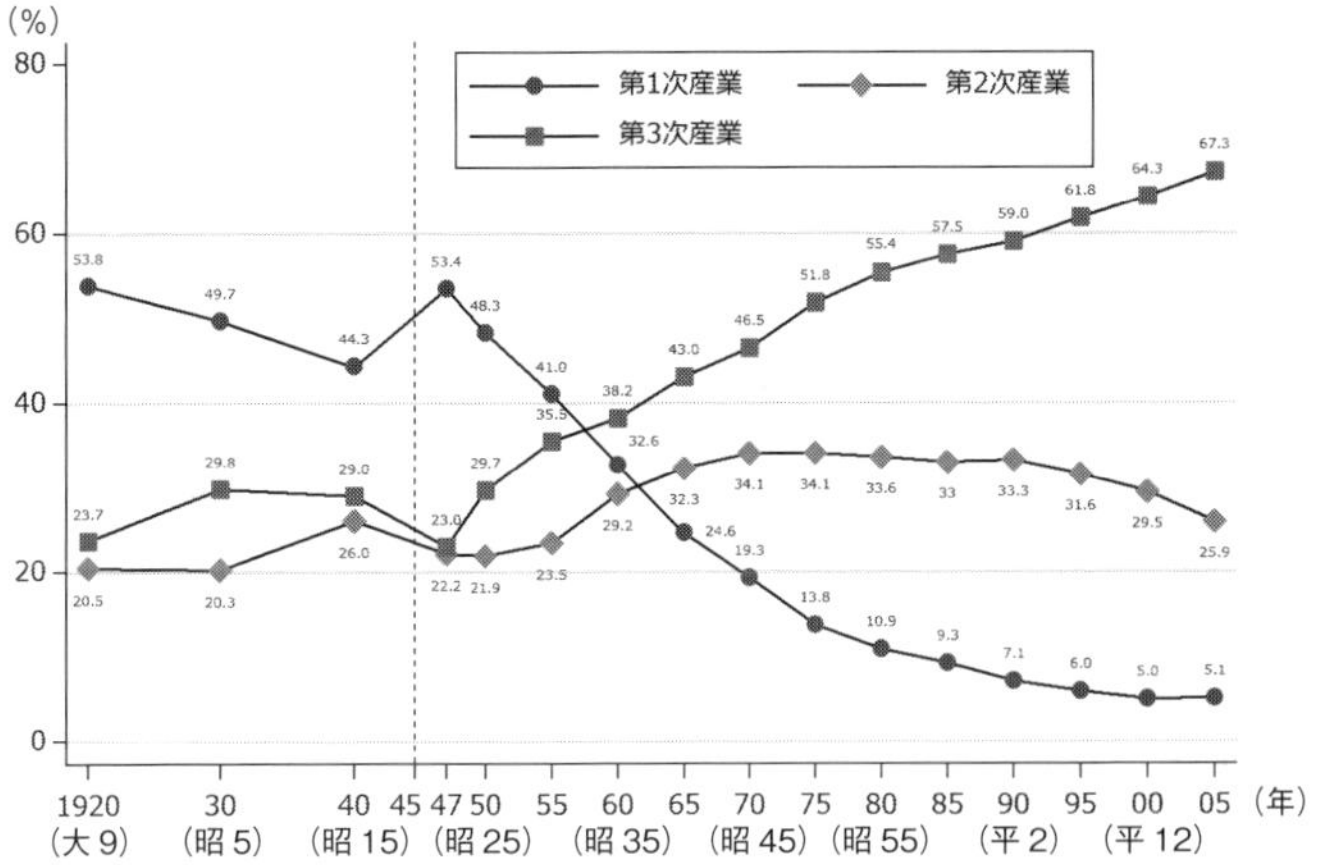

図1・5　産業大分類別就業人口比率の推移（15 歳以上，1920〜2005 年）
（資料）国勢調査各年　（出典）総務庁統計局監修（1988）

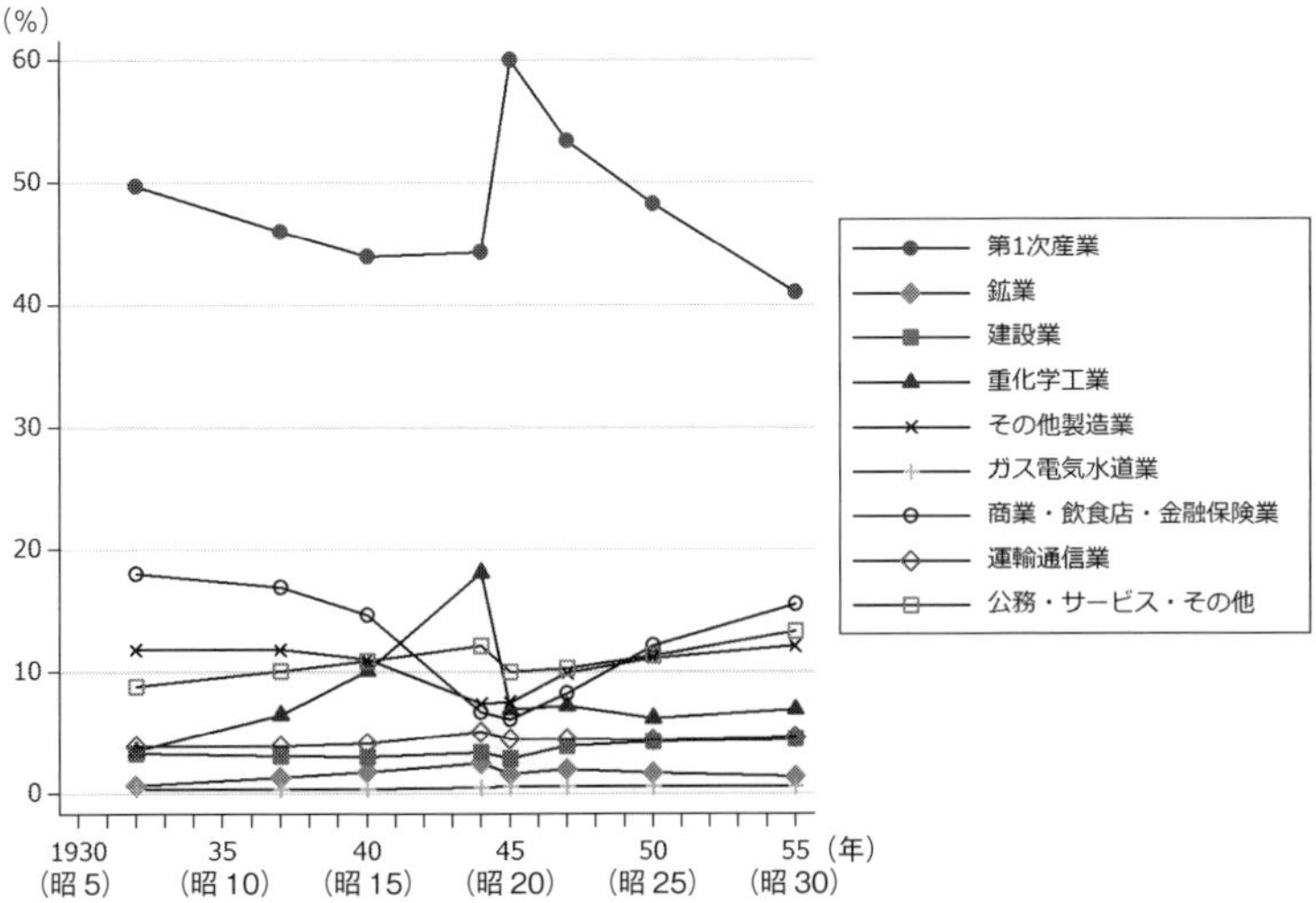

図1・6　産業別有業人口比率の推移（15 歳以上，1932〜55 年）
（注）データのうち 1932, 37, 40 年は梅村又次・伊藤繁による新推計（梅村ほか 1988），40, 47, 50, 55 年は国勢調査，44, 45 年は別の人口調査を国勢調査分類に組み替えたものである。なおグラフの作成にあたって，1940 年のデータは梅村・伊藤推計と国勢調査の平均をとった。（出典）中村（1989: 18-9）

は女子挺身隊も結成され、女子の勤労動員が始まる。

こうした労務動員の結果として、特に目立つのが重化学工業の有業人口比率の増加であり、一九四四（昭和一九）年までに15％近くも増加している。この増加を補ったのが、第一次産業、繊維などその他製造業、そして商業・飲食業などであり、戦時下において、非軍需産業から軍需産業への人員の急速な集中があったことがわかる。

そして、敗戦直後には重化学工業人口の比率が11％あまり減少し、代わって第一次産業人口の比率が15％以上増加する(6)。この増加分には、軍需産業からの再配置だけではなく、復員・引揚げによる人口の社会増加層の流入も多く含まれていたはずである。

また、図1・7は、国勢調査による市部・郡部別の人口推移であるが、一九二〇年代から続く長期的な都市化の趨勢の中で、一九四〇～四七（昭和一五～二二）年の間だけは、市部人口が172万人減少し、反対に郡部人口が671万人増加する、という長期的トレンドに逆行する動きを示す。ここでもやはり、敗戦直後の農村部への人口吸収の動きが見て取れる。

5　人口ボーナスの出現

引揚げによる人口の社会増加に続いて人口の急速な自然増加が起こる。この背景には、平時の社会生活への復帰によって戦時期は控えられていた結婚が多くなったこと、さらにその結果として出生率が上昇したことがあった（図1・8）。特に、一九四七～四九年にかけては、毎年の出生数が260万人を

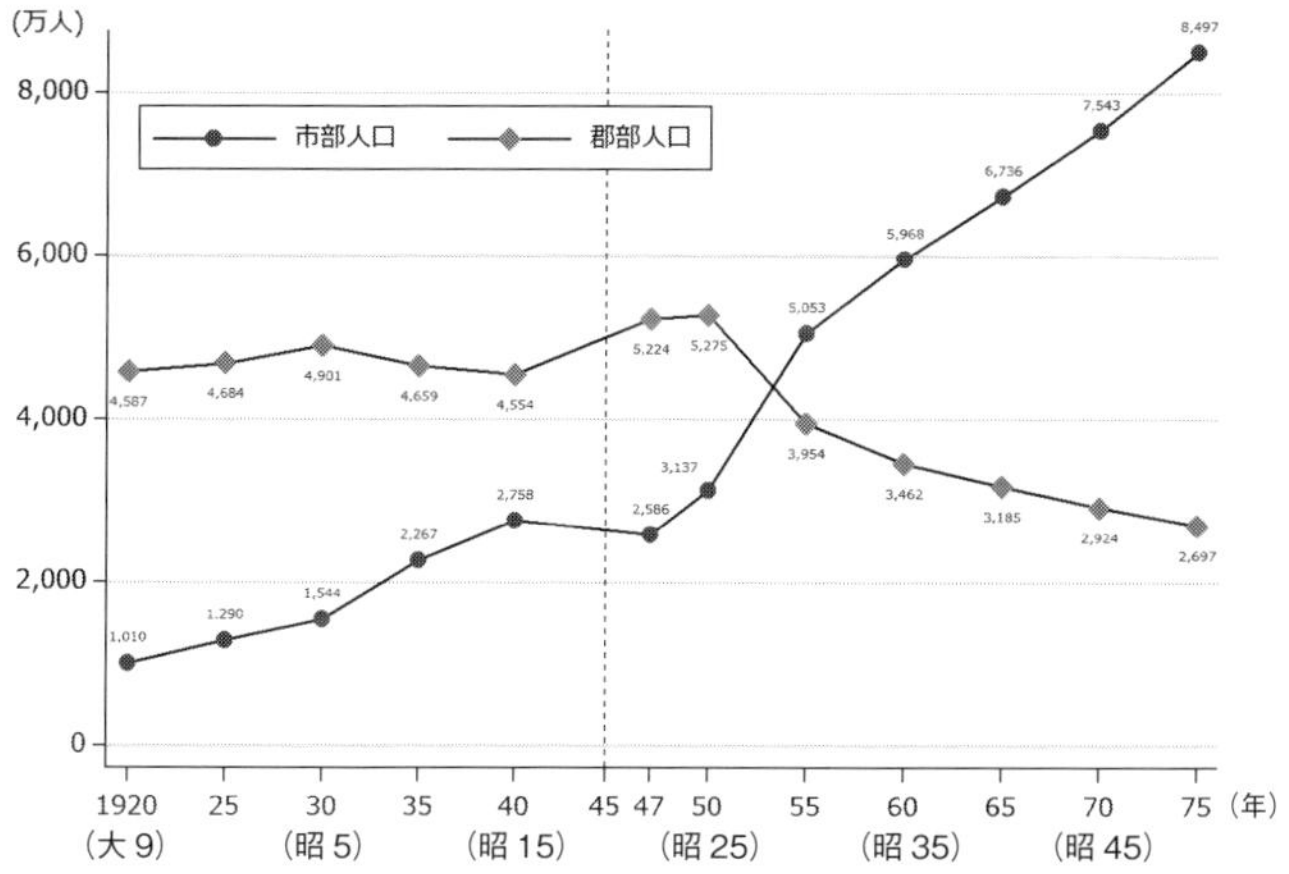

図1・7　市部・郡部別人口の推移（1920〜75年）

（資料）国勢調査各年　（出典）総務省統計局監修（2006）

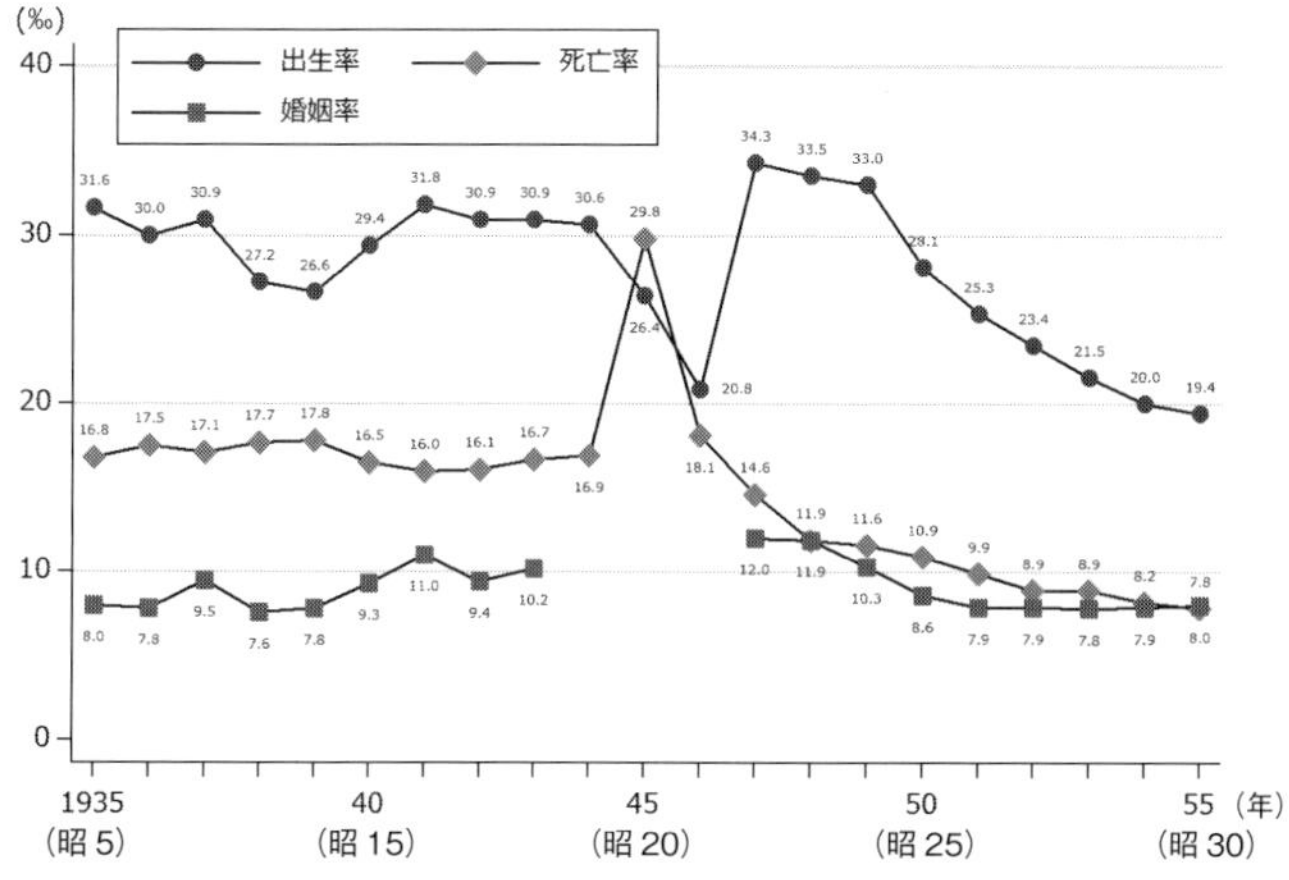

図1・8　出生率・死亡率・婚姻率の推移（1935〜55年，人口千人当たり）

（注）1944〜46年のデータは資料不足のため公表されていない。1944〜46年の出生率・死亡率は各年の推計人口・出生数・死亡数から直接計算した近似値である。なお，岡崎（1950: 562）は「前年の10月から該当する年の9月までの期間」の届出数を元にしたデータを提示しているが，これによると1944年の出生率:30.5，死亡率:16.9，45年の出生率:24.2，死亡率:27.0，46年の出生率:22.5，死亡率:20.0となっている。

（資料）人口動態統計各年　（出典）総務省統計局監修（2006）

表1・1　総出生数に占める地方別出生数比率（1947年）

北海道	5.29 %	大阪	3.87 %
東北	11.71	関西（大阪除く）	8.66
東京	5.87	中国	8.30
関東（東京除く）	10.47	四国	5.50
北陸・甲信越	7.18	九州	14.71
東海	10.59		

（資料）人口動態統計　（出典）総務庁統計局監修（1988）

上回り、高い出生率を記録した。いわゆる「ベビーブーム」である。このことが、死亡率の低下と相まって自然増加の上昇をもたらした（図１・２参照）。

こうしたベビーブームは都市部に限ったものではなく、全国的であったことが特徴であり、一九四七（昭和二二）年の都道府県別出生率（人口千人当たり）で見ると、大都市部の東京都が31・5‰、大阪府が31・１‰であるのに対して、富山42・３‰、青森41・５‰、石川40・２‰を筆頭に出生率で都市部を上回る地方県が多くあった（総務庁統計局監修 1988）。表１・１の一九四七（昭和二二）年の総出生数に占める地方別出生数比率を見ると、東京と大阪を合わせてもシェアは10％足らずであり、大都市部に生まれたこの時期の子どもは少数であることがわかる。「団塊」は各地方に遍在していたのである。

引揚げとベビーブームの結果として、一九四五（昭和二〇）年一一月一日の推計人口７２１５万人に対して五年後の一九五〇（昭和二五）年は８４１２万人と推計され、わずか五年間で実に１１９７万人の人口増加が起こった。このうち、社会増加は４９８万人、自然増加は６６８万人であった（図1・2参照）。

戦争と敗戦によって、急激な経済的・領土的縮小に直面した日本社会にとって、１２００万人近い人口増加は大きな問題としてとらえられた。こうした敗戦後すぐの過剰人口問題は「明治以後現在迄日本が直面した人口問題の中でも最も深刻なもの」（若槻・鈴木 1975: 82）ととらえられ、人口抑制策や移民政策などの対策が強く求められるようになった。しかしながら、ＧＨＱは膨張主義・軍国主義の再発の恐れから、移民送出事業に対して強い否定的態度を示したため、占領期間の終わる一九五二（昭和二七）年までは実質的に移民事業を行うことはできなかった（若槻・鈴木 1975: 91–2）(7)。

人口圧力を戦前のように空間的移動によって「減圧」できないなか、人口抑制に結果的に最も影響を与えた政策は「優生保護法」の制定であった。人口過剰問題を憂慮するＧＨＱの影響下で一九四八（昭和二三）年に国民優生法に代わって優生保護法が制定され、翌四九年には第一次改訂として人工妊娠中絶の適用範囲に「経済的理由」が追加され、さらに一九五二（昭和二七）年の第二次改訂では手続きの簡素化が行われた（荻野 2008）。これによって中絶は事実上自由化されるに至った。

一九五〇年代に入ると出生率は急速に低下するが（図１・８参照）、この原因となったのは何よりも中絶の実質的自由化であった（荻野 2006: 174）。また、中絶を含む産児調節によって人々は生活の破綻の危機に対処しようとした。その結果、急速な出生力転換が起こった。具体的には、合計特殊出生率は一九四九年の４・23から八年後の五七年には２・04へと半減した（金子 2008: 22–3）。さらに医療の普及や栄養状態の改善によって死亡率も低下し、この結果、大正時代に始まる多産多死から少産少子へと向かう人口転換は、この時期に大きく進展した（鬼頭 2007: 152）。

この日本が経験した人口転換について、もう少し詳しく見てみよう。

図式的に言えば、多子多産から少子少産へと至る人口転換の過程では、高水準で均衡していた死亡率と出生率に変化が生じ、まず死亡率が低下し次にそれを追って出生率が低下し始め、最終的には低水準での均衡へと至る（金子 2008: 15–6）。図1・9は一八七二～二〇〇四（明治五～平成一六）年までの日本の出生率と死亡率の長期的推移を示している。多子多産から少子少産へと至る人口転換における多子少産期は、おおむね死亡率が低下し始める一九二〇（大正九）年前後から始まったと見てよい。また、出生率は一九五〇（昭和二五）年前後に急速に減少しており、おおむね転換の完了は一九五〇年代（昭和二五～三五年）に起こったと考えられる。伊藤達也（1994: 187–212）は、人口学的世代として多子多産世代として一九二〇年以前に生まれた世代、多子少産世代として一九二〇～五〇年生まれの世代、そして少子少産世代として一九五〇年以降の世代に分け、多子少産世代の人口学的インパクトと戦後社会の社会・経済変動との関連を議論している。特に、日本の人口転換の特殊性としては、転換の最終局面の出生率・死亡率の急激な減少が起こり、転換が一気に進行したことが挙げられる（阿藤 2000: 96–101；斎藤 2001: 81–2）。そして、戦時期の出産奨励期と戦後のベビーブーム期に当たる一九四〇年代の世代は、出生率が一気に滑り落ちる直前の「崖」を形成しているのである。

このように、敗戦に伴う経済の破壊と人口の急激な空間的圧縮、さらには人口の自然増加によって強い人口圧力が生じ、人口転換が急速に促されたのである。その結果、以後日本社会は人口転換以前の社会に典型な軽微な老年人口と、転換後の社会に特有な縮小した子ども人口を同時に合わせもつことになった。すなわち、社会的に扶養負担が必要となる「従属人口」の比率が低い「人口ボーナス」を得ることになった（金子 2008: 25）。

このことをデータで確かめよう。図1・10は一九二〇年からの従属人口（0～14歳の子ども人口と65歳以上の老年人口）比率の推移と今後の推移予測である。また、グラフ中の実線は、従属人口に対する

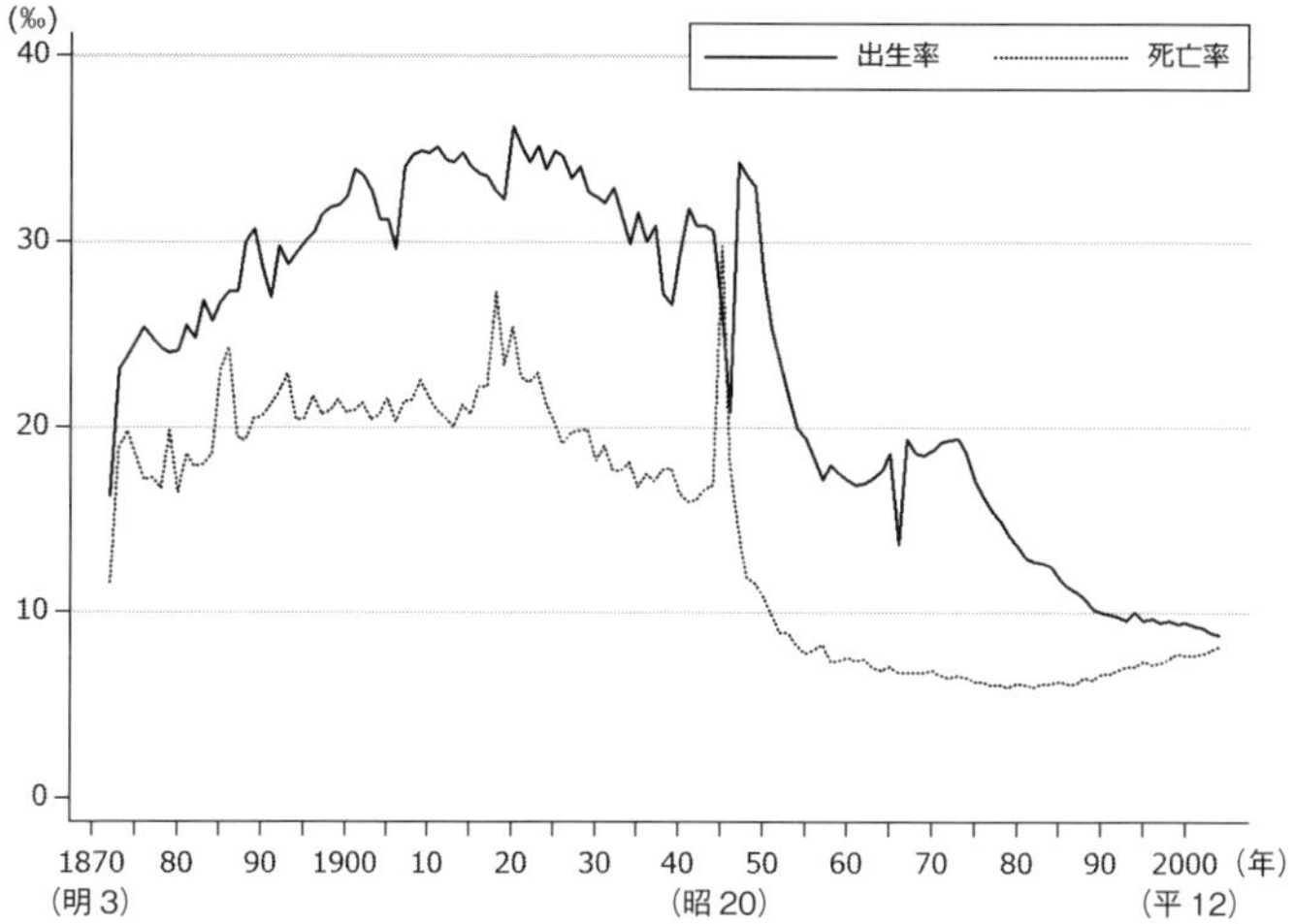

図1・9　出生率・死亡率の推移（1870～2000年，人口千人当たり）

（注）1944～46年のデータは資料不足のため公表されていない。1944, 45, 46年の出生率・死亡率は各年の推計人口・出生数・死亡数から直接計算した近似値である。

（資料）人口動態統計各年　（出典）総務省統計局監修（2006）

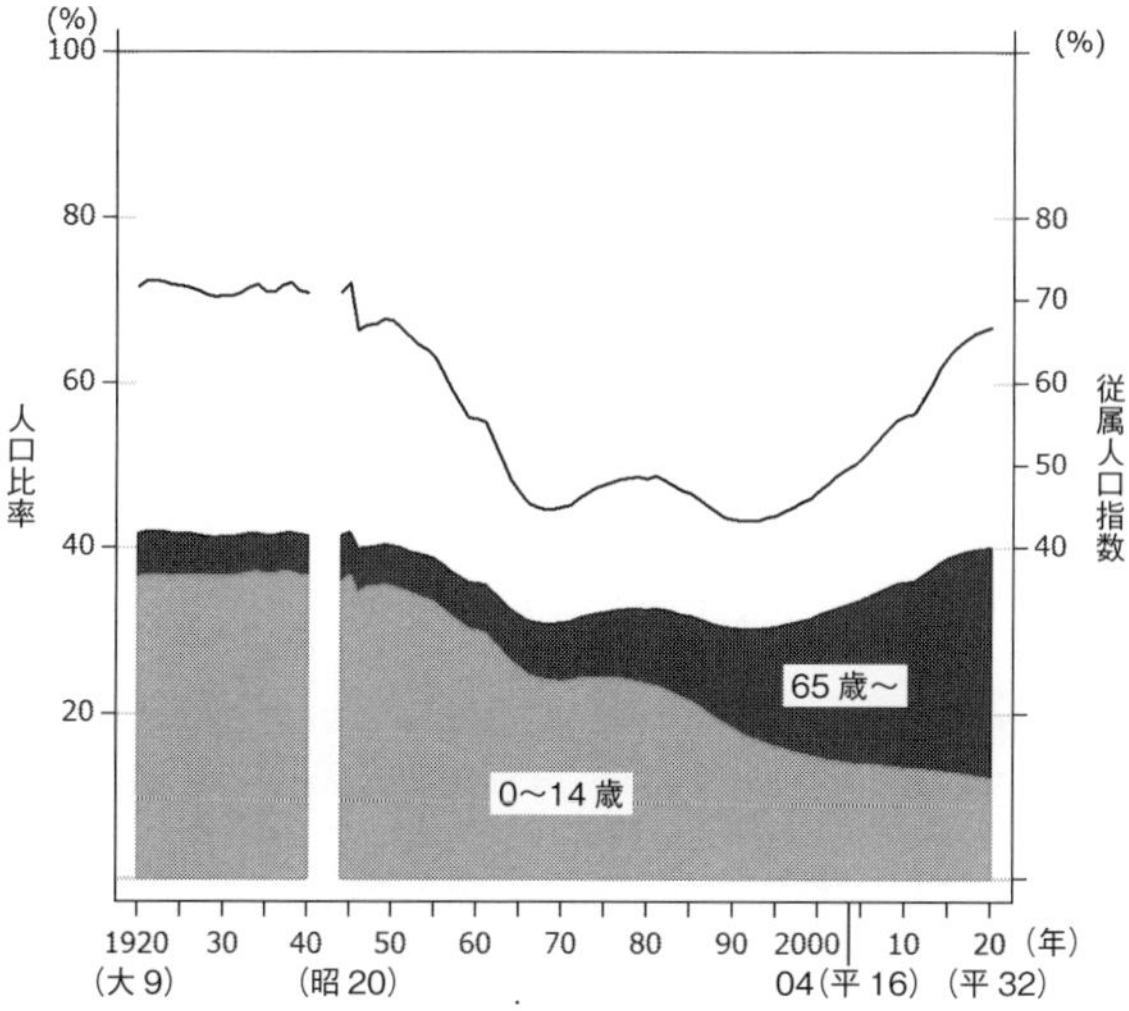

図1・10　全人口に占める従属人口比率と指数の推移（0～14歳，65歳以上，1920～2004年）と推移予測（2005～20年）

（出典）総務省統計局監修（2006）；国立社会保障・人口問題研究所（2002）

非従属人口の比率である従属人口指数の推移を示している。一九四五年までは70％以上という高い水準にあった従属人口指数は、敗戦後急速に減少し、一九六四〜二〇〇三（昭和三九〜平成一五）年までの四〇年間にわたって40％台という低水準で推移している。その後は老年人口の急拡大によって、従属人口指数は再び上昇し「人口ボーナス」が失われることが予測されている。このような従属人口指数の低い状態は、国民経済にとっての負担が少なく経済活動に有利な人口構造であるといわれており、この「人口ボーナス」が高度成長を支えたと考えられる（金子 2008: 12）。

ここまで見てきた戦争とその敗戦が人口構造に与えた影響を単純化してまとめると、戦前・戦中の空間的膨張の後、敗戦による急激な収縮によって日本の疲弊した国土に強い人口圧力がかかり、そのエネルギーは農業セクターに蓄えられるとともに、人口抑制による急速な人口転換を促した、ということになるだろう。こうした人口構造上の大きなインパクトも、「戦争が生みだした基底的変化」の一つのタイプであるといえるだろう。

6　高度経済成長下の人口移動

敗戦からちょうど十年後の一九五五（昭和三〇）年に、一人当たりの実質GNPは戦前の一九三四〜三六（昭和九〜一一）年の水準を超え、翌五六年の『経済白書』では「もはや『戦後』ではない」との有名な一文とともに、敗戦からの回復による経済成長ではなく、今後は近代化による成長が必要になるとの見通しが示された（安場・猪木 1989: 5-6）。そして、一九五六〜七三（昭和三一〜四八）年の間、日本は年率平均9・3％という高い経済成長を達成する。いわゆる「高度経済成長」の時代である。

高度経済成長の達成に寄与した要因としては、国内・国際環境、政治や経済政策などさまざまな要因があるが、吉川洋は高度経済成長の国内メカニズムを二つの循環によって以下のように説明している（吉川 1992: 82–8：吉川 1997: 135–61）。

第一の循環は設備投資を軸とした循環である。朝鮮戦争による特需をきっかけとして、工業部門で技術革新と設備投資がすすむ。その結果、一方では製品のコストダウンと品質向上につながり、他方では工業部門の労働生産を高め労働所得を上昇させる。その結果、耐久消費財を中心とした消費需要が急速に高まり、そのことがさらなる設備投資を促す。こうして第一の循環が形成される。

これに加えて、第二の循環は人口移動を軸とした循環である。資本蓄積による近代産業部門の拡大によって、都市工業部門における労働需要が増大する。これに促されて農村部から若年層を中心にした労働力が都市周辺部へと移動する。これに伴って都市部を中心に世帯数が増加し、このことが耐久消費財の広範な需要を生みだす。図1・11は高度成長（一九五五〜七〇年頃）のメカニズムとして吉川によって提示された図式であるが、図中の①から⑤への流れが人口移動を軸とする第二の循環に対応する。戦前の経済成長は輸出部門が主導していたのに対して、戦後の高度成長は耐久消費財の内需が中心だったのであり、「広範な耐久消費財需要を生みだす要因の一つとして、人口移動・世帯増が成長と循環の中心にある設備投資・資本蓄積を支える究極的な要因になっていた」（吉川 1992: 86）のである。

そして、これらの循環のエネルギー源となったのが、戦争と敗戦のショックによって農村部に蓄えられた若年の人的資源であった。高度経済成長期の人口移動は、産業構成上は第一次産業の急速な解体を

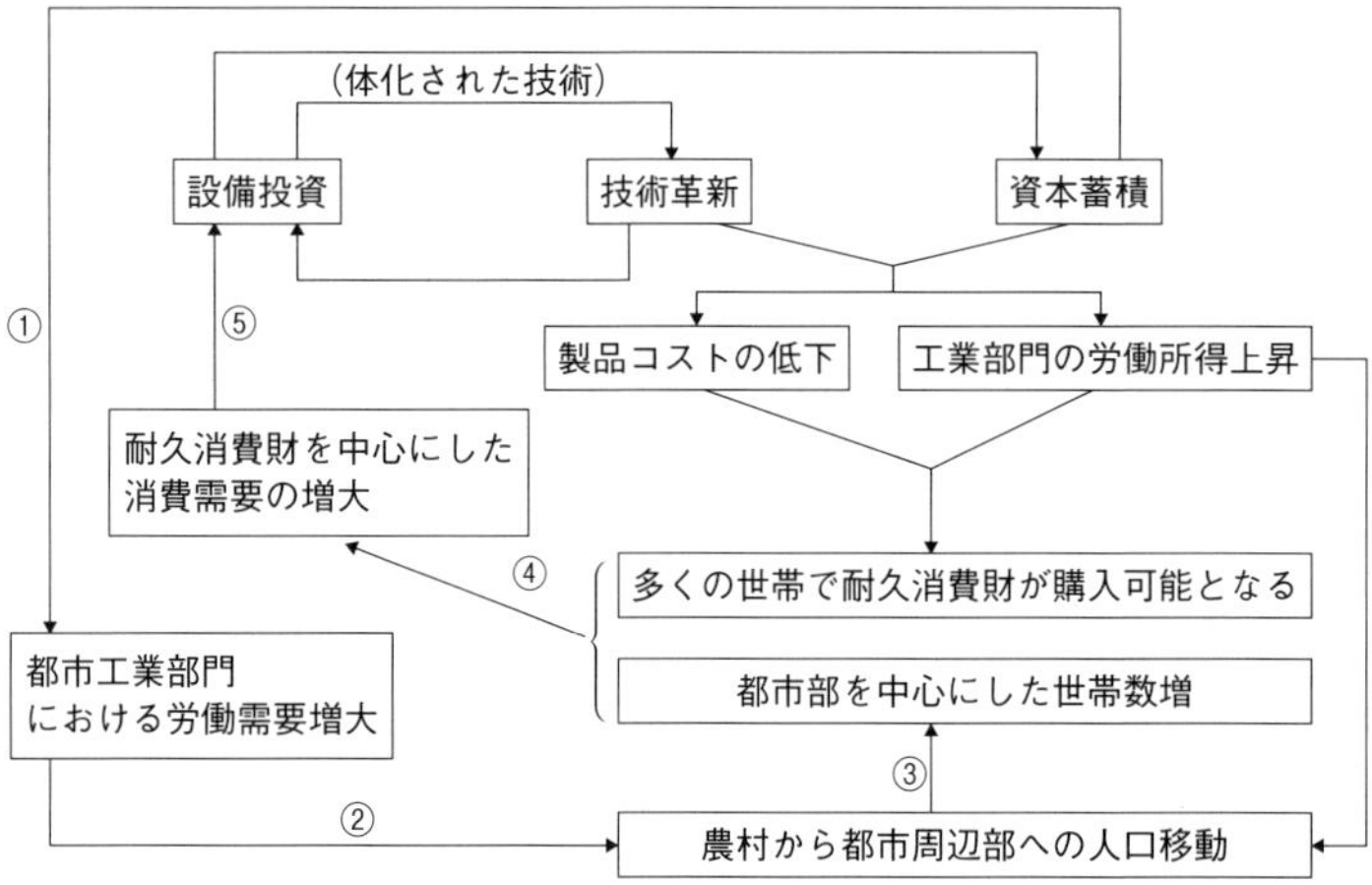

図1・11　高度成長のメカニズム（1955〜70年頃）（出典）吉川（1992: 83）

帰結し（図1・5参照）、人口分布上は急速な都市化を帰結した（図1・7参照）。特に、地方から大都市圏への若年学卒者の移動は、象徴的には一九五四年から始まる就職列車による「集団就職」によって記憶されている（加瀬 1997: 143–61）。

ここで、加瀬和俊（1997: 37–45）による分析にならって、高度経済成長期の若年コーホートの都道府県間の人口移動の実際を、都道府県別人口増加率で概観しよう。図1・12左は一九四一〜四五年生まれのコーホートについて、彼らが10〜14歳のときの一九五五（昭和三〇）年から、彼らが20〜24歳になる一九六五（昭和四〇）年にかけての各都道府県の人口増加率を、図1・12右は一九四六〜五〇年生まれのコーホートについて、彼らが10〜14歳のときの一九六〇（昭和三五）年から、彼らが20〜24歳になる一九七〇（昭和四五）年にかけての各都道府県の人口増加率を、それぞれ示している。どちらも、東京を中心とする東京圏、大阪圏、そして愛知県だけが人口増加を示しており、ほか

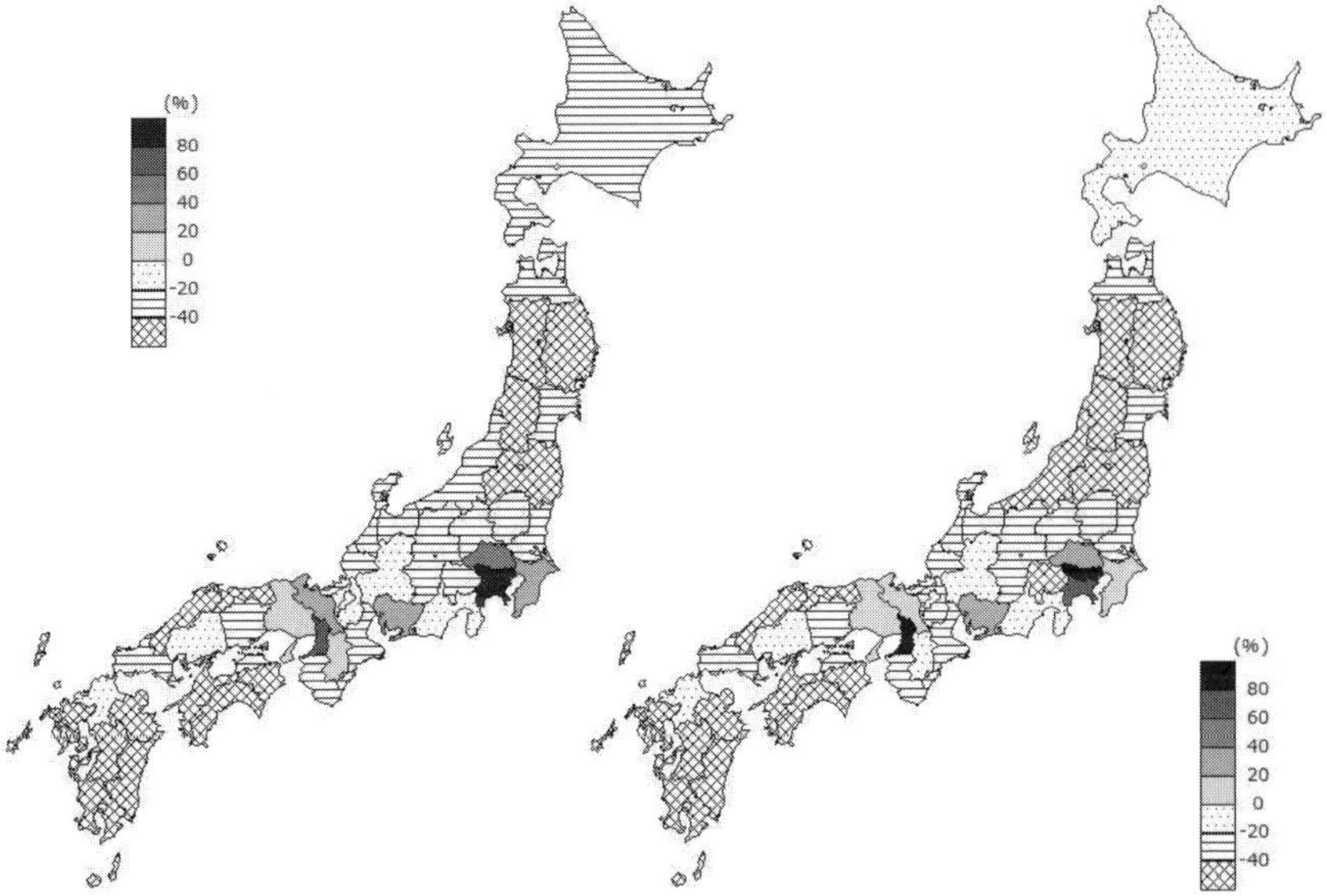

図1・12　(左) 1941〜45年生まれコーホートの都道府県別人口増加率 (1955〜65年)
(右) 1946〜50年生まれコーホートの都道府県別人口増加率 (1960〜70年)
(資料) 国勢調査各年　(出典) 総務庁統計局監修 (1988)

の道県はすべて人口減少となっている。とくに、東北・山陰地方・四国・九州において若年人口の減少が著しくなっている。

学卒若年労働力の具体的な移動経路を、表1・2の一九六一(昭和三六)年の中学卒労働力の供給地域別人数と比率から見てみると、東京圏は北海道・東北と関東で全体の7割を占めており、一方、大阪は九州・四国・中国からの流入で8割に達している。このように、地域による流入先にははっきりとした東西分化の特徴があった。

こうして、高度経済成長期には若年労働力の移動によって、大都市圏は大幅な人口増加を経験した。図1・13は三大都市圏の転入超過数の推移を示しているが、いずれの都市圏も六〇年代初頭をピーク

表1・2　中学卒労働力の供給地域別人数と比率（上位5地域，1961年）

受け入れ地	北海道・東北	関東	山梨・長野	北陸	近畿	中国	四国	九州	合計（人）
東京・神奈川・千葉	16,269 42%	11,218 29%	1,921 5%	3,103 8%				1,857 5%	38,713 100%
大阪				791 3%	2,964 10%	6,340 22%	6,550 23%	10,269 36%	28,847 100%

（資料）労働省「職業安定業務統計」（出典）吉川（1997: 107）

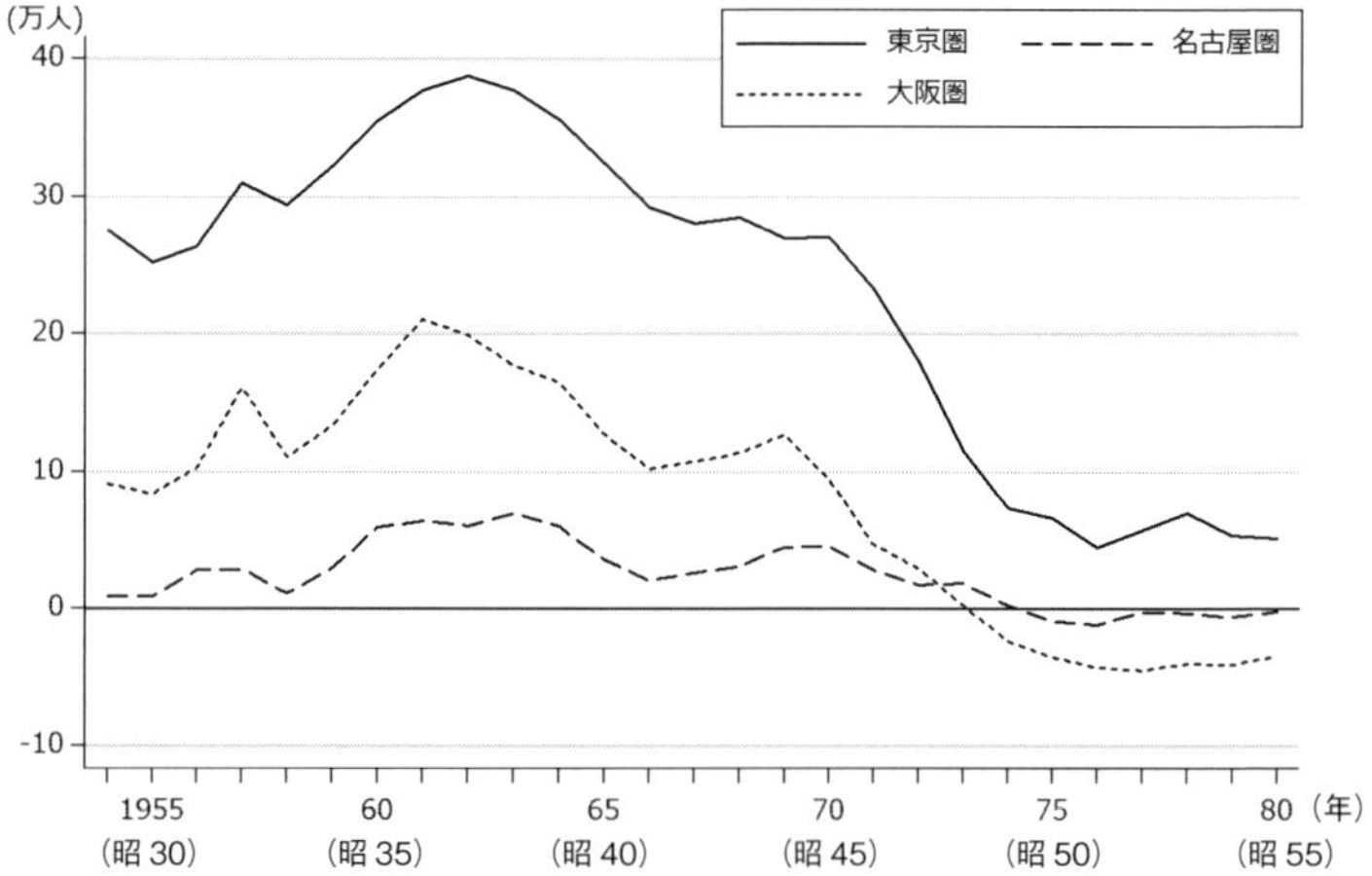

図1・13　三大都市圏の転入超過数の推移（1953〜80年）

（注）転入者数から転出者数を引いたデータ。東京圏は東京都，神奈川県，埼玉県，千葉県，名古屋圏は愛知県，岐阜県，三重県，大阪圏は大阪府，兵庫県，京都府，奈良県を指す。

（出典）総務省統計局（2010）

として、高度経済成長期の期間に継続して転入超過が続いている。さらには、高度経済成長による都市化は、同時に都市圏の拡大と流入した若い世代の結婚・出産によって若干の時間差がある郊外化を伴う変化であった。

南亮進（2002: 211–9）はマクロ経済学的な分析から、在来産業・農業部門から近代的工業部門への労働力の供給にかんして、供給量過剰な労働過剰経済から労働需要が逼迫する労働不足経済への日本経済における「転換点」を一九六〇年代初頭であると結論づけている。その後、六〇年代末には、農村の過剰人口が工業部門に吸収しつくされ、人口移動が減速し、さらに耐久消費財が一通り行き渡ることで需要の増加が見込めなくなり、高度成長の基底が失われた（吉川 1997: 146）。その結果、高度経済成長は終焉に向かうことになったが、それを顕在化させたのが一九七三（昭和四八）年のオイルショックであった。

おわりに

ここまで見てきたように、アジア・太平洋戦争とその敗戦後の混乱によって大きなインパクトを受けた人口構造上の変化は、結果的に日本がその後高度経済成長に向かって発展の階段を駆け上がっていくときの一つの基盤を形成した。

高度経済成長とそれに伴う人口の移動は、社会的領域に大きな変動をもたらした。社会階層領域では結果の平等化と世代間階層移動の増大（原 2002）、家族領域では「家族の戦後体制」（落合 2004）の形成、そしてさまざまな社会意識の大きな変化が見られた。そして、こうした変化はわれわれの生きる「現代社会」に直結している。本稿は「基盤」を描き出す作業で終わったが、今後はこれらの社会学的変化を戦争のインパクトを含む人口構造上の変化との関連で把握していく作業が必要となる。さらには、本稿ではマクロ・レベルの変化の素描に重点を置いたが、こうした大きな基底部分での変動とミクロ・レベルの人々の経験とリアリティを両方向から照らし出し、先の戦争と地続きのわれわれの歴史と現在をよりいっそう深く理解していくことが必要となる。いま求められているのは、浮わついたはやり言葉の現代社会論ではなく、われわれの依って立つ足下をしっかり見据えた骨太の戦後社会論と、それを前提とした地に足のついた現代社会論ではないだろうか。本稿を以下に続く研究プロジェクトの第一歩としたい。

注

（1）ただし、それぞれの人口数には各地域外出身の外地人人口も含まれる。
（2）このなかで、終戦時の開拓移民数は27万人であった（石川 1997: 151）。
（3）終戦時の一般邦人数は資料ごとにばらつきがあるが、若槻（1995: 47）は350万人を中心に前後20～30万人位を妥当な推計としている。
（4）社会増加数は、一九四五（昭和二〇）年八月以前は内地外における一般日本人の当年の人口増加数から自然増加数を減じて得た数に各年の軍人・軍属等の出国超過を加えた数である。一九四五年九月～五〇年九月までは各年間の引揚者数から送還者数を差し引いた数である。
（5）もっとも、一般人の場合、植民地に在住する日本人の職業構成は内地とは異なり、一九三〇（昭和五）年の段階で農業が内地の三分の一にすぎず、商業や公務・自由業は二倍に達していた。さらに、満洲国建国や東南アジア占領の後は行政・産業開発要員の進出によりホワイト・カラーの比重をさらに高めた（若槻 1995: 22-3）。つまり、開拓移民のような農業層の移民は一部にすぎない。また、日本に本拠地を残した一時的な赴任なのか、移民先での長期的な定着を前提としていたのかによっても、引揚げ後の受け入れ事情が異なってくる。それゆえ、引揚げ後の定着にはさまざまな多様性があったはずであるが、包括的なミクロデータが残されているわけではないので、詳細は不明である。

（6）人口数でいえば、一九四四（昭和一九）年二月～四五（昭和二〇）年一二月に、重化学工業は366万1千人の純減であり、第一次産業は402万5千人の純増であった。

（7）一九五二年には国の事業として中南米への移民が再開され、一九七二年までにブラジル5万人を筆頭に、南北アメリカに合計6万3千人の移住があった（海外移住事業団編 1973: 258-9）。

文献

雨宮昭一 1997『戦時戦後体制論』岩波書店.
蘭信三 2008「序—日本帝国をめぐる人口移動の国際社会学をめざして」蘭信三編『日本帝国をめぐる人口移動の国際社会学』不二出版 xi-xxxix.
阿藤誠 2000『現代人口学——少子高齢社会の基礎知識』日本評論社.
Dahrendorf, Ralf, 1967, *Society and Democracy in Germany*, New York: Doubleday & Co.
Dower, John W., 1993, *Japan in War & Peace: Selected Essays*, New York: The New Press.（＝2010 明田川融監訳『昭和——戦争と平和の日本』みすず書房.）
原朗 1995「日本の戦時経済—国際比較の視点から」原朗編『日本の戦時経済——計画と市場』東京大学出

版会 3–43.
原純輔 2002「産業化と階層流動性」原純輔編『流動化と社会格差』ミネルヴァ書房 18–53.
引揚援護庁編 1950『引揚援護の記録』引揚援護庁.
広田純 1992「太平洋戦争におけるわが国の戦争被害―戦争被害調査の戦後史」『立教経済学研究』45(4): 1–20.
本間義人 2004『戦後住宅政策の検証』信山社.
石川友紀 1997『日本移民の地理学的研究』榕樹書林.
伊藤達也 1994『生活の中の人口学』古今書院.
海外移住事業団編 1973『海外移住事業団十年史』海外移住事業団.
金子隆一 2008「人口統計の示す日本社会の歴史的転換」国友直人・山本拓編『二一世紀の統計科学Ⅰ　社会・経済の統計科学』東京大学出版会 3–32.
加瀬和俊 1997『集団就職の時代』青木書店.
加藤陽子 1995「敗者の帰還―中国からの復員・引揚問題」『国際政治』109: 110–25.
鬼頭宏 2007『図説　人口で見る日本史』ＰＨＰ出版.
国立社会保障・人口問題研究所 2002「日本の将来推計人口（平成一四年一月推計）」(http://www.ipss.go.jp/pp-newest/j/newest02/3/t_1.html).
厚生省・社会援護局援護五十年史編集委員会監修 1997『援護五十年史』ぎょうせい.
南亮進 2002『日本の経済発展　第三版』東洋経済新報社.
森武麿 2005「総力戦・ファシズム・戦後改革」倉沢愛子ほか編『岩波講座　アジア・太平洋戦争1　なぜ、いまアジア・太平洋戦争か』岩波書店 125–60.

中村隆英 1989「概説 一九三七―五四年」中村隆英編『日本経済史7 「計画化」と「民主化」』岩波書店 1–68.
―― 1993『日本経済――その成長と構造 第三版』東京大学出版会.
成田龍一 2006「『引揚げ』と『抑留』」倉沢愛子ほか編『岩波講座 アジア太平洋戦争4 帝国の戦争経験』岩波書店 179–208.
農用地開発公団編 1976『農地開発機械公団』農林省構造改善局.
落合恵美子 2004『二一世紀家族へ 第三版』有斐閣.
荻野美穂 2006「人口政策と家族―国のために産むことと産まぬこと」倉沢愛子ほか編『岩波講座 アジア・太平洋戦争3 動員・抵抗・翼賛』岩波書店 151–78.
―― 2008『「家族計画」への道――近代日本の生殖をめぐる政治』岩波書店.
岡部牧夫 2002『海を渡った日本人』山川出版社.
岡崎文規 1950『日本人口の實證的研究』北隆館.
岡崎哲二 1995「日本の戦時経済と政府―企業間関係の発展」山之内ほか編（1995）267–85.
岡崎哲二・奥野正寛編 1993a『シリーズ・現代経済研究6 現代日本経済システムの源流』日本経済新聞社.
―― 1993b「現代日本の経済システムとその歴史的源流」岡崎・奥野編（1993a）1–34.
岡崎陽一 1997『現代人口政策論』古今書院.
―― 1999『日本人口論』古今書院.
大河内一男 1958「労働」矢内原忠雄編『戦後日本小史 上』東京大学出版会 175–272.
奥野正寛 1993「現代日本の経済システム―その構造と変革の可能性」岡崎・奥野編（1993）273–91.

斎藤修 2001「近代人口成長」速水融・鬼頭宏・友部謙一編『歴史人口学のフロンティア』東洋経済新報社 67–89.
坂口満宏 2004「移民史研究の射程」『日本史研究』500: 131–51.
総務庁統計局監修 1988『日本長期統計総覧』日本統計協会.
総務省統計局 2010「三大都市圏（東京圏・名古屋圏・大阪圏）の転入者数、転出者数及び転入超過数の推移（昭和29年～平成21年）」(http://www.stat.go.jp/data/idou/2009np/kazu/index.htm).
総務省統計局監修 2006『新版　日本長期統計総覧』日本統計協会.
拓務大臣官房文書課編 1940『昭和一五年拓務統計』日本拓殖協会.
東洋経済新報社編 1991『完結昭和国勢総覧　第3巻』東洋経済新報社.
梅村又次ほか 1988『長期経済統計2　労働力』東洋経済新報社.
若槻泰雄 1995『新版　戦後引揚げの記録』時事通信社.
若槻泰雄・鈴木譲二 1975『海外移住政策論』福村出版.
山之内靖 1995「方法論的序説—総力戦とシステム統合」山之内ほか編（1995）9–53.
山之内靖・ヴィクター コシュマン・成田龍一編 1995『総力戦と現代化』柏書房.
安場保吉・猪木武徳 1989「概説　一九五五—八〇年」安場保吉・猪木武徳編『日本経済史8　高度成長』岩波書店 1–55.
米山裕・河原典史編 2007『日系人の経験と国際移動——在外日本人・移民の近現代史』人文書院.
吉川洋 1992『日本経済とマクロ経済学』東洋経済新報社.
——— 1997『二十世紀の日本6　高度成長——日本を変えた六〇〇〇日』読売新聞社.
鍾家新 1998『日本型福祉国家の形成と「十五年戦争」』ミネルヴァ書房.

第2章　軍が生みだした地方都市——三重県鈴鹿市の誕生と空間形成

前田　至剛

はじめに

本章は「戦争が生みだす社会」の重要な一側面、日本の地方都市の空間形成に戦争が与えた影響について、特徴的かつ象徴的事例を取り上げ考察することを目的とする。ここでいう、特徴的かつ象徴的という意味は次のとおりである。

二度の大戦をはじめ、戦争は世界中に膨大な軍事施設を生みだし、その後の社会や空間形成にさまざまな影響を与えることとなった。こういった動きが日本社会において本格化するのは、明治以降のことである。ただし、一口に「戦争」といっても多様な側面があり、定義の仕方によって析出される影響も異なる。たとえば明治以降、戊辰戦争後の治安維持を目的として各地に鎮台が設置されたが、これらは後に陸軍の師団へと改編され、外征や防衛の拠点として位置づけられた。軍事的には現実の戦闘行為を背景としているため、鎮台は戦争が生みだしたといえる。しかし他方で、国際法上の戦争は、国家間の紛争であり、戊辰戦争の場合はこれには当たらないため、戦争が鎮台を生みだしたとは言いにくい側面もある。したがって本章では、どのように定義しようとも「戦争が生みだした」と断定できる、より象徴的な事例から考えるため、第二次大戦中に建設された軍事施設を対象にする。この時期は、国際法的・軍事的にも戦争状態にあり、軍事施設は直接的にこれを支えていたからである。

ただし、この時期に建設された施設の中にも、前の時代から同一の地域にあったものが拡大したり、別種の施設が増設されたものがある。陸軍の師団や連隊の駐屯地、海軍の鎮守府や軍港などのように、過去との連続性の上に成り立っている施設がそうである。これらも戦争が生みだしたものであり、さまざまな影響を社会に与えたが、本章では軍事施設建設による影響の特徴的な部分を抽出するため、さらに対象を限定した。第二次大戦中に、以前には軍とはほぼ無関係であり、しかも近代化以降これといって他の地域に比してめざましい発展を遂げたわけではない地域に、大規模な軍事施設が集中的に建設された例がある。そのなかでも注目するのは、軍事施設の建設が急激な人口増加を伴っただけでなく、軍の強い要望を背景として市という行政単位そのものが誕生した例である。本章では、このような典型例として、三重県鈴鹿市を取り上げる(1)。

そこでは施設の運営に必要な都市計画が立案され、数年で敗戦をむかえるが、戦後の都市形成は軍事施設の布置関係から多大な影響を受けることになる。さらに、軍事施設・用地の転用が、市の存亡を左右するほどの重要な課題となり、多大な労苦の上に実現されていった。大都市部における戦争の影響も重要であるが、それらは戦争とは無関係な従来からの発展や、戦後の復興のみならず高度成長による影響との峻別が困難なものも多い。本章で上記のような特徴的な地域を選択し、地方都市の形成に与えた影響を探るのは、戦争がその後の都市形成に与えた影響のエッセンスを抽出するためである。

1　鈴鹿市の誕生と戦時下の都市形成

鈴鹿市は人口20万人弱（二〇一二年時点）の地方郊外都市である。現在は自動車関連の工場やレーシングサーキットなどがあるまちとして知られているが、戦前には膨大な数の軍事施設が存在した。陸軍第一航空軍教育隊、陸軍第一気象連隊、鈴鹿海軍工廠、北伊勢陸軍飛行場、第一・第二鈴鹿海軍航空基地、三菱重工三重工場、海軍送信所などである（図2・1）。

市制が開始されるのは一九四二（昭和一七）年。上記軍事施設の一体的運営をめざす軍部の強い働きかけによって、核となる地域がないにもかかわらず合併した。市誕生時の面積約104平方キロメートルのうち実に9平方キロメートル強（およそ9％）(2)を軍用地が占めていた。軍の強い働きかけにより誕生した市は、その後まもなく敗戦を迎え、戦後は軍事施設跡地を農地や住宅、公共施設や工場に転用して発展していく。この過程は、たしかに市が評価するように「軍都から平和都市へ」という転換・発展の歴史であっただろう。しかしそれは、軍用地の転用を通じてさまざまな遺産を継承していく過程でもあった（後掲図2・2）。

1・1　軍事施設の進出

鈴鹿の地に軍事施設が数多く建設された理由は次のようなものである。戦略的には名古屋よりも先んじて開港場に指定された四日市港に近く、航空機産業の中心地であった名古屋ともそれほど離れていなかったため、資材や部品の輸送に便利であった。また基地や軍需工場を支える食糧生産能力や労働力が一定程度確保可能であった。さらに地形的に平坦な土地が存在し、安定的な気候のもと一年を通じて風向きがほぼ一方向であるため、航空基地に適していたことなどが挙げられる（鈴鹿市教育委員会・鈴鹿市旧軍施設調査研究会編 2002: 12-3）。

ただし当地への軍の進出はいずれも比較的遅く、日中戦争勃発後に集中している。最も早く設置された鈴鹿海軍航空基地でも一九三八（昭和一三）年。その後一九四〇（昭和一五）年に北伊勢陸軍飛行場と三菱重工業三重工場が建設され、鈴鹿海軍工廠設置が決定。一九四二（昭和一七）年には陸軍第一航空軍教育隊、陸軍第一気象連隊が開隊し、一九四三（昭和一八）年に鈴鹿海軍工廠開廠という順になる。

このように航空基地が多いのは、当地の地政学的性質と関連がある。航空基地は広い土地が必要であるため、陸軍師団本部がおかれた大都市部などと違って、全国的にも都市の郊外および周辺地域に建設された(3)。戦前の軍部は国土を生産や防衛の観点から管理し、軍事施設を各地に建設していたが、航空基地は郊外型軍事施設と呼ぶことができるだろう。

同様のことは鈴鹿海軍工廠についても当てはまる。明治期に海軍鎮守府の一部として工廠がおかれた場所は、呉、広、佐世保、横須賀であったが、これらは明確に防衛上の拠点として位置づけられた軍港に併設されている。それに対して航空機関連の武器製造を主たる目的としていた鈴鹿海軍工廠は、大規

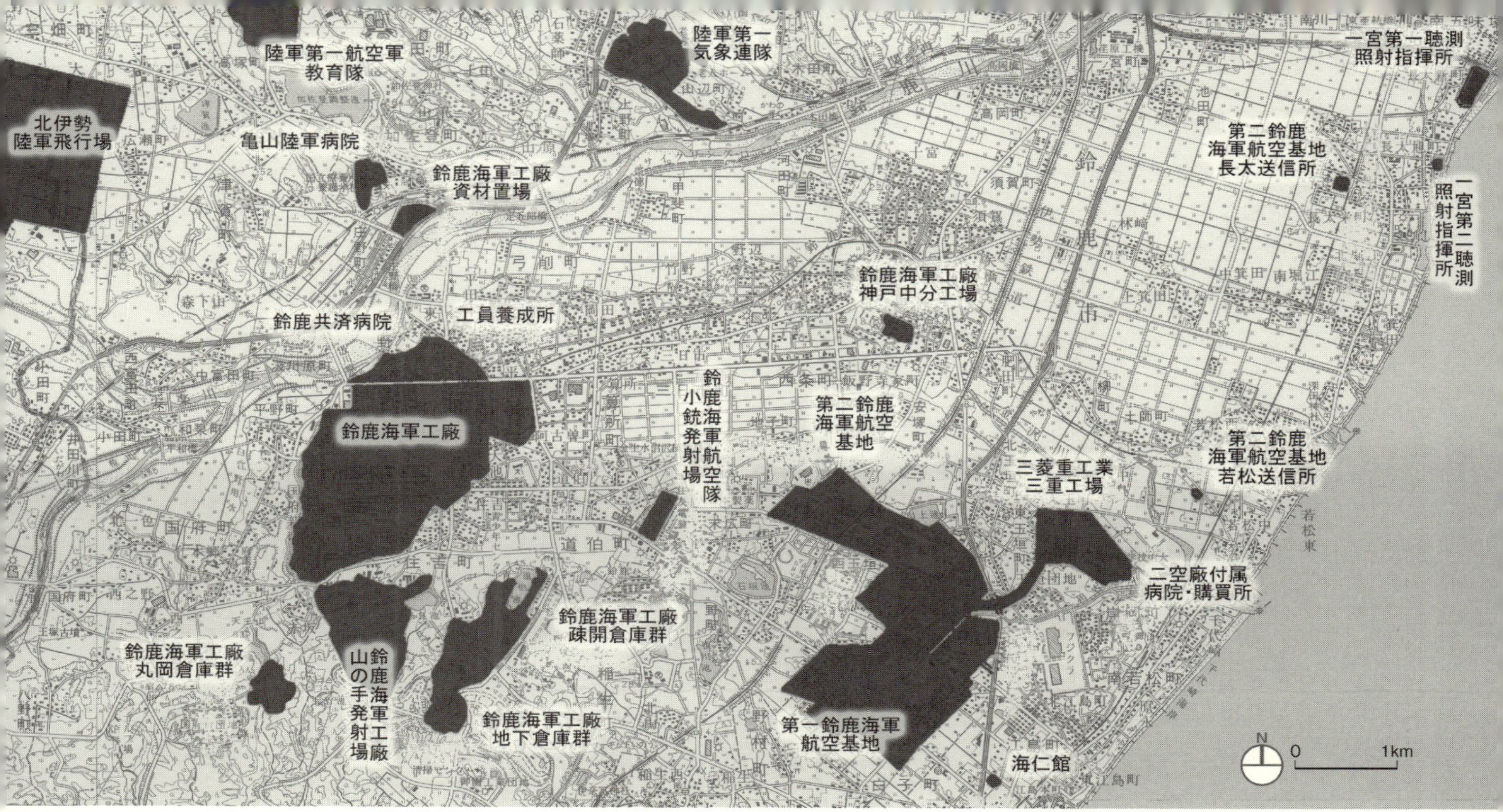

図2・1　鈴鹿市主要部の旧軍用地

（出典）「鈴鹿市の旧軍事施設全体位置図」（鈴鹿市教育委員会・鈴鹿市旧軍事施設調査研究会編 2002: 9-10）をもとに，各軍事施設名を強調して作成模な軍港をもたない。また各地に建設された工廠の中でも、一九四三（昭和一八）年と二番目に遅い時期に開廠している。海軍工廠は鎮守府に加え、時局の進展とともに全国で新設された。それは大陸／南方侵出、日米開戦によって、軍備の増強が図られたからである。ただしここでいう軍備増強とは、防衛的／リスクヘッジの観点も含むものであった。すなわち軍備と生産を兼ね備えた工業都市の地方分散が戦時下に進められたが(4)、鈴鹿海軍工廠建設もその一環として位置づけられる。

鈴鹿の場合、特に航空隊基地と三菱重工三重工場および各軍工廠との関係にこれが見て取れる。もとは名古屋に集中していた航空機生産の主力工場は、太平洋戦争以後の増強計画と空襲による被害を避けるため、工場の分散化が図られた。エンジンは名古屋の本社工場、翼は津工場、胴体と他の部品は四日市、機銃は鈴鹿や豊川の海軍工廠で製造する。さらに鈴鹿でこれらの部品をあわせて組み立てたのち、海軍航空隊へ引き渡していた（鈴鹿市教育委員会・鈴鹿市旧軍施設調査研究会編 2002: 21）。

戦争遂行のため増設された軍事施設であるが、鈴鹿のように比較的遅い時期の建設には、以前のものにくらべ強制力を伴うことも多かったようである。荒川章二によれば、日中戦争以前に建設された軍事施設は、陸軍の師団や連隊駐屯地のように、地域による誘致合戦の結果、建設場所が決まるものも多かった。しかし、大戦末期に近づくにつれ、用地買収や建設が半ば強制的に行われるものも増えてくる（荒川 2001: 273–91）。鈴鹿における軍事施設も例外ではない。機密事項に当たる、航空隊の基地や工廠の建設は極秘裏に計画され、決定済みのこととして用地買収が進められたものも含まれる（鈴鹿市教育委員会・鈴鹿市旧軍施設調査研究会編 2002）。

そして鈴鹿市は、郊外型軍事施設の一体的運営のために、軍の強い指導力のもと市として誕生する。

むしろ軍なくして市という単一の行政単位として成立し得なかったとさえいえる。というのも合併前に各町村間には対立意識も見られ、軍と県による調整を経てようやく合併に至るからである。

1・2　乱立する都市計画案と町村間対立

一九三七（昭和一二）年、海軍航空隊基地の建設が始まりつつあった旧河芸《かわげ》郡白子《しろこ》町は、玉垣村、稲生《いの う》村との合併を図る「白子都市計画案」を県に上申し、翌年県からその旨諮問を受けていた（現鈴鹿市南東部）。他方、海軍工廠などの施設建設に伴って、旧河芸郡神戸《かんべ》町も飯野村、河曲《かわわ》村との合併を図る都市計画案を独自に練っていた。神戸を中心とした計画はその後玉垣村、若松村、箕田《みだ》村、一ノ宮村を含めた大計画となったが、一ノ宮や箕田は軍関連施設とは直接関係がないため、四日市市と合併すべしとの意見もあったという（現市中部および北東部）。

さらにまた上記二町とは別に、旧鈴鹿郡の各村（国府《こう》、庄野、石薬師、高津瀬、牧田）も海軍工廠等軍事施設の建設を契機に合併し、「鈴鹿町」を建設する案が定まりつつあった。こちらの案も県知事からの諮問を受け、各村も異存ない旨返答するなど、かなり具体化しつつあった（現市西部）。この鈴鹿町の建設は、先述の河芸郡の二町に対抗するためであったという。高津瀬村村長であった小河市之亟《おがわいちのじょう》（元憲兵大佐、後の初代市議会議長）は、地域発展の主導権を河芸郡の二町に握られまいとして、鈴鹿郡各村をいち早く合併・団結させておこうと考えて、鈴鹿町建設を推進していた。

このように各町村それぞれが、小規模ながら合併を目ざしていたが、いずれも「市」という大規模な合併案には至らず、むしろ境界の引き方をめぐる対立が発生して合併は阻まれていた。

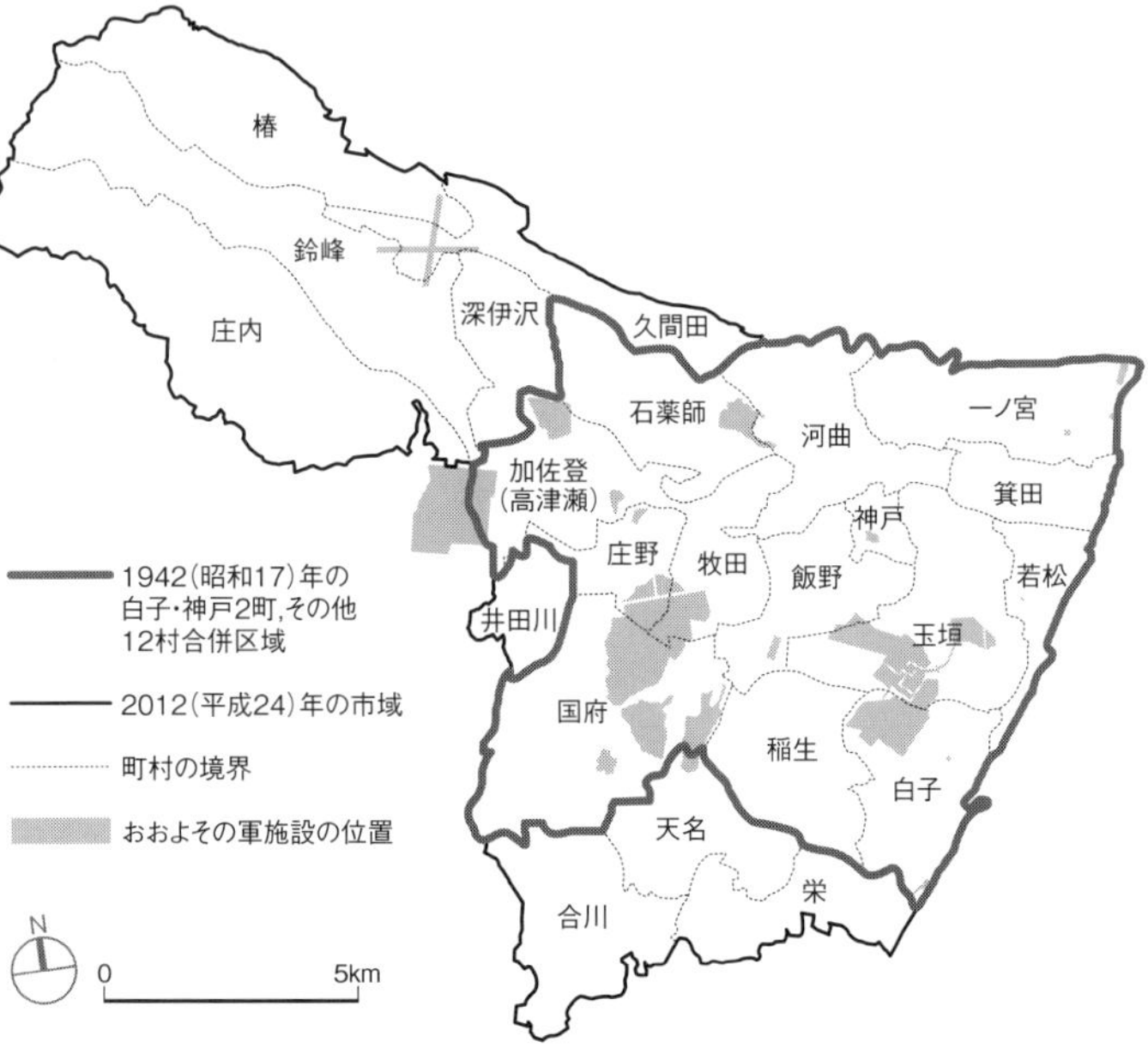

図2・2　鈴鹿市制開始時の各町村と現市域（1942，2012年）

これら神戸―白子間の対立、河芸郡―鈴鹿郡の対立を背景とした各町村連合の動きに対し、鈴鹿海軍工廠建設主任であった内田亮之輔（当時海軍大佐）は、このように対立意識が強くては将来禍根を残すとして調整に奔走[5]、小河村長に対しては直接説得に出向いて鈴鹿町案を撤回させるなどした。また、三重県の各部署の責任者とも協力し各町村を説得、ようやく全町村平等の合併案を取りまとめた（鈴鹿市教育委員会 1989: 401-3）（図2・2）。

その結果、各町村共通のものとして国に提出された意見書には、次のような趣旨の記述が見受けられる。

大東亜諸国の指導的役割にある自分たちは、大東亜戦争完遂のために必要な国内態勢を整備するのは当然の責務であると信じている。この地域は軍関連の重大施設の進出により都市化がさらに進展することから、利害を同じくする町村が合併し自治体の根幹を築き、強固な政治経済力の下に、学校、住宅、病院、道路整備など様々な施設を総合的に運営し、急増する人口に対応しなければならない。その具体策として町村合併をし、国家の要請に即応できる態勢を完備するとともに、関係住民の福祉と公益の増進を図りたい旨、意見書を提出する（鈴鹿市 1962: 5-6. なお、引用にあたって文語体を口語体に改めた）。

また、市制開始直前に行われた内務省による調査において、調査官は内田に「従来の都市の合併は中心となるべき都市があって、隣接町村を合併するのが例であって、当市のように中心となるべき都市のない合併は前例がない」と詰問している。これに対し内田は「当市の中心は鈴鹿海軍工廠である。市民は工廠に協力するために合併するという建前で発足したのである」（内田 1975: 101）と答えている。

中心となる町村がない合併において、軍は強制力も伴うかたちで空間を改造し、物理的な市の中心となった。のみならず、合併に至る途上で顕在化した対立や利害を調停する役割を担うことで、政治的な中心にもなった。鈴鹿はまさに軍が創った市だったのである。

1・3　戦時体制下の都市形成

戦時体制下の一九四二（昭和一七）年に発足した鈴鹿市は、必然的にその都市形成も軍部の影響を強く受けることとなった。

一九四二（昭和一七）年、軍部から出された「鈴鹿都市計画に対する要望」によれば、新しい都市は神戸町と工廠とを結ぶ地域に建設することとされ、道路網は主要幹線道路（工廠～加佐登、工廠～神戸駅、白子～亀山町）の三線の新設改良が最も重要であり、工廠と白子町の連絡路線は主要で緊急考慮すべきとされている。また、住環境整備については、計画案に基づく海軍工廠の従業員3万人、各世帯平均3人とし、1世帯の所要面積30坪とした場合、約90万坪の地積が必要であるから、これらを工廠関係区画整理地区として選定することとしている。これらは海軍工廠―神戸を中心とした都市計画といえる。

内田の考えでは、合併によって誕生する鈴鹿市の中心はあくまで鈴鹿海軍工廠であったが、他方で鈴鹿海軍航空隊と第二海軍航空廠支廠なども運営／稼動が始まっており、海軍工廠とは別個に要望が出されることとなる。すなわち、白子町または白子町に隣接した都心部に市役所、二等郵便局を設置し、これに付随して、総合運動場、上水道、軍下請工場地帯の設置、中学校国民学校の創設、日銀代理店の設置、歓楽街の造成が要望されている。これらは先述の工廠を中心とした要望とは違い、航空隊基地―白子を中心とした都市計画といえる。

上記のように部分的には相反する要望を受け、市はすでに決定していた計画の修正を余儀なくされる。決定済みであった白子都市計画街路のみならず、他の地域も含めた街路網の再決定を試みるなど、多数の計画を立ち上げる。一般および軍付属住宅の造成、軍事施設の稼動に伴う道路の損傷に備えた市町村道の補修、海軍工廠から国道1号線（現国道23号線）に連絡し白子へと至る道路網の整備、区画整理事業の実施と工廠を中心とした地域の住宅の増設、教育関連施設、上下水道、し尿処理施設建設などを含む緊急都市計画を策定した（鈴鹿市 1962: 201–7）。

このように軍の指導のもとに市を発足させた鈴鹿市の市制は、開始当初から軍の要望にいかにこたえるかが課題となったといえる。それは軍事施設の建設に対して国から助成が行われたこととも無関係ではないだろう。軍事施設はもちろん、それ以外でも周辺道路の整備事業などに国による助成が行われ、鈴鹿は一九四三（昭和一八）年ごろから行われた軍事施設整備を目的とした緊急措置の対象となる。

たとえば、幹線道路整備の事業費40万円のうち26万円強、国民学校建設事業費45万円のうち30万円、火葬場建設事業費5万円のうち3万円弱など、総額で約60万円が助成されている（鈴鹿市教育委員会 1989: 407）。これは鈴鹿市の一九四四（昭和一九）・四五（昭和二〇）両年度の土木費のみの歳出合計約62万円とほぼ同額の規模である(6)。

このように軍の要望を入れるかたちで立案された市の都市計画は、その多くが実現に至らないまま敗戦を迎えることになる。ただし、主として土木関連事業は国庫補助があったため、戦後そのまま失業対策事業という新たな装いを被せられつつ継続した。また、軍部よりすでに交付されていた整備資金は、戦後もそのまま市の資金に充当することとして内務省の了解を取り付けた（鈴鹿市 1962: 207）。

2　戦後復興と都市形成

軍の強い影響のもと誕生した鈴鹿市は、立市からわずか三年余りで敗戦を迎える。日本社会における敗戦とは、まずもって軍の権力が失われることを意味する。他の地域では、代わりに新たな権力主体として占領軍が進駐してきたところもあった。しかし、地方都市鈴鹿では、一部施設が賠償物資の保管場所として指定された以外は、すぐに別の権力主体がやってくることはなかった。立市から敗戦までの数年間に、物理的・政治的中心として軍が出現し、消え去ったのである。この巨大な中心の喪失は、その後「復興」という営為によって埋め合わされなければならないが、その道程は決して容易なものではなかった。

2・1　農地開拓

終戦後の食料不足を解決するため、日本全土で農地の開拓と食料の増産が図られた。鈴鹿においても、旧海軍航空隊基地を中心として農地への転用が図られる。鈴鹿では、一九四五（昭和二〇）年一二月末時点で陸軍第一航空軍教育隊、陸軍第一気象連隊、陸軍北伊勢飛行場、鈴鹿海軍工廠、第一・第二鈴鹿海軍航空基地などの跡地を農地へと転用する計画が進められた。これらの開拓可能総面積は１０３６万平方メートルで、一九四五年末までに70万平方メートルが開墾され64世帯が入植(7)、その後も開墾が進められた。しかしすべての計画が順調に進んだわけではない。

たとえば一九四六年以降に開始された鈴鹿海軍航空基地跡の開拓は困難を極めたという。当地は開墾予定面積5万平方メートルとして新規開拓者を募集、これに陸海軍の復員者、戦災被災者、引揚者などが応募し、「暁開拓団」を結成した。入植者は、旧兵舎を住宅として利用することが許された。しかし航空基地の跡地は、解体された航空機の残骸が散らばり、滑走路として輾圧された土砂礫土は養分に乏しく、いかなる作物を植えても収穫はほぼ皆無であったという。このような状況が実に六〜七年間続く。状況が打開されたのは一九五三年、大東紡績の工場設置が決定し、用地買収がもちかけられて以降である。結局、開拓農民地権者の大半がこれに応じることとなった（鈴鹿市教育委員会・鈴鹿市旧軍施設調査研究会編 2002: 18–20)。

2・2　白子町分離運動

遅々として進まない戦後復興の陰で、中心を失った鈴鹿市は、一時解体の危機に直面することとなる。敗戦から三年後の一九四八年、白子地区を市から分離すべしとの声が上がる。それは軍によってまとめあげられた地域が、その中心たる軍を失ったことに起因すると考えられる。というのも分離推進派の主張が、次のようなものだったからである。当時の新聞によれば鈴鹿市は、

> 戦時中軍官の強制により市となったもので，終戦後の今日ぼう大な廃墟と化した元軍事施設と、農漁を主とする一四ヵ町村そのままの姿であり、何等新市の形態を備えていない。この不合理、不自然な存在は、ただ市民に無用の負担と、不便を与える以外何物もなく、民主政治と地方分権が、行政機構改革に強調せらるる今日、かかる市政はよろしく解消して、元の町村に還すのが妥当である（鈴鹿市 1962: 45)。

当初は市はおろか、白子町出身の市議でさえとりあわず放置していたところ、次第に運動は激しくなっていく。この分離運動が白子で起こったことには理由がある。白子は立市以前から合併した町村の中では一番の人口規模をほこっていた。古くから伊勢街道沿いの街として一定程度にぎわっており、農業・漁業ともに盛んで、合併した町村の中で最も財政規模が大きかった（一九四一年決算による)。神戸

も同じく伊勢街道沿いの街であるが、人口・財政規模ともに白子には及ばない。神戸は、合併時に中心となった海軍工廠に近く、市庁街の設置や道路網の整備など軍事施設建設の恩恵を受けやすく、それまで優勢であった白子がこれに反感をもっていたとも考えられる(8)。

いずれにせよ、住民による投票実施もやむなしとする運動推進派に対し、説得にうごいた杉本龍造市長の声明書からは少なくとも次の点が確認できる。

> 市民の皆さん。分離した方がよいといわれる有志の人達の、主なる理由とせられるところは、大体次の点であると承っております。即ち鈴鹿市は戦争最中に、軍の手によって無理にできた寄り集り世帯で、地域ばかり広くて、都市の体形を備えておらず、将来としても都市的発展の可能性はないから、終戦と同時に解体し、旧に復すべきであると、それでは、どの点が分離したら地区民のために幸福となるか。例えば現在のままでは、税金ばかりかさんで、事業その他の施設は、他の地区の肥になるばかりだ。もし分離したら住民の負担は減じて、反対に立派な施設ができるなど、具体的理由は寡聞にして承わることができないのであります（鈴鹿市 1962: 46. 傍点引用者）。

合併以前から人口・財政ともに優位であった白子が、戦前は合併を強要され、戦後には軍のつけをも払わされる。このことに不満をもつ住民らが運動を起こしたようである。ただし、この運動自体を組織する力は、戦時期に培われたようだ。というのも、当時の市議会で、これらの運動が旧町内会や隣組を通じて組織されており、特に注意するようにという占領軍軍政部からの通達が取り上げられている。分離せんとの声を上げたのは、白子のみならず石薬師地区も同様の意向を示していた。ただし、こちらは白子ほど激しくなく、市を解体するならば賛成、ただし石薬師単独での分離はあり得ないとしていた。

白子分離運動は、結局住民投票が行われるに至り、分離反対2766、分離賛成2290（投票率87%）という差で分離しないとの結論に至った。ただし、この問題はすぐには収まらず、たとえば翌一九四九年にも「白子分離問題再燃、同志糾合にあの手この手」という見出しで、くすぶり続ける分離運動の様子が伝えられている（鈴鹿市 1962: 51-2）。

分離運動の発生からは、軍という中心を失った市で、境界の引き直しをめぐって、再び対立が表面化した様子がうかがえる(9)。そのような危機に瀕した鈴鹿市にとっての復興とは、市民生活の安定や市の発展をめざす以前に、市そのものの存在意義を証明するための手段ともなる。それは失われた中心に新たな何かを充塡することによってのみ可能となる。

2・3　工場誘致

農地開拓も満足な結果が得られなかった鈴鹿は、軍用地への工場誘致に注力していくことになる。当時の市長杉本龍造も旧軍用地を民間工場に転用できるか否かが「当市の運命を決する」（鈴鹿市 1962: 21）と述べている。

とはいえ軍事施設の転用は、賠償物資の補完場所として指定された施設があったほか、一度は旧軍用地に進出を決定した企業も、敗戦直後の不況によりこれを取り止めるなどして容易には進まなかった。それでも軍用地を工場用地へ転換する以外に市が立ち直る道がなかった鈴鹿は、結果として「県下で最も早く企業誘致を始めた市」（三重県編 1992: 508）となっていく。

最初に進出が実現したのは呉羽紡績であった。一九五〇年一〇月に鈴鹿市と呉羽の間で交わされた協定書には、次のような内容が盛り込まれている。すなわち市有地の譲渡、国有地の払い下げや私有地の買収の際の斡旋を市が行うこと、また電力の引き込み、工業排水の処理、地下水汲み上げによる水脈への影響は、すべて市が責任をもつこと、さらに市は奨励金交付というかたちで市税を免除することなどを確約している（三重県編 1992: 508–10）。

同年一一月には、一定以上の工場を稼動させる企業には奨励金を交付するという「工場設置奨励条例」を可決する。その際市長は、「本市に呉羽紡績株式会社紡織工場の設置が確定し、これを契機として将来産業都市として飛躍せんとする為、呉羽に限らず各工場の設置を容易ならしめんとするがため本条例を設けんとするものであります」（三重県編 1992: 511）と述べている。

同条例は一九五二年に改正され、奨励金の交付の期間延長を図るなど強化されている。そのときも市長は「今般旭ダウ株式会社（現旭化成）誘致につき、契約せんとするに際しても直ちに支障をきたすことゝなり、旁々将来を考慮して全面的に改正しようとするものであります（括弧：引用者注）」と述べている（三重県編 1992: 513）。先述の大東紡績の進出はこの後のことである。

上記のことを見るだけでも、工業誘致を必死に進める市の姿勢がうかがえる。それはまずもって、軍という支柱の喪失を埋め合わせる、発展が必要とされたからであろう。

このように当初はさまざまな困難にみまわれながらも、徐々に工場誘致に成功していく。一九五六年倉毛紡績、一九六〇年本田技研工業、一九六二年パラマウント硝子、日東紡績等々である。その結果一九六一年度の工業生産額は三重県内で四日市についで二位（約413億円）となり、一九六二年には地方交付税交付金不交付団体となった。これに寄与したのが旧軍用地への工場誘致の結果であるのはいうまでもない。実際、一九六二年までに当地に進出した主要工場の総面積約24万平方メートルのうち、21万平方メートル（約9割）が旧軍用地跡に設立されている(10)。

その後、一九六二年富士電機、倒産した倉毛紡績の代わりとして一九六四年に鐘淵紡績（元カネボウ）が、一九六七年東海電装（現住友電装）、一九七〇年古河電工、藤倉電線（現フジクラ）、一九七三年味の素等々が進出し発展を続けた。一九七三年のオイルショックと円高のあおりを受け、繊維工業が深刻な打撃を受けたが、一九六〇年海軍工廠跡地に進出した本田技研を中心とする輸送用機器製造業が年々上昇を続け、鈴鹿市の中心的工業となる。一九八六年時点の市内工場の生産総額1155億円のうち、約75％（883億円超）が輸送用機械器具で占められている（鈴鹿市教育委員会 1989: 521）。

2・4　住宅および上水道施設の転用

戦前に軍事施設の進出に伴って建設された住宅は、官舎が83棟（75世帯が入居）、工員住宅が342棟（1棟当り2〜4戸）、工員宿舎が総収容数5551人であった。戦後これらの多くは住宅もしくは市営住宅として転用された。官舎や三菱重工工員住宅の多くはそのまま一般の住宅へ、国府《こう》住宅（160棟）、大池住宅（79棟）、住吉住宅（81棟）、道伯住宅（22棟）の多くが市営住宅へと転用されている（括弧内はいずれも戦前に建設された棟数。鈴鹿市教育委員会・鈴鹿市旧軍施設調査研究会編 2002: 30–1）。

住宅のほかに水道の整備も、軍事施設用のものを転用することから整備が始まっている。旧海軍工廠の福利施設として整備されていた上水道を、一九四七年大蔵省から一時無償使用の許可を得て市が管理するようになった。これらは旧工廠とその周辺の旧工廠住宅のみという狭い範囲にしかなかったが、その後一九五三年に算所《さんじょ》、三日市方面、神戸へと布設が進み、大東紡績鈴鹿工場へも給水工事が完成、一九五四年には呉羽紡績鈴鹿工場、一九五七年に白子町への給水も始まった。これら住宅や水道施設以外の軍事施設や用地は、学校施設、公民館、図書館などに転用されていった。

3　風景に刻まれた軍の痕跡

3・1　戦後の都市形成再考

このように順調に発展してきた鈴鹿市であるが、誕生して間もなく軍を失った市は、旧軍の遺産を活用することでしか都市を形成できない。そのため今なお旧軍用地の布置関係を反映した空間となっている。航空基地が設置され、合併前にそれぞれ独立して人口集中が始まっていた神戸と白子が一つにまとめあげられ、かつそのいずれからも距離のある牧田に海軍工廠が建設された。神戸地区に旧工廠からの要望により市役所等の施設が建設され、戦後はさらに宅地が造成された。神戸は国庫補助金による助成を受け整備された中央道路（戦前の通称「海軍道路」）によって牧田地区と接続されている（写真2・1）。牧田地区は工廠跡への工場誘致と旧工廠工員住宅の民間転用、周辺の宅地造成、白子地区は航空基地跡への工場誘致と周辺の宅地造成が行われた。その結果、市の中心となる地区が神戸、白子、牧田と三ヵ所に分散し、そして各々が5〜6キロ間隔で鼎立するという鈴鹿市特有の三極構造が生まれた。

表２・１　これからの都市整備に必要なこと（鈴鹿市民1,319人回答，2003年）

積極的に工業誘致を進めていくとともに，住宅需要にも対応するため，今後も開発を進めて市街地を拡大する	16%
市街地の拡大はせず，現在の市街地の未利用地を活用し，コンパクトな市街地を形成して人口増加を目指し，便利で効率の良い街を目指す	59
人口増加よりも市街地区域内の農地を含めて農地などの保全・整備を積極的に進める	23
その他	2

（出典）鈴鹿市都市整備部都市計画課（2004）

この状況は鈴鹿市民の意識にも影響を与えている。二〇〇三年に鈴鹿市が行った調査では、これからの都市整備に必要なことは何かという趣旨の質問に対し、６割近くの市民が、「市街地の拡大はせず、現在の市街地の未利用地を活用し、コンパクトな市街地を形成して人口増加を目指し、便利で効率の良い街を目指す」べきと答えている。他方、「積極的な工業誘致と市街地の拡大」や「農地の保全・整備」を必要と考える市民は、前者が16％、後者でも23％にとどまっている（表２・１）。

写真２・１　中央道路
県道54号線　東西６キロの直線道路
（三重県鈴鹿市三日市町 2012. 11. 20 撮影）

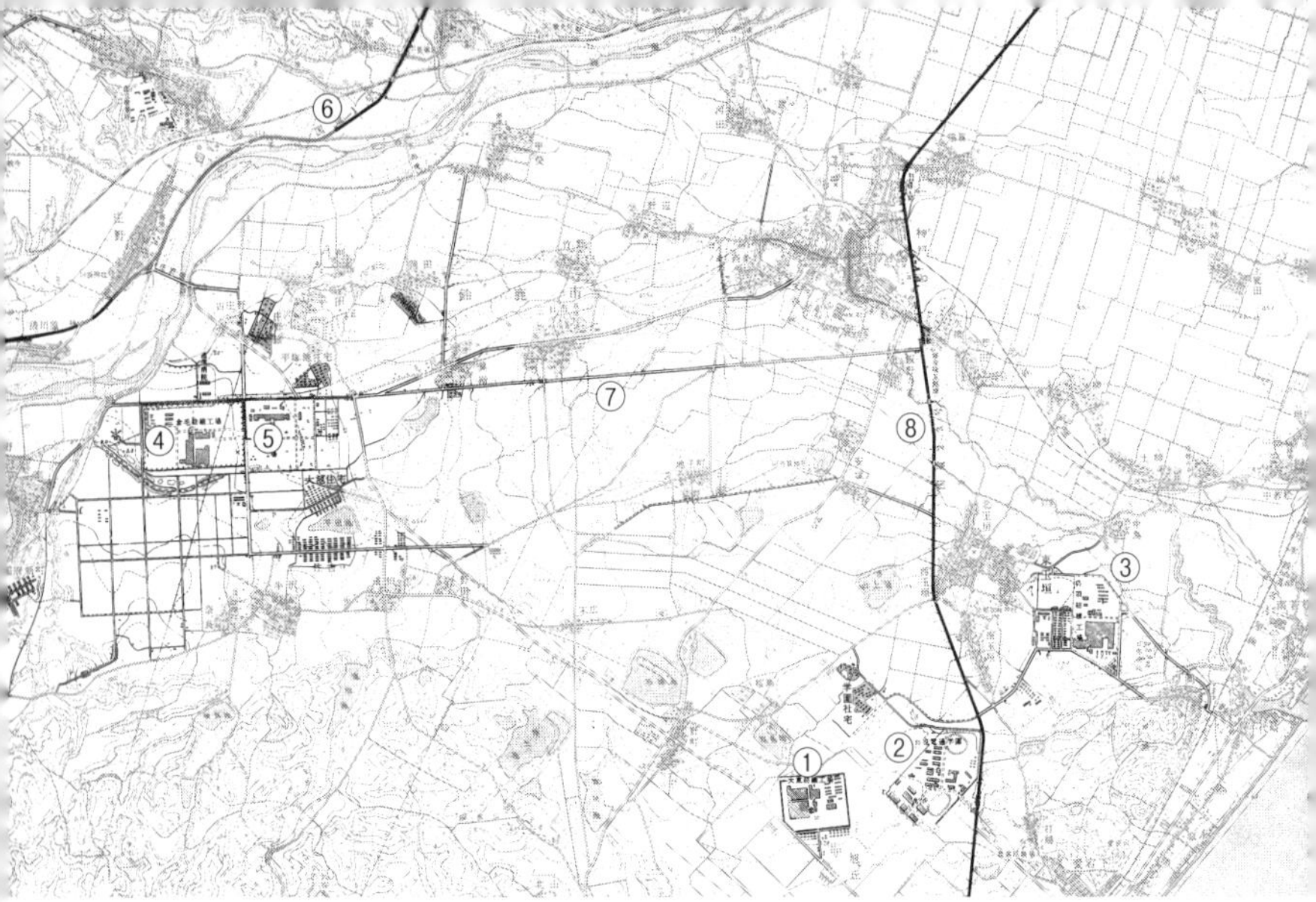

①大東紡績　③呉羽紡績　⑤旭ダウ　⑦中央道路
②東通学園　④倉毛紡績　⑥国道1号線　⑧国道23号線

図2・3　鈴鹿市主要部旧軍用地の変化（1937～54〔昭和12～29〕年）

（注）図2・3～5はすべて当該年度に測量された国土地理院発行の25,000分の1地形図の新旧比較をおこない，明らかに新規整備あるいは大幅な幅員増加のあった道路と，建築・造成によって変化したとわかる箇所を強調表示した。分析に用いた地形図は，部分的な修正や資料にもとづく修正ではなく，すべて現地調査もしくは空撮をもとに修正がなされたものに限定した。

ここで改めて、戦後の都市形成過程を詳細に検証しておこう。図2・3は、国土地理院発行の2万5千分の1地形図をもとに、一九三七～五四（昭和一二～二九）年に道路整備や工場建設・宅地造成によって明らかに変化したと認められる箇所を強調表示したものである。

南東部にある海軍航空基地跡には①大東紡績と②電通学園（電電公社の研修施設）、三菱重工業三重工場跡には③呉羽紡績、西部の海軍工廠跡には④倉毛紡績と⑤旭ダウが進出。また各周辺には住宅建設がなされている。道路整備では、⑥国道1号線、海軍工廠から神戸へ接続する⑦中央道路、さらにこれが航空基地および四日市方面へと接続

図2・4　鈴鹿市主要部旧軍用地の変化（1959〜71〔昭和34〜46〕年）

する⑧国道23号線の整備が大きな変化である。この時期は戦前の資源をそのまま利用するか、計画として存在していたものを実現するかたちで復興が遂げられている。

図2・4は、一九五九～七一（昭和三四～四六）年の変化を濃く強調した地図である。交通網の変化では、一九六三年に⑨神戸駅（鈴鹿市駅と改称）から⑩平田町駅まで、近鉄鈴鹿線が延長された。また一九七三年に開通した⑪国鉄伊勢線（現伊勢鉄道）が建設中である。工場では、一九六〇年海軍工廠跡に⑫本田技研工業、小銃発射場跡に進出した⑬東海電装と、旧軍用地ではないがその周辺地域に進出した⑭大日本製薬と⑮藤倉電線がある。また旧地下倉庫軍や山の手発射場と一部重なる位置に、⑯鈴鹿サーキットと関連施設が建設されている。住宅建設では、⑨神戸駅周辺と、⑩平田町駅周辺、また沿線住宅の建設が行われている。

図２・５　鈴鹿市主要部旧軍用地の変化（1971〜89〔昭和 46〜平成元〕年）

道路整備では、本田技研から近鉄白子駅方面へと接続する⑰サーキット道路などが大きな変化である。海軍工廠跡および航空基地跡などへの工場建設と周辺の住宅建設の規模も大きい（⑱旭ヶ丘団地など）。

　図2・5は、一九七一〜八九（昭和四六〜平成元）年の変化である。道路整備では、⑧国道23号線が再整備されている。住宅等の建設のうち鉄道沿線では、⑨近鉄鈴鹿市駅、⑩近鉄平田町駅周辺および⑲平田町駅南部、⑳伊勢鉄道玉垣駅周辺、㉑藤倉電線東部（近鉄千代崎駅西部）と㉒南部（近鉄白子駅北部）がある。沿線以外では、㉓鈴鹿ハイツ、㉔赤坂、㉕国府台団地、㉖一ノ宮団地、㉗住吉二丁目、㉘住友電装周辺に建設されている。

　このように戦中からの約五十年間を見ると、たしかに鉄道沿線における宅地造成も行われているが、他方で一貫して進められているのは、旧軍用地の転用を基軸とした周辺開発である。そもそも工廠跡に工場が進出した後に鈴鹿線が延長されており、神戸地区の発展は戦前に工廠主導で進められた都市計画の影響があろう。また、海岸線に古くから開通していた近鉄名古屋線と後に敷設される伊勢鉄道に挟まれた地域は、航空隊と三菱重工跡への工場進出・住宅建設がまず行われ、その後に伊勢鉄道開通および玉垣駅周辺の宅地造成と、藤倉電線周辺の宅地造成が行われている。また、鉄道の駅から離れた地域に、大規模な宅地の造成も行われている。

3・2 車社会化

鈴鹿市の発展の経緯は、近年に至っても影響を及ぼしている。主として三ヵ所に点在する軍用地の転用によって工業地区を成立させるのに、戦中の計画と重なる道路網を活用し、周辺に宅地が建設された。近年の鈴鹿市が「圧倒的な車社会となっている」(立松 2007) と指摘されるように、モータリゼーションの進展と相俟って、三極構造における各地点間の移動は自動車に依存せざるをえない。

戦後一貫して市全体の人口は増加しているにもかかわらず、鉄道利用者は絶対数として減少傾向にあり、他方自家用車の登録台数は着実に増えている。最近のデータのみであるが、図2・6にあるように市内にある近鉄の駅全体の乗車人員は、二〇〇〇〜〇四年に約5%減少。JR東海でも一九九八〜二〇〇一年に約7%の減少。唯一伊勢鉄道が二〇〇一〜〇四年に約8%増加しているものの、乗車人員の規模(近鉄600万人超、JR東海30万人超、伊勢鉄道25万人程度)(11)からすれば、やはり鉄道利用者は減少している。これに対し、乗用自動車の登録台数は約5%増加している。二〇〇五年の一世帯あたり乗用自動車保有台数は、1・64台（全国平均は1・12台）となっている。

　こういった状況は市民の意識にも影響を及ぼしている。鈴鹿市が行った調査で「住みやすさ」に関する質問に「大変住みにくい」「住みにくい」と答えた人は、全体からみれば少数であっても、生活環境の悪さの最大の理由として、「電車・バスなどの利便性」「歩行者に対する安全性」を挙げている（鈴鹿市都市整備部都市計画課 2004）。

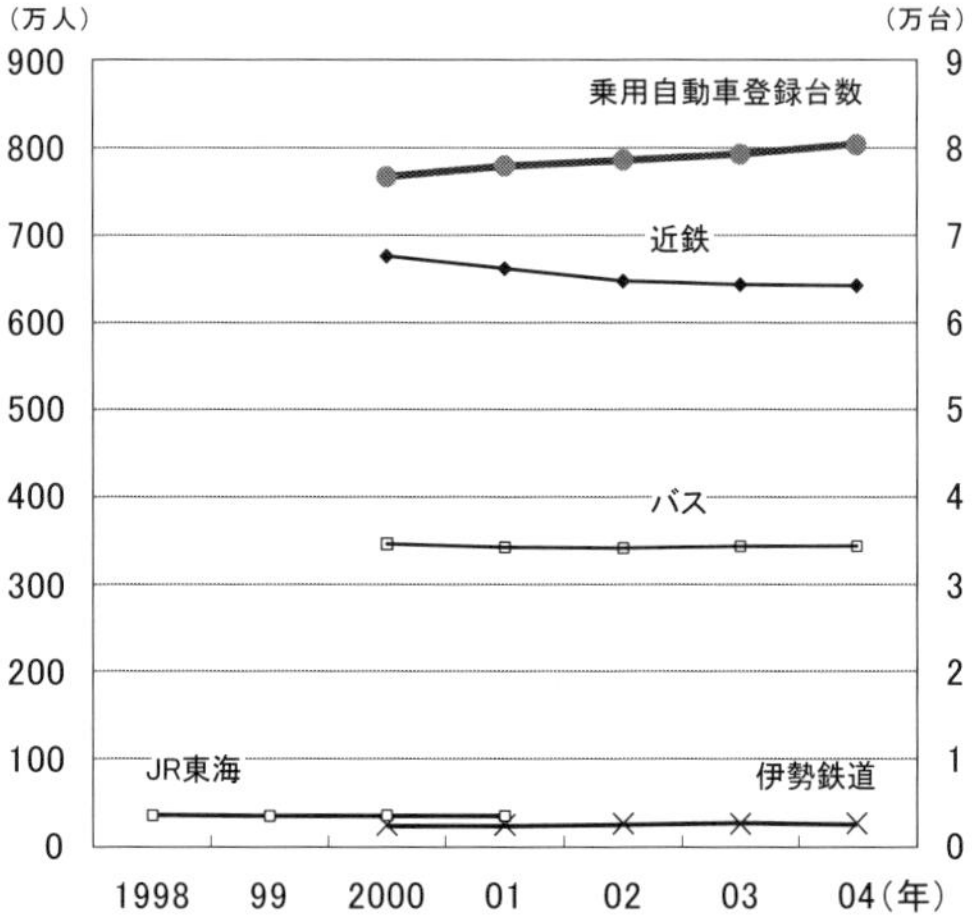

図2・6　交通手段別利用人数の推移
（鈴鹿市，1998〜2004 年）
（出典）鈴鹿市（2007: 31-5）をもとに作成

3・3　商業施設の大型化・ロードサイド化と旧市街地の衰退

　こうした軍用地の転用に起源をもつ鈴鹿市の三極構造と、各々を接続可能にする車社会化の波は、商業地区が「全体的に分散する傾向」（田村 2000）を必然的に生みだす。古くから賑わっていた白子を含め、鉄道の延長や敷設によっていったんは駅前商業施設が建設されたが、モータリゼーションの進展に伴い、次第に幹線道路沿いの施設に商業地区がシフトし始める。

　商業施設のロードサイド化・郊外化は近年全国の地方都市において共通して見られる現象である。

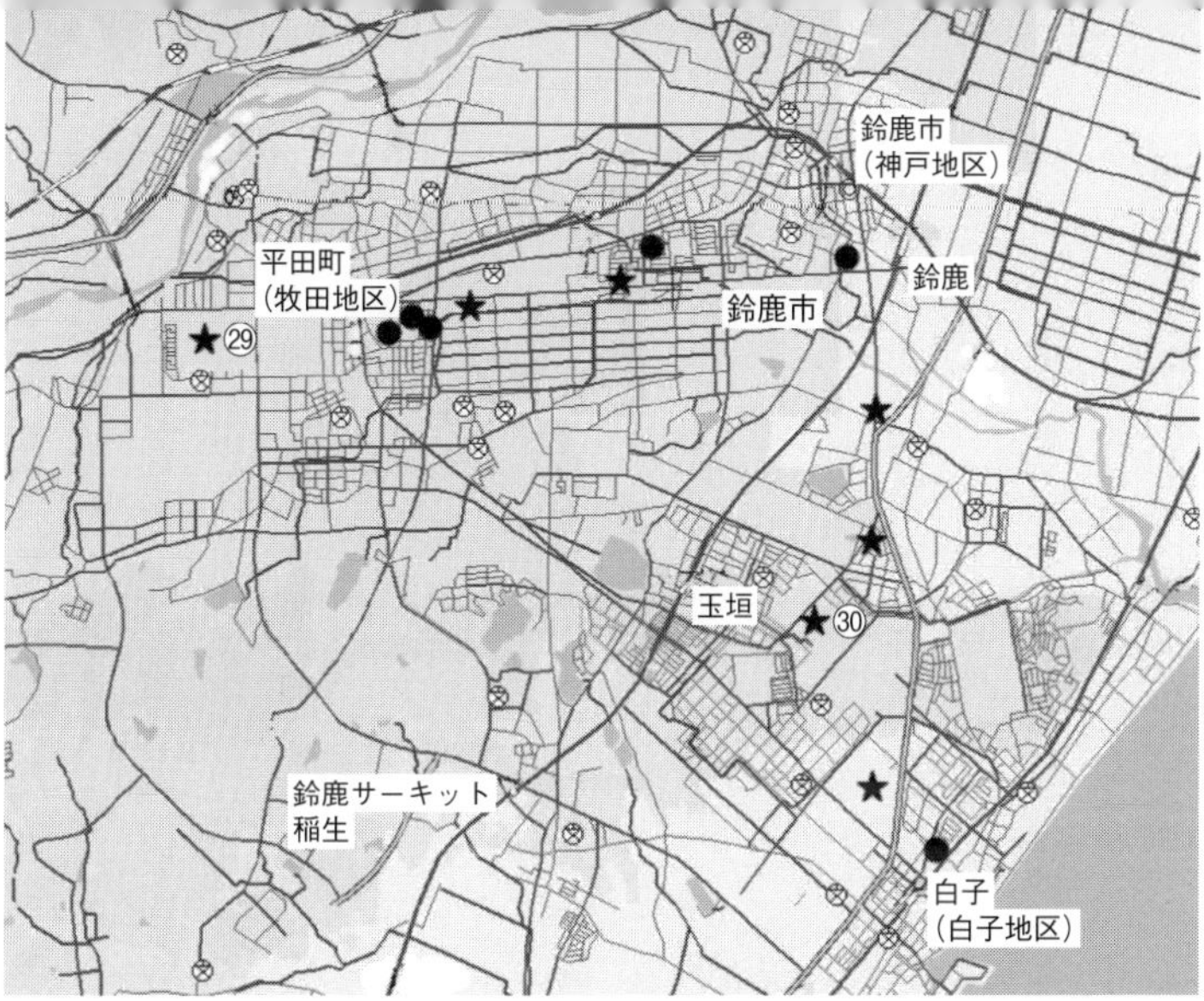

● 1989 年以前出店　★ 1990 年以降出店　㉙鈴鹿ベルシティ　㉚鈴鹿サティ

図２・７　第一種大型小売店舗の配置（鈴鹿市主要部，2002 年）

（注）電子国土（URL:http://portal.cyberjapan.jp/index.html）に大型小売店舗の位置を書き入れた。大型店舗は，鈴鹿市（2002: 16）を参照

しかし鈴鹿市の場合、これをさらに加速する要因が存在する。すなわち、軍用地を基盤とした都市形成の結果としての三極構造は、モータリゼーションをより促し、軍事施設から工場へと転用された用地は大型店舗への転用も容易なため、商業施設の大型化、ロードサイド化をさらに促進する。実際、鈴鹿市民の店舗利用における大型店の割合は、三重県平均よりも非常に高い(12)。

図２・７は、鈴鹿主要部における二〇〇二年時点での第一種大型小売店舗の配置図である。一九八〇年代以前は、駅周辺部への出店が目立ったが、九〇年代以降は幹線道路沿いへシフトしている。後者はいずれも中央道路沿いと国道23号線沿いである。また、鈴鹿地域での「商業集積の二大拠点」（田村 2000）と評されている㉙鈴鹿ベルシティと㉚鈴鹿サティ（現アピタ）は、いずれも旧軍用地の敷地に建設されている。

この商業施設のロードサイド化の影響を最も受けたのが、白子地区である。白子には近鉄名古屋線の特急停車駅「白子」があり、駅周辺は一九六〇年代まで「白子銀座」と呼ばれるほど賑わっていた。そもそも参宮街道沿いの宿場町、回船業の港町として発展してきた地区である。しかしかつての「白子銀座」も衰退し、人口減少と高齢化が進んでおり、市も中心市街地活性化計画（鈴鹿市 2002）ならびに白子駅前広場整備事業計画（2006）を作成し、対策に乗り出している。

結語

これまで見てきたように、鈴鹿という地方都市は「太平洋戦争の落とし児」（仲見・前川 1975）などと評されるように、かつて存在した膨大な軍用地の上に成立しており、市そのものが軍の強い働きかけにより生まれた。それは裏を返せば、軍を中心とした寄り合い所帯であり、戦前・戦後を通じて不安定な市町村の境界をめぐる対立も生じさせた。軍による求心力が有効であった期間の直前（合併前）と直後（敗戦後）に、対立が最も顕在化していることは、逆説的に求心力の大きさを物語っている。そうであるがゆえに、敗戦による喪失は、地域にとってのまさに危機であった。いわば気宇壮大で急拵えの設計図に沿って創られた構造体が、各パーツをつなぎとめるネジを一気に失ったようなものである。当然、設計図と残ったパーツの実態とは解離せざるをえない。

もちろん軍によるものでなくとも、市町村の合併は、つねに設計図と実態の解離が問題となる。明治の大合併では、近世以来の自然村と新政府による統治機構としての行政村に隔たりができ、後の昭和の大合併は、地元の意向を無視した合併案が、結局は反故になる各省からの支援策というアメで進められた(13)。いつの時代も、合併案やそれに伴う諸計画から出発しつつも、実際のところは市政運営や市民生活による修正を経たものが現実化される。

それでも本章で取り上げた市が、その他の合併による誕生と異なるのは、戦争(軍)によって生みだされたという点にある。強制力を伴った巨大な空間の改造が行われ、強大な力によって市が急造される。これが異例中の異例であったのは、合併直前に内務省が、市の区域が広すぎて運営が困難、人口が少ない、中心になる町がない、経済的に不安、という理由で反対したものの、軍に押し切られて鈴鹿市が誕生した翌年、市制施行基準を設けて、規格に合わないものは一切許可しない方針を定めたことからもわかる(この新たな規格に鈴鹿市は合格しない)(14)。しかも、強大な力が短期間で失われ、寄り合い所帯のまま敗戦後の世界に投げ出されるような市は、一般的な合併によって誕生した市とはやはり状況が異なる。

軍の喪失という欠落を、軍用地の転用による復興と工業・商業の発展によって埋め合わせることに成功したことは、市が謳う「軍都から平和産業都市へ」の転換・発展の歴史であり、市と住民の労苦の堆積の上に得られた成果にほかならない。他方で、急拵えの設計図を起源とする出自は、今なお市の空間構造を規定し、現代の地方都市が共通して抱える問題をより深刻にしている恐れもある。しかしこれまでもそうであったように、過去の遺産を受け継ぎつつ、それぞれの時代で直面する問題に取り組むことが、市民自ら設計図を描き、自ら地域社会を生みだすことを可能にするのではないだろうか。

付記　本章は、前田至剛（2008）を加筆・修正したものである。

注

（1）鈴鹿と同じく軍の強い要望を受け合併した市は、他にも愛知県春日井市と豊川市がある。鈴鹿市を典型例として取り上げるのは、他の二市よりも半年あまり先行して成立しており、続く二市が市制施行前に鈴鹿市を視察するなど、モデルとしていたからである。

（2）鈴鹿市教育委員会・鈴鹿市旧軍事施設調査研究会編（2002: 11）より算出。

（3）陸軍師団本部の立地については松山薫（2001）、航空基地の立地については松山薫（1997）を参照。

（4）石田頼房によれば、当時ナチス・ドイツのアウタルキー的（自給自足的、つまりある地域が攻撃を受け破壊もしくは占領されても残りの部分で戦争を継続する）国土計画が日本においても紹介されていた。その影響からか、一九三九（昭和一四）年商工省が出した「工業の地方分散に関する件」で方針が定められ、一九四二（昭和一七）年「工業規制地域及び工業建設地域に関する暫定措置」によって実施に移された。ただし日本の場合は、系統だった計画をもとに進められたというよりも、無秩序に軍備が増強されたという側面が強かった。とはいえ、結果的に工業の地方分散は進んだという（石田 1987: 189–92）。

（5）内田亮之輔は戦後書き残した手記で、神戸・白子間の対立解消に腐心していたことを明かしている（内田 1975: 40）。

（6）鈴鹿市（1962: 174–5）記載の決算をもとに算出。事業費は土木に限らず他の区分とも比較してその規模を計る必要があるが、ここでは簡潔に一目安として土木費のみを示すことにした。なお、当時の市の一年間の財政規模は、一九四四（昭和一九）・四五（昭和二〇）両年度の平均で見るならば、一般会計歳出約171万円、特別会計歳出約8万円となる。軍からの助成金が決して少なくなかったことがわかる。

（7）開拓計画および面積については、農林省開拓局管理課（1945）を参照。
（8）内田の手記には次のように記されている。「河芸側においては神戸白子の対立意識があり、しかも市庁舎は人口の少ない神戸に置かれることになれば、一層白子側を刺激することにもなりかねない」（内田 1975: 40）。
（9）鈴鹿ほどは激しくなかったものの、豊川市や春日井市でも合併前の状態に戻すことを望む市民が一定程度存在した点は興味深い（春日井市 1973: 591; 豊川市 2006: 130–1）。
（10）鈴鹿市（1962: 290）をもとに算出。
（11）伊勢鉄道は一九七三年国鉄伊勢線として開通したものが一九八七年廃止されるに際して、第三セクターとして誕生した。近鉄に比べると全体として利用者は少なく、鈴鹿市駅（神戸地区）と鈴鹿国際大学のある中瀬古駅以外では急行や特急が停車しないため、住宅地にある玉垣駅でもほぼ一時間に一本のみの運行となっている。
（12）鈴鹿市（2002: 75）によれば、一九九九年における店舗利用に占める大型店の割合は、三重県平均が約55％であるのに対し、鈴鹿市は約75％であるという。
（13）明治の大合併と昭和の大合併については、佐藤（2006）および今井（2009）を参照。
（14）さらに内務省は海軍省に対し、「海軍の出先の軍人が、内務省の意図に合わない市の建設等に策動されては困る。現在三重県下の軍人中にはあたかも虎を野に放っているような状態におかれているものがあり、内務省でも迷惑している。本省の目の届くひざ元で監督してくれないと困る」（内田 1975: 134–5）という趣旨の申し入れをしている。これはむろん内田のことであり、そのこともあって内田は一九四三（昭和一八）年一二月末に平塚海軍火薬廠製造部長ほかへ転勤することとなった。内田が戦後に残した手記で「かつて内務省に見離された鈴鹿市」（内田 1975: 117）という表現を用いている点は興味深い。

文献

荒川章二 2001『軍隊と地域』青木書店.
今井照 2009「市町村合併検証研究の論点」『自治総研』373: 1-59.
石田頼房 1987『日本近代都市計画の百年』自治体研究社.
春日井市 1973『春日井市史〔復刻版〕』春日井市.
前田至剛 2008「ある郊外都市に刻まれた軍都の痕跡―三重県鈴鹿市を事例として」荻野昌弘編『二十世紀における「負」の遺産の総合的研究――太平洋戦争の社会学　文部省科学研究費補助金〔基盤研究（B）〕研究成果報告書』44-58.
松山薫 1997「関東地方における旧軍用飛行場跡地の土地利用変化」『地學雜誌』106(3): 332-55.
――― 2001「近代日本における軍事施設の立地に関する考察―都市立地型軍事施設の事例」『東北公益文科大学総合研究論集――forum21』1: 157-71.
三重県編 1992『三重県史――資料編現代2』三重県.
仲見秀雄・前川信雄 1975『鈴鹿市の歴史』鈴鹿青年会議所.
農林省開拓局管理課 1945『昭和二〇・一二月末各・都道府県原義 元軍用地ニ関スル調査報告書』防衛研究所収蔵.
佐藤竺 2006「地方自治史を掘る―自治体改革と自治制度改革の六十年(4)　昭和の大合併―推進と混乱の意味を改めて振り返る」『都市問題』97: 98-110.
鈴鹿市 1962『鈴鹿二十年のあゆみ』鈴鹿市役所.
――― 2002『鈴鹿市中心市街地活性化基本計画』鈴鹿市産業振興部商工観光課・鈴鹿市都市計画部都市整備課.

——— 2006「白子駅前広場整備事業計画」http://www.city.suzuka.lg.jp/kouhou/gyosei/plan/keikaku/kakusyu/shiroko.html, 2009.11.11.
——— 2007「統計要覧（運輸）」http://www.city.suzuka.lg.jp/kouhou/city/toukei/jyouhou_h19/index14.html, 2008.2.3.
——— 2010『鈴鹿市地域公共交通総合連携計画』鈴鹿市.
鈴鹿市教育委員会 1989『鈴鹿市史　第三巻』鈴鹿市役所.
鈴鹿市教育委員会・鈴鹿市旧軍施設調査研究会編 2002『鈴鹿市のあゆみ――軍都から平和都市へ』鈴鹿市.
鈴鹿市都市整備部都市計画課 2004「都市マスタープラン―市民アンケート結果」http://www.city.suzuka.mie.jp/kouhou/gyosei/plan/keikaku/kakusyu/data/toshi/1_k.pdf, 2008.4.15
田村公一 2000「ポスト大店法時代における流通業界の再編鈴鹿地域の商業集積間競争にみる先進事例」『鈴鹿国際大学紀要 Campana』6: 83–95.
立松信孝 2007「交通と観光まちづくり―鈴鹿市における課題と取り組み」『鈴鹿国際大学紀要 Campana』13: 21–44.
新編豊川市史編集委員会 2006『新編豊川市史 4　通史編現代』豊川市.
内田亮之輔 1975『鈴鹿市の生いたち』鈴鹿市役所.

第3章　敗戦国の都市空間を把握する——群馬県における軍用地の跡地利用

今井　信雄

パークやバージェス、それに二人の同僚たちが展開した空間的組織化のモデルは、米国の経験から引き出されているが、米国の一部の都市類型にだけ当てはまるモデルであって、言うまでもなくヨーロッパや日本、発展途上の世界の都市には当てはまらない（Giddens 2001＝2004: 691）。

1　敗戦国の都市空間

アメリカ・シカゴ学派の影響を強く受けてきた日本の都市社会学は、同心円地帯理論に代表されるようなマクロな都市空間構造の把握と、アーバニズムに見られるミクロな人間の生活様式、犯罪や貧困など現実的な都市問題などをその主たるテーマとして研究してきた。その手法は、日本の産業化と都市化を把握するためのひとつの範となり、日本の都市社会学の伝統を形成してきた。

シカゴ学派における都市空間分析のためのキー概念は、人種、移住、家族、職業などであったが、日本の都市社会学においては「人種」という分析枠組のみ、その有効性については保留され（それゆえ日本では五重の空間構造ではなく二重三重に限定されると理解されることで）、その手法は都市構造の理解のための「理念型」として大きな影響をもち続けてきたのである(1)。

もしも、アンソニー・ギデンズの言う「米国の経験」から生まれた都市空間構造の把握を超えた、日本の経験から引き出される都市空間構造のモデルを構想するのであれば、どのように考えるべきだろうか。「戦後の経済発展の過程で地域間の人口移動が激しくなり、交通網やモータリゼーションの発達によって人々の生活圏が確実に拡大した」（小内 1996: 4）という認識は、社会学にとどまらず社会科学一般の共通の前提としてある。しかし、人口移動を激しくさせた条件を歴史的に考えていくと「戦後の経済発展」以前の出来事として「戦争」という事態を避けることはできない。戦争は大量の人々を強制的あるいは自発的に移動させた。とくに都市空間構造の把握という点から、戦前、戦時期に戦争のための空間、つまり「軍用地」が生みだされ、敗戦後、その軍用地が戦争以外の目的に転用されてきたことが重要だといえる(2)。さらに本章で見ていくように「交通網やモータリゼーションの発達」の条件としても軍用地が重要な役割を果たしていた。それは敗戦という日本の経験から生みだされた都市のかたちだといえる。

本章では、「戦後の経済発展の過程」ではなく、敗戦後における軍用地の転活用によって都市が形成される過程を描きだすこととしたい。敗戦国である日本の、地方都市の都市空間を把握する試みである。冒頭で紹介したギデンズの言葉の前には「生態学的視座は、都市の発達を『自然の摂理による』過程とみなすことで、都市が組織化される際の意図的な設計や計画を過小評価する傾向が強い」（Giddens 2001＝2004: 691）と記されているが、軍用地の転活用を考える際の都市計画上の意味について少し触れておきたい。

都市計画法が公布されたのは一九一九（大正八）年であったが、ここで決められた方向性は戦前、戦後から現代に至るまで一世紀近くのあいだ、都市のあり方を方向づけた。その方向性とは、都市計画に必要な独自予算の断念であった。

越澤明（2005）によれば、一九一六〜一七年頃、日本の六大都市で都市計画を実施しようとする気運が盛り上がったという。内務省内には都市計画研究会が結成され、都市計画の法制化が目ざされたが、都市計画のための国庫補助や特別税など、都市計画に必要な独自予算措置は大蔵省の抵抗に遭い実現されなかった。そのため道路は道路法、河川は河川法、というかたちで個々の土木事業によって国庫補助を受けることとなった。そのため大災害の復興などに際しては、個別の土木事業で対応できないため独自予算が認められるような都市計画が必要となり、災害が起きるたびに特別立法が成立していったのである（越澤 2005: 24–31）。逆に言えば、災害など非常時以外の、平時における都市開発に際しては、「道路、河川、下水道という個々の土木施設しか考えないという傾向を国の社会資本整備・公共事業につくることになり、都市の土木施設をトータルに計画し、事業を推進することが困難になった」（越澤 2005: 31）(3)。

敗戦直後、軍需産業の崩壊により数百万人が失業し、そのほか７００万人と推定される海外からの復員軍人および引揚げ邦人の生活を保障するために、その職と食料の保証のために農地開拓は行われた

（戦後開拓史編纂委員会編 1967: 32）。「莫大な失業者に、応急的にでも就労の機会を与えねばならない情勢下」で「工鉱業部門が破壊ないし閉鎖されたままの当時としては、農業科委託以外には、適当な就労の道は考えられなかった」（戦後開拓史編纂委員会編 1967: 34）こともあり、「軍用地中農耕適地は自作農創設のため急速に開発させ、できるだけすみやかに払下等の処分をして、旧耕作者および新入植者に譲渡する方針」（戦後開拓史編纂委員会編 1967: 34）が打ちだされた。戦後干拓事業の強制買収方式は第二次農地改革による自作農創設特別措置法の制定（一九四六〈昭和二一〉年）によって法制化され「買収の方法は、強制主義の立場をとり、開発の用に供され得ると認定された土地等は、所得者の意志の如何にかかわらず、その所有者の在村、不在村を問わず、且つ買収面積に制限無く取得するものであること」（戦後開拓史編纂委員会編 1967: 35–6）となったのである。

これら歴史的な都市形成の過程で起きたことは、旧軍用地の転活用に伴う、入り組んだ土地所有形態の単純化である。開拓事業だけでなく、工場や公共施設建設のために旧軍用地が用いられた。強制買収、私権の制限、土地所有形態の法人化によって、以後、大規模開発に向けた交渉が容易になった。そして、単純化した土地所有形態はふたたび複雑化することはなく、時代を経た後も旧軍用地の跡地を大規模に転用し続けるための準備が整えられたのである。旧軍用地が都市形成の核となった理由のひとつをここに見ることができるだろう。

そこで以下、群馬県域の事例を通して軍用地とその跡地利用から都市が形成されていく過程を記述していきたい。まず高崎市・前橋市など群馬県西部（西毛《せいもう》地域）、次に太田市・館林市・大泉町など群馬県東部（東毛《とうもう》地域）の順に見ていく。

2　軍用地という空間と都市の形成――高崎歩兵連隊の設置と跡地利用

2・1　高崎歩兵連隊と地域形成

一八七一（明治四）年、群馬県が成立した。県庁は旧高崎城に置かれ、一八七三（明治六）年、高崎城址は兵部省（のちに陸軍省）の直轄下に置かれた（高崎市史編さん委員会編 2004: 110）。一八八五（明治一八）年、陸軍歩兵第十五連隊および第二大隊が高崎城址に設置され、一八八七（明治二〇）年に第三大隊が設置された。これにより歩兵第十五連隊第三大隊の編成が高崎という地において完成した。一八八八（明治二一）年、鎮台制度の廃止により、第十五連隊は第一師団に編入される（高崎市史編さん委員会編 2004: 117-8）。この歩兵第十五連隊の存在は戦前から戦後にかけてこの地に多くの人と施設を集め、一帯の都市形成に大きな影響を与えることとなった。

都市形成にとって重要なのは、歩兵十五連隊の存在が地域一帯の人口流入と社会資本の整備を促したことである。まず、人口流入を見ると、十五連隊は一九〇六（明治三九）年の時点で兵士数は1860人だが群馬県出身者は29・1％（542人）にすぎず、その7割以上が県外からの流入者であった（高崎市史編さん委員会編 2004: 121）。

社会資本の整備を見ると、一八七三（明治六年）、高崎城址に東京鎮台第一分営高崎営所病院が創立されている。この病院は、一八八八（明治二一）年に高崎衛戍《えいじゅ》病院として拡充され、一九三六（昭和一一）年、高崎陸軍病院と改称された。敗戦後の一九四五（昭和二〇）年には厚生省に移管され、国立高崎病院となった（高崎市史編さん委員会編 2004: 118）。現在は、二〇〇九（平成二一）年より国立病院機構高崎総合医療センターと改称され、高崎市で唯一の中核病院となっている（図3・1⑦）。

また、水道が整備されたことも歩兵連隊設置によるところが大きい。一八八八（明治二一）年には、高崎市街で飲料水汚染を原因として290人の腸チフス患者が発生し、兵営内の患者数は122人に及んでいた。伝染病対策のため水道の整備が進められ、一九一〇（明治四三）年、高崎市全域を給水区域として市人口3万6千人と十五連隊の兵員1千人の計3万8千人以上に給水可能な水道設備が整備されたのである（高崎市史編さん委員会編 2004: 183）。当時の衛戍病院長によって残された「わが歩兵第十五連隊の衛戍地たる高崎市は有名の疫地にして四時腸チフスの散発を絶たず、我連隊も是が影響を被り兵営設置以来年々是が発生を見」（高崎市史編さん委員会編 2004: 180）という文章が示すように、それは、連隊の戦力保持を目的としたものであったが、結果的に地域一帯の社会資本の整備を拡充させた(4)。

歩兵連隊の設置だけでなく、戦時体制そのものが社会資本を整備させていった。一九三四（昭和九）年には、昭和天皇を迎え、群馬県を中心として陸軍特別大演習が行われている。このとき、大本営が置かれた前橋市、演習の舞台となった高崎市および周辺町村において、県は特別の予算を組み、道路の舗装、整備、橋梁の架設をはじめ県下の諸施設を整備していった（群馬県史編さん委員会編 1991: 49）。群馬県沼田市に岩本水力発電所が設置されたのも、「軍事物資増産のために電力が極度に不足し、その対策として利根川水系に設置」（菊池 2005: 255）されたものである。

２・２　高崎歩兵連隊の跡地利用

戦時期に形成されていった高崎市と周辺町村の「軍用地」は、戦後どのような経過をたどっていったのか（図３・１）。一九四五（昭和二〇）年までの時点で、高崎歩兵第十五連隊の高崎市高松町の敷地だけで約33万平方メートルあり、その建造物として連隊本部、兵舎三棟、歩兵砲兵舎、将校・下士官集会所など、場外では烏川の対岸に乗附練兵場と城山射撃場があったという（群馬県史編さん委員会編 1991: 738）。

兵舎三棟のうち、第一兵舎の跡地には①群馬音楽センターが建設され群馬交響楽団の拠点となった。第二兵舎は②第二中学校（現在の高松中学校）が使用した（高崎市史編さん委員会編 2004: 333–8）。第三兵舎には群馬県青年師範学校が移転されてきた。群馬青年師範学校は群馬大学学芸学部となり、一九四九（昭和二四）年、新制群馬大学が発足したのち閉校となった。その後、一九五二（昭和二七）年、その場所に高崎市立短期大学が開学された。一九五七（昭和三二）年、高崎経済大学の設置とともに短期大学は閉校された（高崎市史編さん委員会編 2004: 999–1000）。高崎経済大学は引き続き高松町二六番地の旧連隊兵舎を使用していたが、一九六一（昭和三六）年に烏川の田園地帯に移転し、のちに東京農業大学第二高等学校が校舎として使用した（③前橋地方裁判所高崎支部）（高崎市史編さん委員会編 2004: 1041, 1046）。

そのほか、歩兵連隊の敷地には専売局（日本たばこ株式会社）、⑤逓信省電話局（ＮＴＴ）、⑥高崎市庁、国鉄自動車区（ＪＲ東日本）、⑤逓信省工事局（ＮＴＴ東日本）、専売局官舎、旧兵舎を使用した群馬師範・逓信講習所・引揚者住宅の高松寮、⑦国立高崎病院（高崎総合医療センター）、片岡・佐野・

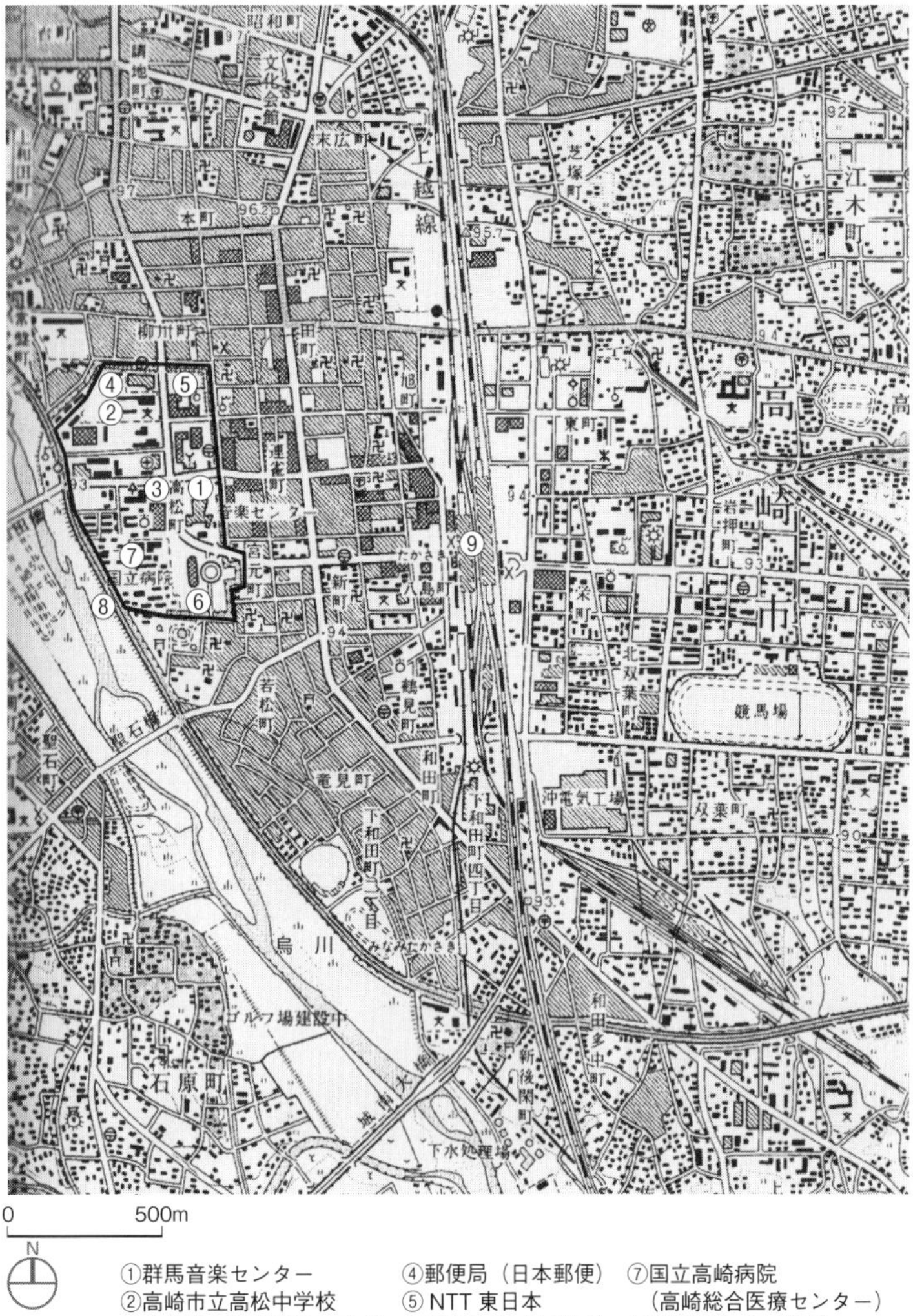

①群馬音楽センター　④郵便局（日本郵便）　⑦国立高崎病院
②高崎市立高松中学校　⑤NTT 東日本　（高崎総合医療センター）
③前橋地方裁判所高崎支部　⑥高崎市庁（市役所）　⑧高崎城址（太線内）
⑨高崎駅

図 3・1　高崎歩兵連隊の跡地利用

群馬県高崎市主要部（高松町・高崎城址）の諸施設
（資料）国土地理院 25,000 分の 1 地形図（1998 年）をもとに作成

写真３・２　（左）高松中学校②，（左奥）郵便局④（右）NTT 東日本⑤　高崎歩兵連隊跡地
（同右 2008. 5. 3 撮影）

写真３・１　（右）群馬音楽センター①，（左奥）高崎市庁⑥
高崎歩兵連隊跡地
（群馬県高崎市高松町 2008. 5. 5 撮影）

写真３・４　沼田国立病院
陸軍付属病院跡地（群馬県沼田市 2011. 8. 6 撮影）

写真３・３　高崎総合医療センター⑦
高崎陸軍病院跡地（同上 2011. 7. 4 撮影）

写真３・５　生品飛行場跡
陸軍飛行場跡地（群馬県太田市新田市野倉 2011. 8. 5 撮影）

南の三つの中学校と税務署が配置されたという（高崎市史編さん委員会編 2004: 333–8）。連隊管轄の「相馬が原演習場」には一九四一（昭和一六）年、前橋予備士官学校が設置されていたが、敗戦後の一九四六〜五八（昭和二一〜三三）年米軍が進駐し、現在は自衛隊第十二師団が駐屯している。高崎市乗附《のつけ》の「練兵場跡地」は農耕地として利用された。

高崎市外の軍用地を見ると、陸軍の館林飛行場（館林市と旧邑楽《おうら》郡の一部）の一部は、関東短期大学の敷地となった（群馬県史編さん委員会編 1991: 738–9；群馬県 1971: 465–72）。

沼田町（現沼田市）の東部第四十一部隊の跡地は終戦後、米軍が進駐したのち一九四六（昭和二一）年に返還された。演習場は農家に返還され、沼田営舎は沼田中学校、沼田東小学校となり、付属陸軍病院は国立沼田病院（写真3・4）となった。堤ヶ岡飛行場（堤ヶ岡村、現高崎市）は戦後に米軍が進駐し、関係町村で就農組合を組織して開拓許可を受け開墾された。生品《いくしな》飛行場（新田郡生品村、現太田市）は、戦後に米軍が進駐、一九四六（昭和二一）年から開拓者が入植した（写真3・5）。桐生《きりゅう》飛行場（新田郡笠懸村、現みどり市）は戦後に米軍が進駐、その後開拓農家が入植となった（群馬県 1971: 465–72）。

このように見ていくと、この地の軍用地が、戦後、官公庁、学校など教育施設、公社、自衛隊、病院、入植地、として利用されたことがわかる。それらはいずれも地域形成の核となる施設であり、軍用地が地域の人々の生活に欠かせない施設へと活用されていった過程ととらえることができるだろう(5)。

3　民間軍需工場から見た都市空間形成――中島飛行機の創設と戦後の展開

3・1　中島飛行機の創設

群馬県域に大きな影響を与えた軍事施設は、歩兵連隊以外にもう一つ存在する。それは、実業家であり政治家であった中島知久平が興した中島飛行機の存在である。ここでは、軍用地としての中島飛行機が地域内外へ与えた影響を記述していくことにする(6)。

一八八四（明治一七）年に群馬県の農家に生まれた中島知久平は、海軍機関学校に入学し、その後、海軍機関大尉となった。中島知久平は退役したのち一九一七（大正六）年、群馬県尾島町（現太田市）に中島飛行機の前身「飛行機研究所」を設立、その翌年に中島飛行機製作所を設立した。一九三〇（昭和五）年に「小泉町・大川村を合わせた人口は約八千九百人だった」が、十年後には「従業員数五万五千人で、東洋一の大きさと言われた軍需工場、中島飛行機小泉製作所ができた」（上毛新聞社編 1997: 29）のである（以下の番号は図3・2参照）。

一九三一（昭和六）年、法人化に伴い「中島飛行機株式会社」と改称、そして一九三四（昭和九）年に75万平方メートルの敷地に20万平方メートルの工場面積をもつ⑩太田製作所（太田新工場）を完成させた。旧太田工場は⑪呑竜《どんりゅう》工場と改称され、新築された太田新工場では海軍機と陸軍機が組み立てられていた。のちに海軍機の製造は一九四〇（昭和一五）年に開設された⑫小泉製作所に移転し、一九三九（昭和一四）年には前橋分工場、一九四三（昭和一八）年には栃木県の田沼分工場を創設している（高橋 1988: 209）。⑬太田飛行場は一九四一（昭和一六）年、太田製作所と小泉製作所の間の130万平方メートルの敷地に開設された（太田市編 1994: 568）。太田製作所から太田飛行場へ、完成した機体の翼を広げたまま搬送する⑭専用道路も建設された。

ここでもまた中島飛行機により急激な人口流入と、鉄道や病院をはじめとした社会資本の整備が進むこととなった。太田市の人口は、一九二〇（大正九）年に5803人だったのが、一九三五（昭和一〇）年には1万4451人となった。中島飛行機太田製作所の従業員数も一九一九（大正八）年には161人（男121人、女40人）だったのが、一九三一（昭和六）年には813人（男792人女21人）、一九三六（昭和一一）年には3497人（男3084人、女413人）、一九四四（昭和一九）年には4万9591人（男4万293人、女9298人）にふくれあがった（太田市編 1994: 573）。

この間、県下初の保健所は一九三八（昭和一三）年太田に開設された（群馬県歴史教育者協議会編 2007: 100）。一九三九（昭和一四）年には、中島飛行機の太田製作所内に付属太田病院の建設が始まり（太田市編 1994: 571）、上下水道が竣工した（太田市編 1994: 601）。太田病院は一九三九～四一（昭和一四～一六）年、12万6624平方メートルの敷地を当て、建設されたものである。

中島飛行機の発展で小泉町方面に工場や住宅が建設されたため、⑮東武鉄道太田駅・小泉駅間の鉄道建設が実現し、⑯東武小泉線は一九四一（昭和一六）年に開通した（太田市編 1994: 603-4）。一九三九～四一（昭和一四～一六）年の小泉製作所の建設に合わせて「小泉製作所の従業員輸送のため、東武鉄道が太田から小泉まで鉄道を敷設して西小泉駅を新設」（図3・2⑰）した（太田市編 1994: 567）。

このように太田では、中島飛行機の存在によって広大な敷地に数多くの施設が建てられ、全国から技術者が集まった。

3・2　中島飛行機の戦後

中島飛行機が生みだした軍用地は、当地域の戦後に決定的な影響を与えていく。

まず、太田製作所（太田新工場）は敗戦により米軍に接収されたが、一九五八（昭和三三）年に接収解除となり、一九六〇（昭和三五）年⑩富士重工業群馬製作所本工場となった。呑竜工場は接収されず富士産業太田工場として出発、スクーターなどの生産を開始し、同年、⑪富士重工業群馬製作所北工場となった（高橋 1988: 218）。中島飛行機の土地と施設と人の多くは、「スバル」のブランドをもつ富士重工業によって活用され発展し、日本の自動車産業を担うと同時に、地域一帯を企業城下町として形成していった。一九六九（昭和四四）年には⑱富士重工業矢島工場が稼働を開始した。１６４万９千平方メートルの広大な太田飛行場は米軍が接収し、駐留キャンプがあったが、その跡地は一九七〇（昭和四五）年大泉町に返還され、造成事業が始まった（大泉町編 1983: 1108）。一九八三（昭和五八）年には⑬富士重工業大泉工場が開設され、現在まで操業している。

戦後この地域では、旧中島飛行機の離職者や復員者が、くず繊維、古繊維、雑繊維を利用し、手紡糸の製造・販売を始めた。「手紡機の主要部分に必要な金属部品は、旧中島飛行機から放出されたものを利用したことが多かった」（太田市編 1994: 790）という。一九四六（昭和二一）年には太田手紡糸協同組合が結成され、一九四九（昭和二四）年には「太田メリヤス工業協同組合」が創立された（太田市編 1994: 790–1）。「戦後、旧中島飛行機が解体されると、高度の金型技術をもった従業員が独立し、中島の

⑩富士重工業群馬製作所本工場（旧太田製作所）
⑪同　北工場（旧呑竜工場）
⑫三洋電機東京製作所（旧小泉製作所）
⑬富士重工業大泉工場（旧太田飛行場）
⑭県道 313 号（旧専用道路）
⑮東武太田駅
⑯東武小泉線
⑰東武西小泉駅
⑱富士重工業矢島工場
⑲大利根工業団地
⑳三菱電機群馬製作所（旧尾島工場）
㉑太田市運動公園（旧太田飛行場）
㉒太田市営東山球場
㉓太田市立北中学校（旧青年学校）
㉔大泉町役場（旧航空学院）
㉕総合太田病院・太田市立西中学校（旧社員住宅八幡寮）
㉖宝泉東小学校（旧社員住宅宝泉寮）
㉗太田市立社会教育総合センター（旧中島倶楽部）
㉘国道 407 号
㉙東武伊勢崎線

0　1km
N

図３・２　中島飛行機の跡地利用（群馬県太田市，大泉町）
軍事施設（1940〔昭和 15〕年頃）と現存企業・施設
（資料）国土地理院 25,000 分の 1 地形図（1964 年）をもとに作成

写真３・７　三洋電機東京製作所⑫
中島飛行機小泉製作所跡地
（群馬県大泉町 2011. 8. 5 撮影）

写真３・６　富士重工業群馬製作所本工場⑩
中島飛行機跡地
（太田市スバル町 2011. 8. 5 撮影）

写真３・９　三菱電機群馬製作所⑳
中島飛行機尾島工場跡地
（太田市尾島町 2011. 8. 5 撮影）

写真３・８　大利根工業団地⑲
中島飛行機跡地（大泉町 2011. 8. 5 撮影）

写真３・11　総合太田病院㉕
中島飛行機八幡寮を改修して開院
2012 年大島町へ移転
（太田市八幡町 2011. 8. 5 撮影）

写真３・10　太田市運動公園㉑
太田飛行場，ゴルフ倶楽部跡地
（太田市飯塚町 2011. 8. 5 撮影）

協力工場だった地元企業とともに、プレス金型、治具等を生産し始めた」（太田市編 1994: 797）。中島飛行機が残した人と施設は、自動車産業とともにメリヤス工業として地域に根づいていった。

中島飛行機の跡地すべてが富士重工業の用地になったわけではない。大泉町（当時は大川村と小泉町）にあった小泉製作所は米軍の駐留キャンプとなっていたが、米軍撤退後はその場所を防衛庁が自衛隊の施設に転用しようと考えていた。これに対し町は、自衛隊ではなく工場誘致をめざしていた。町は建設省、大蔵省、通産省を訪れ「キャンプ返還後の問題として、ぼう大な施設を、なるべく早急に活用されるよう、配慮されたい旨陳情した」（大泉町編 1983: 1080）。そして、一九五九（昭和三四）年、大阪に本拠をもつ⑫三洋電機東京製作所の進出が決定した。その理由としては、「広大な敷地」と「旧中島飛行機の技術労務者」という点があげられるという（大泉町編 1983: 1081）。

大泉町のその他の中島飛行機跡地では一九六七（昭和四二）年、工業団地造成の計画作成が本格的に始まり、102万8451平方メートルを含む五ヵ所が⑲大利根工業団地として認定された（大泉町編 1983: 1097–9）。尾島町（現太田市）の中島飛行機尾島工場跡地には、一九五八（昭和三三）年に⑳三菱電機群馬製作所が設けられた（高橋 1988: 225）。

工場以外に転用された例も多い。太田市飯塚町側の太田飛行場・ゴルフ倶楽部跡地は米軍が使用していたが、一九六九（昭和四四）年、国に返還され（16万5千平方メートル）、国から市に貸し付けられた。ここに陸上競技場、サッカーラグビー場、サブグラウンド、野球場、市民体育館、武道館が建設され㉑太田市総合運動施設として拡充された。また一九八〇（昭和五五）年には市民プールも開放された（太田市編 1994: 969）。太田市金山町にある㉒太田市営東山球場は、一九三四（昭和九）年、中島飛行機太田新工場（のちの太田製作所）建設の際、埋め立て用土砂を採るために金山丘陵の一部を切り崩し、その跡地につくられたものである。戦後米軍が使用し、一九五〇（昭和二五）年に市営東山球場となった（太田市編 1994: 571–2, 967–8）。

太田市東長岡町（現熊野町）の旧中島飛行機青年学校校舎を利用して、一九四六（昭和二一）年、財団法人群馬農林専門学校が開学したが、翌年小泉町に移転した。青年学校の跡地には㉓太田市立北中学校が創設された（太田市編 1994: 941–5）。群馬農林専門学校の移転先となった小泉町の旧中島航空学院の敷地と校舎は、一九四八（昭和二三）年紅陵《こうりょう》大学に移管され、紅陵大学専門学校となったが、一九五五（昭和三〇）年に閉校した（太田市編 1994: 961–2）。その跡地には一九五七（昭和三二）年まで拓殖短期大学群馬分校があったが、一九七四（昭和四九）年㉔大泉町役場の庁舎が建てられた（大泉町編 1978: 834–7; 大泉町編 1983: 842）。

太田市八幡町の旧中島飛行機社員住宅八幡寮は、㉕総合太田病院と太田市立西中学校となった（太田市編 1994: 574–5）。中島飛行機太田製作所の敷地内にあった付属太田病院は、一九四六（昭和二一）年八幡寮を利用して、一般町民も受診できる総合太田病院として開院した（太田市編 1994: 571）。現在は大島町に移転して富士重工業健康保険組合太田記念病院として地域の「中核病院」となっている。同じく社員住宅であった藤久良の宝泉寮は、宝泉中学校を経て㉖宝泉東小学校となった。

また、金山山麓の熊野町桃山に中島飛行機従業員の福利施設として「中島倶楽部」という建物があった。豪華を極めたこの施設は、一九四〇（昭和一五）年、6万7735平方メートルの敷地につくられたもので、利用は一定の地位以上の社員に限られていたという。戦後は米軍が接収し利用していたが、一九四六（昭和二一）年、火災を起こし消失、返還後は太田市中央公民館をへて㉗太田市社会教育総合センターとなっている。中島倶楽部の敷地にあったプールは一九五三（昭和二八）年、米軍の大型機械を投入して、市営八幡プールとして開放され、さらに一九五五（昭和三〇）年には市営中央公民館プールが開設されたが、現在は駐車場となっている（太田市編 1994: 572）。

群馬県内のほかの地域を見ると、伊勢崎市の中島飛行機伊勢崎工場は富士産業を経てバス生産に着手し、富士重工業伊勢崎製作所となった。前橋市の前橋分工場は、富士重工業系列会社である富士機械の工場と、ダイハツ工業前橋製作所となった。ダイハツ工業前橋製作所は二〇〇七（平成一九）年に閉鎖され、現在は大型ショッピングモール「けやきウォーク前橋」となっている（表3・1参照）。

堤ヶ岡村（現高崎市）の堤ヶ岡飛行場（前橋飛行場）は、宇都宮陸軍飛行学校前橋教育隊などを経て中島飛行機堤ヶ岡工場として稼働していたが、戦後米軍が進駐、その後一部は農地開拓された。一九四七（昭和二二）年飛行場の旧兵舎を改修して、堤ヶ岡村・金古町・国府村学校組合立群馬中央中学校が開校式を行った。その後、一九六四（昭和三九）年に新潟鉄工所高崎工場が操業開始した。高崎市菅谷側の堤ヶ岡飛行場跡地では「上毛生コン・群馬くみあい飼料・中川ヒューム管高崎工場などの企業が立地」し、高崎渋川バイパスが開通した（群馬町誌編纂委員会編 2006: 455–70）。

このように見ていくと、高崎・前橋を含む群馬県西部の「西毛地域」が、高崎歩兵第十五連隊の土地と施設と人の転用によって発展してきたとすれば、太田・館林・大泉を含む群馬県東部の「東毛地域」は、中島飛行機の土地と施設と人の転用によって発展してきたといえる。そして中島飛行機は戦時期、軍需産業の中心的な位置にあったため、その敷地は広大で群馬県外にも拡がっているのである。

3・3　群馬県外の中島飛行機

戦時期の一大軍事産業であった中島飛行機は、国により施設の拡張がくり返されたために、群馬県内のみならず県外にも多くの施設を残していった。それらは戦後、さまざまなかたちで利用されていくことになる（表3・1）。

中島飛行機小泉製作所は一九四五（昭和二〇）年二月二五日、四月三日の二回にわたり空襲を受けた。同工場は同年一月茨城県の若栗に、四月に福島県郡山と群馬県多野に、五月に栃木県静和に、疎開が開始された。これらの工場は敗戦後米軍に接収されたが、一九五九（昭和三四）年解除となり、のちに⑫三洋電機東京製作所となった（高橋 1988: 225）。

宇都宮製作所は一九三四（昭和九）年、栃木県宇都宮市に建設され、敷地は495万平方メートルで従業員は1万8千名であった。富士産業を経て富士重工業宇都宮製作所となった。

大宮製作所は一九四三（昭和一八）年、埼玉県大宮市に建設され、敷地は39万1千平方メートルで従業員は1万名を数えた。戦後、富士産業を経て富士重工業大宮製作所となったが、北本市に移転して現在はステラタウン（ショッピングセンター）になっている。

三島製作所は静岡県三島市に建設され従業員は1300名であった。浜松製作所は一九三二（昭和七）年静岡県浜松市に建設され、敷地153万8千平方メートル、従業員8千名であった。浜松製作所は戦後、富士産業を経て富士精密工業、一九五四（昭和二九）年プリンス自動車工業となったが、のちに日産自動車に吸収された（太田市編 1994: 570；高橋 1988: 226–31, 248–50）。

愛知県半田製作所は一九三二（昭和七）年、愛知県半田市に建設され、敷地は224万5千平方メー

表３・１　中島飛行機工場の跡地利用（2011 年現在）

工場名	所在地	企業名　（　　）は移転・撤退
太田製作所⑩	群馬県太田市	富士重工業群馬製作所本工場
呑竜工場⑪	同上	富士重工業群馬製作所北工場
小泉製作所⑫	同　大泉町	三洋電機東京製作所
尾島工場⑳	同　太田市	三菱電機群馬製作所
伊勢崎工場	同　伊勢崎市	富士重工業伊勢崎製作所
前橋分工場	同　前橋市	富士機械（ダイハツ工業前橋製作所）
足利工場	同　足利市	アキレス足利工場
黒沢尻製作所	岩手県北上市	（岩手富士産業）
宇都宮製作所	栃木県宇都宮市	富士重工業宇都宮製作所
大宮製作所	埼玉県さいたま市	（富士重工業大宮製作所）
三島製作所	静岡県三島市	マキタ沼津（富士ロビン）
半田製作所	愛知県半田市	輸送機工業
浜松製作所	静岡県浜松市	THK リズム
武蔵野製作所	東京都武蔵野市	NTT 武蔵野研究開発センター・UR 武蔵野緑町パークタウン
東京（荻窪）製作所	同　杉並区	（日産自動車荻窪製作所）
中島航空金属田無製造所	同　西東京市・東久留米市	住友重機田無製造所，UR ひばりヶ丘団地
三鷹研究所	同　三鷹市	富士重工業東京事業所・国際基督教大学

（出典）手島（2005: 127）をもとに作成。工場名の番号は図３・２参照

トル、従業員は１万３千名であった。半田製作所は愛知富士産業、富士産業を経て輸送機工業として富士重工業系列の会社として独立した。

東京の武蔵野製作所は一九三七（昭和一二）年、国鉄中央線三鷹駅から北側の約66万平方メートルの敷地に、12万平方メートルの工場がつくられた（太田市編 1994: 568）。周囲には「従業員住宅のほか、福利施設、青年学校や病院、大運動場、食堂や売店、はては映画館まで建設」された（太田市編 1994: 568）。戦後、武蔵製作所の跡地は米軍が接収し、「グリーンパーク」と呼ばれたが、返還後は「武蔵野グリーンパーク野球場」が開設され一時利用されたり、米軍将校の宿舎が建てられた。現在

は住宅公団（現ＵＲ）団地や武蔵野中央公園などになっている(7)。同じく東京の中島航空金属田無製造所の敷地は、住友重機田無製造所、公団（ＵＲ）ひばりヶ丘団地や郵政官舎、都営住宅(8)、あるいは石川島播磨重工業の工場として活用されたという(9)。

そのほか、教育機関に転用された施設も多い。中島知久平は、東京にある別荘・秦山荘（東京府北多摩郡三鷹村字大澤）で死を迎えたが、この秦山荘に隣接する広大な敷地には中島飛行機三鷹研究所が建てられていた。この秦山荘と三鷹研究所は、知久平が亡くなった翌年の一九五〇（昭和二五）年に、国際基督教大学に売却されている。研究所は大学の本部となり、秦山荘は教職員住宅・学生会館として利用された。秦山荘内にある茶室・待合・書院・蔵・車庫・表門・中門は、一九九九（平成一一）年に登録有形文化財となっている（手島 2005: 20–5）。

4　軍事施設の跡地利用――陸軍岩鼻火薬製造所と理研コンツェルン

群馬県には、その他にもいくつか軍事施設が存在していたが、主なものとしては陸軍岩鼻《いわはな》火薬製造所（図３・３）と理研コンツェルンがある。

陸軍岩鼻火薬製造所は、一八七六（明治九）年、西群馬郡岩鼻町（現高崎市岩鼻町、綿貫町）に建設が開始されたもので、当時の名称は東京砲兵工廠岩鼻火薬製造所であった。敷地面積は工場と官舎あわせて38万7664平方メートル。その後、段階的に用地の買収と施設の拡大が行われ、敗戦時の岩鼻火薬製造所の敷地面積は、107万2500平方メートルであった（高崎市史編さん委員会編 2004: 280）。

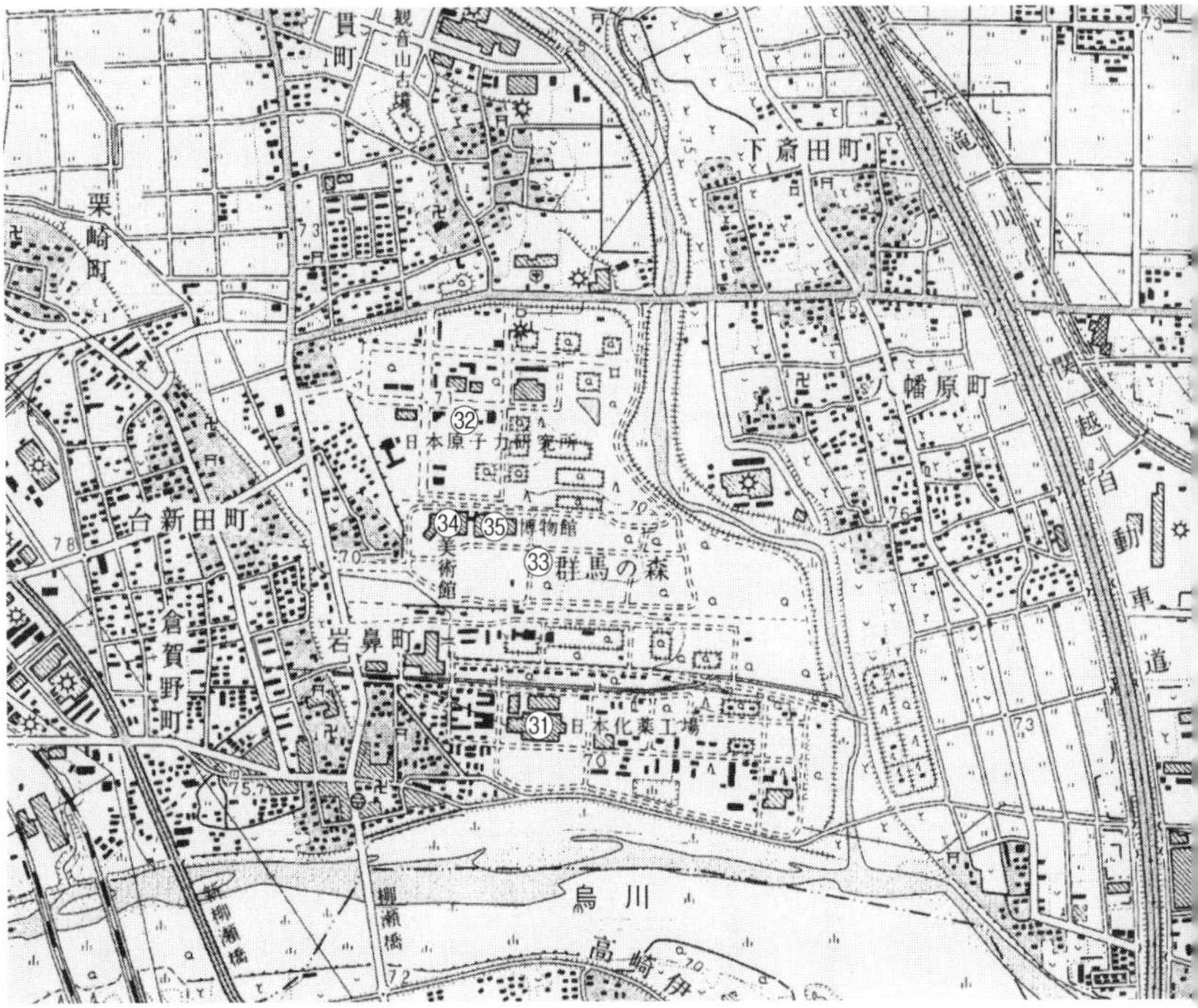

0　500m

N

㉛日本化薬
㉜日本原子力研究所
（高崎量子応用研究所）
㉝県立公園「群馬の森」
㉞県立近代美術館
㉟県立歴史博物館

図３・３　岩鼻火薬製造所の跡地利用（高崎市岩鼻町，綿貫町）

（資料）国土地理院 25,000 分の 1 地形図（1998 年）をもとに作成

現在、岩鼻火薬製造所の跡地は㉛日本化薬製造（現日本化薬）、㉜日本原子力研究所（現独立行政法人原子力開発機構高崎量子応用研究所）、㉝県立公園「群馬の森」として三等分され利用されている。敗戦後、米軍接収の後、日本化薬製造から民需生産工場として転用申請が出され、いち早く一九四七（昭和二二）年に許可が下りた。その後一九六三（昭和三八）年に日本原子力研究所と、一九七四（昭和四九）年に県立公園「群馬の森」の敷地としても利用されることとなったという（高崎市史編さん委員会編 2004: 339-40）。なお、群馬の森には㉞県

写真３・12　日本化薬㉛　岩鼻火薬製造所跡地
（高崎市岩鼻町 2008. 5. 5 撮影）

写真３・13　日本原子力研究所㉜
（高崎量子応用研究所）
岩鼻火薬製造所跡地
（高崎市綿貫町 2008. 5. 5 撮影）

写真３・14　（左）県立近代美術館㉞,
（右）県立歴史博物館㉟　岩鼻火薬製造所跡地
群馬の森内（高崎市綿貫町 2008. 5. 5 撮影）

写真３・15　高崎市営住宅
理研高崎工場跡地
（高崎市稲荷町 2011. 8. 6 撮影）

立近代美術館と㉟県立歴史博物館が建てられている。県立近代美術館は磯崎新、県立歴史博物館は大高正人の建築によるものである。

また、岩鼻火薬製造所から火薬を輸送するために一九一六（大正五）年、倉賀野駅と岩鼻火薬製造所を結ぶ岩鼻経便鉄道株式会社が設立されているが、この鉄道は一九六七（昭和四二）年、国鉄の倉賀野貨物基地として利用が開始され、現在も群馬県内の貨物輸送の中心となっている（菊池・原田 2007: 164, 189–90）。

理研コンツェルンとは、理化学研究所の関連企業群である（現理研グループ）。旧高崎藩主大河内の同族である大河内正敏が昭和初期に同所長として企業を興し、新興財閥に成長させた。群馬県では行政が戦前、理研コンツェルンに働きかけ、理研関連工場の誘致を実現させたことに始まる。前橋市の前橋駅近く40万平方メートルの敷地には、理研工業新前橋工場があった。ここには、技術養成所や青年学校も建設されていた。現在は、理研鋳造前橋工場、ヤマダ電機高前バイパス店、県交通安全センター、前橋市立総社南小学校などが建てられている。

高崎市には、高崎市江木地区を中心に21万平方メートルの敷地に高崎理研工場群があり、理研製機、理研電磁器、理研水力機、理研空気機械、理研合成樹脂が進出していた。理研製機は一九四二（昭和一七）年に中島飛行機の傘下となる。理研合成樹脂のほかの工場は、理研製機とともに一九四三（昭和一八）年、榛名航空工業となった（高崎市史編さん委員会編 2004: 644-7）。戦後、一九四六（昭和二一）年、榛名航空は榛名産業となり一九七七（昭和五二）年まで操業、一九八〇（昭和五五）年に解散した。現在その場所は、自動車会社、駐車場、高崎女子高校、市営住宅などの用地となっている(10)。

おわりに——新しい都市理論に向けて

本研究で指摘してきた旧日本軍の都市形成過程は、おおざっぱに次のようなストーリーとして提示することができるだろう。

群馬県域において、高崎城址に陸軍歩兵第十五連隊が置かれ、太田・大泉に中島飛行機が創設された。それら旧日本軍に属する土地と施設と人が、西毛地域と東毛地域に集積する過程において、水道や病院、道路網など社会的インフラが整備された。また軍用地の拡張に伴い、高崎や太田以外にいくつもの軍施設が建設されていった。終戦直前には工場の拡張や疎開工場などの建設により、一時的かつ急激に軍関連施設が増え、戦後の空間編成にさらなる影響を与えることとなった。敗戦後、米軍の接収などを経て、地元に返された土地や施設は、富士重工業や三洋電機など工業用地となったのみならず、群馬大学、高崎市立短期大学、関東学園大学、国際基督教大学など教育機関として利用され、国立高崎病院や総合太田病院など地域の中核となる病院として引き継がれ、また市庁舎や運動場そのほか市営施設として活用されていくこととなる。

都市形成を見ていくうえで圧倒的に重要であった旧日本軍関連施設の存在を、地元の資料は以下のように指摘する。

> 本町が県内有数の工業都市として驚異的な発展を遂げた理由の第一は、さきに述べたように行政施策の奏功であり、そして、立地の好条件にめぐまれたからである。農業に最適とは言い難い林地原野が多かったことにより中島飛行機株式会社小泉製作所が設けられ、戦後にはその後地《ママ》利用に前掲のごとく大小企業の進出が相ついだのである（大泉町編 1983: 1125）。

> このように、高崎・前橋の両市にわたり、中島飛行機の影響を受けながら、大規模な理研工場群が操業し、終戦とともに平和産業に転換して自分たちの技術を生かしながら数十の中小企業が誕生していった。このことが、戦後の両市の都市構造に共通の要素を与え、結果的に全国でも稀といわれる〝複眼都市〟の誕生につながったと見るのはいささか乱暴な見方であろうか（高崎商工会議所編 2007: 13）。

シカゴ学派の発生した米国は敗戦を経験せず、軍用地の非軍用施設への転用という事態がなかった。米国の社会学を範としてきた日本の都市社会学は、軍施設の転用という都市形成の重大な契機を見落としてきてしまったように思われる。本章で概観するだけでも、旧日本軍の施設が戦後の都市形成や人々の暮らしに決定的に影響してきたことがわかるだろう。そこには都市生態学によって把握できない、敗戦国の地方都市における空間構造があるといえるのである。

付記　本章は今井（2007）および今井（2008）をもとに加筆・修正したものである。

注

（1）たとえば、倉沢進は、東京圏において都市の形成を空間的（地理的）に把握することを目的として『東京の社会地図』（倉沢編 1986）を出版しているが、それは一九八六（昭和六一）年のことであった。近年、ＧＩＳの進歩などもあり、再び都市空間の分析が盛んとなっている。『東京の社会地図』から二十年弱が経過した二〇〇四（平成一六）年には、その続編である倉沢・浅川編『新編　東京圏の社会地図一九七五―九〇』（2004）が出版され、日本都市社会学会賞を受賞している。

東京圏だけでなく名古屋圏、大阪圏を事例とした研究も見られ、シカゴ大学に客員研究員として在籍したこともある松本康は、名古屋圏を事例として社会地図的なアプローチから研究を発表している（松本 2001）。また、『日本都市社会学会年報』23号（2005）の特集は「〈解題〉大阪を〈都市周縁（インナーリング）〉から読み解く」とされ、特集の掲載論文では都市マイノリティ層に焦点をあてた都市空間の分布に関する研究が発表されている。

（2）軍用地とは「戦前日本の陸海軍が独占的な管轄権をもって使用していた国有地」であり、具体的には「兵営、練兵場、演習場、作業場、飛行場、爆撃場、要塞・砲台、衛戍病院、軍人墓地、軍馬育成所、官営の軍需工場、軍需物資保管倉庫などの軍事施設が設置されていた土地」である（荒川 2007: 1）。本章では、総体としての戦争をとらえるという視点から、民営の軍需工場や軍関連施設の土地も考察に含めることとする。軍用地は、一八七三（明治六）年の徴兵令制定以後、急速に増えていった社会空間である。とくに日清戦争および日露戦争に伴って軍用地は拡大し、やがて東京の中心部から地方都市中心部に拡張されていった。荒川章二によれば一八七七（明治一〇）年の時点で陸軍が所管する用地は3953ヘクタールであった。それが一八八八（明治二一）年には1万3645ヘクタールに急激に拡大し（荒川 2007: 4）、日清戦争を挟んで一八九八（明治三一）年には5万6865ヘクタールと十年間で四倍以上に急増した。日露戦争前年の一九〇三（明治三六）年には12万9746ヘクタールとなり、日露戦争翌年の一九〇六（明治三九）年には16万802ヘクタールとなった（荒川 2007: 23）。

（3）このような状況において、軍用地は大規模開発に伴う用地取得を相対的に容易にした。たとえば、一九九五（平成七）年の阪神・淡路大震災では大規模な再開発事業と区画整理事業が行われたが、いずれも私権の制限がなされ、用地取得が容易であったためである。このことも、独自予算の不在と同じく、大規模災害のような非常時でなければ、私権の制限による大規模な都市開発は困難であった。大規模災害以外で広大な用地取得が容易であったのは、敗戦後旧日本軍の跡地利用である。旧日本軍は、広大な施設跡地を残した。しかも、敗戦直後の農地開拓、米軍の進駐、その後の高度経済成長期における企業の進出など、戦後のいくつかの時期において、地権者との個別交渉を回避することで、大規模な開発を可能とした。

（4）そのほかの影響として次のようなことも指摘できる。当初は県庁が高崎城址に置かれたが兵営として整備しなければならなくなり、県庁が六月に旧前橋城に移ったことである（高崎市史編さん委員会編

2004: 110)。これは高崎だけでなく、前橋にも都市形成の核をおく契機となった。

（5）さらにこの地域文化も、歩兵連隊にその由来を見いだすことができる。群馬県には、映画『ここに泉あり』（一九五五年）で有名な「群馬交響楽団」が活動しているが、この市民交響楽団は、もとは高崎翼賛壮年団の音楽挺身隊として活動していた人たちが中心となって始められたものである。敗戦後、一九四五（昭和二〇）年に「高崎市民オーケストラ」が結成され、一九六三（昭和三八）年に「財団法人群馬交響楽団」と改称された。なお、群馬交響楽団の活動拠点となっている群馬音楽センターは、帝国ホテルの設計などで有名な建築家アントニン・レーモンドの代表作のひとつとして知られ、歩兵連隊の兵舎跡地に建てられている。また、高崎競馬場も戦前中断していた競馬場が、軍馬資源保護法（一九三九年）によって再開され、二〇〇四（平成一六）年まで続いていたものであった。

（6）http://www.subaru.jp/about/spirits/history/1917/index.html および http://www.fhi.co.jp/ir/report/pdf/fact/2012/fact_16.pdf

（7）http://homepage3.nifty.com/byfactory/ffmodel/gpf/base000.html および http://www.geocities.co.jp/Playtown-Darts/7539/yakyujosi/kanto/greenpark.htm

（8）http://nazuna.com/tom/war/05musahinoseisakushu.html

（9）http://www.waseda.jp/sem-inoue/file/org/ResourceIHITanashi.pdf

（10）理研関連の情報については、高崎商工会議所会報（高崎商工会議所編 2007: 13）も参照した。

文献

荒川章二 2007『軍用地と都市・民衆』山川出版社.
今井信雄 2007「地方都市におけるモータリゼーションの社会病理とその仮説―旧日本軍の土地と人が六〇

年後にもたらしたもの」荻野昌弘編『二十世紀における「負」の遺産の総合的研究――太平洋戦争の社会学』平成一七―一九年度科学研究費補助金〔基盤研究（B）中間報告書〕（研究代表者　荻野昌弘　課題番号17330124）：68–72.
今井信雄 2008「群馬県における旧日本軍関連施設と地域形成」荻野昌弘編『二十世紀における「負」の遺産の総合的研究――太平洋戦争の社会学　文部省科学研究費補助金〔基盤研究（B）〕研究成果報告書』：17–32.
大泉町編 1978『大泉町誌　上巻　自然編 文化編』.
―――― 1983『大泉町誌　下巻　歴史編』.
太田市編 1994『太田市史　通史編　近現代』.
小内透 1996『戦後日本の地域社会変動と地域社会類型』東信堂.
菊池実 2005『近代日本の戦争遺跡――戦跡考古学の調査と研究』青木書店.
菊池実・原田雅純 2007『陸軍岩鼻火薬製造所の歴史――県立公園「群馬の森」の過去をさぐる』みやま文庫.
倉沢進編 1986『東京の社会地図』東京大学出版会.
倉沢進・浅川達人編 2004『新編　東京圏の社会地図　一九七五―九〇』東京大学出版会.
群馬県 1971『群馬県史百年史　下巻』群馬県.
群馬県史編さん委員会編 1986『群馬県史　資料編24』.
―――― 1991『群馬県史　通史編7』.
群馬県歴史教育者協議会編 2007『史料で読みとく群馬の歴史』山川出版社.
群馬町誌編纂委員会編 2002『群馬町誌　通史編下　近現代』群馬町誌刊行委員会発行.

越澤明 2005『復興計画』中央公論．
三洋電機株式会社編 2001『三洋電機五十年史』三洋電機株式会社．
上毛新聞社編 1997『サンバの町から』上毛新聞社．
戦後開拓史編纂委員会編 1967『戦後開拓史』全国開拓農業協同組合連合会．
高崎市史編さん委員会編 2004『高崎市史　通史編 4』．
高崎商工会議所編 2007『商工たかさき　高崎商工会議所会報　二〇〇七年二月』．
高橋康隆 1988『中島飛行機の研究』日本経済評論社．
手島仁 2005『中島知久平と国政研究会　上巻』みやま文庫．
日本都市社会学会編 2005『日本都市社会学会年報』第23号．（〈解題〉大阪を〈都市周縁（インナーリング）〉から読み解く）．
富士重工業株式会社編 2004『富士重工業50年史』富士重工業株式会社．
富士重工株式会社編 2005『富士重工技術人間史』三樹書房．
松本康 2001「都市化・郊外化・再都市化―名古屋都市圏の構造変容」金子勇・森岡清志編『都市化とコミュニティの社会学』ミネルヴァ書房．
Giddens, Anthony, 2001, *Sociology* 4th ed., Cambridge,Polity Press.（＝アンソニー・ギデンズ 2004 松尾精文ほか訳『社会学　第 4 版』而立書房）．

第4章　戦争と文化の制度化——アニメーションの誕生

雪村　まゆみ

1　空間の再編成と文化

戦時期には、思想統制が徹底され、表現の自由が制約される。それは、戦時期において、いかに国民を統合し、国家意識を浸透させ、行動の指針とするのかが重要な課題となったことに起因している。ただ、国家による文化の統制は、国家の内部における秩序維持に関わるだけの問題ではない。序章で荻野が指摘しているように、これまでの社会学では、国家を単位として、その内部にのみ関心が払われていたが、国家の内部の秩序が維持されるためには、国境の外側に存在する他者との関係性を考察する必要がある。というのも、国境とは支配領域の境界を示し、国境の外側に存在する他者を認識することは、単なる認識を超えて、支配空間の拡大志向へと結びつくからである。国境は他者との関係性によって、つねに変更される可能性をはらんでいる。

国境の変更は、単に地理的な支配空間の拡大、縮小にとどまらず、境界外に存在する他者との接触を不可避的に生じさせる。戦時期には、支配領域をめぐって、他者とのあいだで闘争が繰り広げられるため、他者の存在を認識することが、国家意識の醸成に結びつくといえよう。それは、国家内部の秩序維持にとどまらず、占領地域のように、国境外部に存在する他者を新たに国家に取り込むプロセスにおいて、不可欠となる。国家としての凝集力の強化が要請されるのは、国家の外側に存在する他者との闘争を契機としているのである。

戦争は、国家が国境を更新する実践であり、戦争の結果、国境を基準とした支配空間が再編成される。ここで重要なことは、このような空間の再編成は、人々の空間認識の変化をもたらし、それが新たな文化を生みだすことに結びつく可能性があるということである。

たとえば二十世紀初頭、イタリアにおける前衛芸術運動――「未来派」は、戦争を契機として新たな空間が創造されることに美的価値を見いだした。ヴァルター・ベンヤミンは、戦争を肯定する「戦争美学」を掲げた「未来派」の台頭に注目し、戦争を契機として新たな表現様式が生成することを指摘している。イタリア未来派のフィリッポ・トンマーゾ・マリネッティのエチオピア植民地戦争に対する宣言文では、戦争を「美」と称する観点が、次のように明確に述べられている。

戦争は美しい。なぜなら大型戦車や編隊飛行機のえがく幾何学的な図形、炎上する村落から立ちのぼる煙のらせん模様など、新しい構成の美が創造されるからだ。（……）未来派の詩人や芸術家がこうした戦争美学の根本原理に留意するならば、新しいポエジーや新しい造形を求めるわれわれの苦闘は、それによってかがやかしい光を浴びるであろう（Benjamin 1936 = 1970: 45）。

この宣言文から、未来派が「新しい構成の美」や「新しい造形」といった空間的な創造を追求する芸術運動であることがわかる。未来派は、近代文明の産物や科学技術の進展を賛美するという視点から、戦争を肯定するだけにとどまらず、戦争によって、既存の空間をぶち壊し、新たな空間が生成するという点を積極的に評価しているのである。ここで重要なことは、破壊によって生成する新たな空間に美的価値を付与したことが新たな芸術の様式を生みだすことに結びついているという点である。つまり、未来派は、既存の空間編成を刷新することに価値を見いだし、それを表象する営みを通じて台頭したといえるのである(1)。

新たな空間の生成や空間の再編成といった空間をめぐる認識の変化は、新たな表現様式を必要とすることがわかるが、それは未来派の台頭に限ったことではない。たとえば、戦時期においては、アニメーション制作を奨励した国家が少なくない。それは、アニメーションが、このような空間の再編成を視覚化することが可能な表現様式であるという点にある。実写映像とは異なり、アニメーションは、背景から登場人物の動きまで、すべての映像を制作者の意図通りに構成することができる。アニメーションは、時間の流れを含む映像すべてを統制することが可能なのである。つまり、アニメーションという表現様式は、空間の創造や、空間の移動を自由に描き出すことによって、境界外に存在する他者との遭遇や、空間の再編成のダイナミクスを表象することができる(2)。その結果、戦時期における空間の再編成に連動して、アニメーション制作体制が整備されたのである。

本章では、戦争を契機として、いかにしてアニメーションが生産、流通そして消費されるのか、その一連のシステムが制度化されるメカニズムについて考察する。レイモンド・ウィリアムズは、文化社会学において問わなければならない問題の一つは、文化の制度化の問題であると指摘している。そこでは、いかなる主体が文化生産を実践、あるいは保護するのかという点を考察する必要がある（Williams 1981）。とりわけ、戦時期においては、国家が文化生産を主導するため、その制度化は、国家権力に集約されることになる。戦時期においては、ほとんどの文化活動が停止される反面、ある特定の文化に関しては大きな発展が見られるのである。

そして、そのシステムがいかにして戦後展開するのか、とりわけ生産に焦点を当て、考察することによって、戦争によって、いかにして文化が制度化されるのか、明らかにすることができる。日本のアニメーション生産をめぐる環境は、戦時期いかに変化したのか、まず、アニメーション生産体制の変化を見ていくことにする。

2　アニメーションの制度化

2・1　戦前のアニメーション

戦前におけるアニメーション上映の場は大別してふたつあった。ひとつは映画館、いまひとつは学校である。映画館では、本編である長編劇映画の併映作品としてアニメーションが上映されていた。併映であるため、五分程度の短編作品がほとんどであった。

一九三〇年代に入り、映画館はたびたびアニメーションを特集した番組を組むが、上映されていたのは、おもにベティ・ブープやポパイシリーズのような米国製アニメーションであった。音声の入ったトーキー映画の普及により、アニメーションにも日本語の吹き替えが入ることで、人気を博すようになったのである。当時、アニメーションといえば米国製の作品が念頭におかれ、「漫画は、現在では、米国の占有物のように一般からは思われている」とも言われるほどであった（柳 1936: 76）。映画館の経営者にとって、米国製アニメーションは、興行価値のある番組編成としてとらえられていた。

これに対して、日本製のアニメーションは映画館で上映されることは少なかった。日本製のアニメーションが上映されていたのは、小学校であった。当時、「講堂映写会」と呼ばれる「不定多数学年の児童を同一講堂に収容して活動写真を観覧させる催し」が小学校で執り行われていた。「講堂映写会」は、東京市赤羽尋常小学校の校長によれば、児童を「映画館の害毒から救済しよう」という目的に加えて、「娯楽を第一に考える一種の総合教育」を目的としている。そこでは、必ずアニメーションが要求されたという（西川 1933: 22）。

戦前のアニメーション制作従事者の特徴は三つ挙げられる。一つめは、アニメーション制作が職業として認知されていなかったという点である。日本でアニメーションが初めて制作されたのは一九一七（大正六）年であるが、創始者の下川凹天、幸内純一、北山清太郎は、アニメーション制作を本業としているわけではなく、副業としてアニメーションを制作していた。下川と幸内は漫画家であったし、北山は映画に挿入する字幕の制作を行っていた（北山 1930: 323）。

二つめは、「自作自監自演そのうえ自販まで」（北山 1933: 17）行うというもので、今日とは異なり、ストーリー作りから監督、演出、さらには販売まで、すべての工程を一人の作家が担っていたという点にある。

三つめの特徴は、アニメーション制作方法の徒弟制度である。当時は、作家のもとでアニメーションの原理や制作方法を学んだのちに作家として独立するのが一般的であった。アニメーション制作を学ぶことのできる教育機関は存在しなかった。このような制作体制が維持される要因には、制作方法の秘密主義がある。当時、「原理は簡単で明白になっていることでも、仕事の部分、工程とかいうものに苦心があり発明があり」、したがって「皆秘密にして」いたのである（北山 1930: 326–7）。戦前からアニメーション制作に携わり、日本初の長編アニメーションを制作した瀬尾光世は、一九三〇年頃、アニメーション制作の秘密主義について、次のように述べている。

学校の校庭で上映するアニメーションを製作している大藤信郎さん、村田安司さん、山本早苗さんといった三人の方々の所へ弟子入りを頼み込んだんですが、みなさん同じように「これは自分が開発した技術だから一子相伝で、弟子入りは困る」というんですよ。それぞれ自分の一家だけでやっているから食い込む余地がない。絶望しちゃったんですね（瀬尾のインタビュー、尾崎 1986: 218）。

アニメーションの黎明期においては、作家が個々に制作方法を模索していたといえる。しかし、秘密主義に抗して、積極的にアニメーション制作方法を公開する者も登場した。たとえば、当時、大阪毎日キネマニュース技師であり、アニメーション制作のパイオニアとして知られる北山は、『映画教育の基礎知識』(1930)において「線映画の作り方」としてアニメーションの原理や制作方法を公開している。その意図としては、アニメーションの大量生産のための集団的制作体制を確立することにあった。

漫画製作は他の映画製作の如く特に利口に立ち回って経費を節して作るということが困難で、どうしても費やすだけの手数をかけなければ出来上がらないことすなわち機械的に、大量的に生産できない机の上の時間と手間仕事である点において外国も日本も少しも相違しないからである(北山 1933: 16)。

つまり、アニメーション制作は手間、時間をかける必要があるため、他の映画制作と同様に経費を節約することが困難である。そして、米国のアニメーション制作体制と比較して、日本のアニメーション制作が小規模制作にとどまっている要因を、経済的問題としてとらえているのである(北山 1933: 17)。アニメーション制作の場合、多量の絵を描く必要があるため、制作費の多くは、絵描きの人件費である。したがって、制作費の確保は、制作体制の分業化を可能にする条件となるのである。北山は「筋書きを作るすぐれた作者の支配下に技術者が忠実に仕事をすること」(北山 1933: 17)が必要であると強調する。そして、米国のアニメーション制作にならい「大きな統制と正しい分業の集合」(北山 1933: 18)が確立されない限り、日本のアニメーション制作の技術的進展はないと断言していた。

当時、「正しい分業」の模範例として考えられていたのは、人気を博していたミッキーマウス・シリーズやシリーシンフォニーの制作を行っていた米国のアニメーション制作体制である。なかでも、アニメーションを制作するうえで、不可欠な技術家として「アニメーター」の存在を重要視している。というのも、アニメーターは描かれた絵画を、「静」から「動」に導く役目をする技術家であり、アニメーション制作の主要な工程を担うだけではなく、その工程を分業化することで効率よくアニメーションが制作できるからである。当時から、アニメーション制作には莫大な時間がかかると指摘されていた。

2・2 軍部とアニメーション

このようなアニメーション制作をめぐる環境が変化したのは、軍部が積極的に、アニメーション制作を支援したことを契機としている。

海軍省報道部の米山忠男は、アニメーションが「現在の殆んど個人的なといっていい製作所の中で恵まれない環境にお」かれていることを指摘し、その状況を改善されるべきとした。そして、「海軍としてもこの重要性は早くから認め試作時代も相当に永いのであるが、大東亜戦争を契機として、製作指導に乗り出す」こととなったと述べている（米山 1942: 84）。つまり、軍部が資金援助を行うことによって、アニメーション制作を推し進めようとしたのである。その結果、軍部資本で一九四二〜四四（昭和一七〜一九）年に10本（海軍省8本、陸軍省2本）のアニメーションが制作された。

日本製長編アニメーションが映画館で初めて上映されるのは、日本がすでに戦争に突入していた一九四三（昭和一八）年のことである。この年、日本ではじめての長編アニメーション映画『桃太郎の海鷲』が一般映画館で上映されたのである。『桃太郎の海鷲』は、「大東亜戦争勃発と共にハワイ海戦に取材することとし、戦争直後に着手した」と述べている（米山 1942: 84）。監督である瀬尾は、制作のきっかけを次のように振り返る。「海軍省報道部から出頭命令があり、映画課の浜田という中佐からハワイ空襲の映画化の要請をうけた」（瀬尾の語り。小松沢 1980）。つまり、一九四一（昭和一六）年一二月の真珠湾攻撃を契機として、アニメーションの制作が実現したといえる。

当時、「事業として安定が保証されていなかった」（米山 1942: 85）アニメーション制作者に対して、「製作費はいくらでも海軍省が出す」という条件が、長編アニメーション制作を可能にした。『桃太郎の海鷲』の制作には一〇ヵ月を要したが、三七分の長編アニメーションとなった。日本ではアニメーションは、一九一七〜四一（大正六〜昭和一六）年までの二五年間に377作品制作されているが、一作品あたり一巻の短編（約五分）が四分の三の325本を占めており、アニメーションの長編制作は例がなかった（『日本アニメーション映画史』第三部資料編作品目録。山口・渡辺 1977）。

それだけでなく、『桃太郎の海鷲』は「文部省推薦長編漫画」として指定された。従来、アニメーションは文部省の文化映画認定基準によれば文化映画の圏外におかれ、配給はすべて短編として取り扱われていた。しかし、文部省では、優秀な作品は、アニメーション映画といえども認定制を適用し、広く全映画館に公開させることとした（『映画旬報』1943.9.1: 4）。国家が、アニメーションの価値を認めるということは、アニメーションの社会的位置づけが転換する契機となったといえる。

また、一九四二（昭和一七）年「映画臨戦体制」の一環で、社団法人映画配給社が配給を一元化したことにより、制作だけではなく、配給に関しても、軍部の影響力が強まった。『桃太郎の海鷲』は、当初、農村漁村での巡回上映が予定されていたが、「海軍が圧力をかけて劇場公開」となった（瀬尾のインタビュー。尾崎 1986: 220)。一般の映画館において本編として上映するという好条件で、アニメーションの配給ルートが初めて保障されたのである。

図4・1は、『映画旬報』三月一一日号の見開き2ページに掲載された『桃太郎の海鷲』の宣伝である。宣伝文句は次のように記述されている。

漫画の世界では日本一の桃太郎君! 迷利犬製のベティ・ブープやポパイなんかとは月とスッポンの違いだ! 大東亜戦争下、一たび出撃命令下るや、波濤萬里鬼ケ島艦隊大爆撃を敢行! 真珠湾米鬼艦隊を震えあがらせる! 漫画ならでは描けぬ奇想天外! 正に痛快無類の大作戦! こんな素晴らしい漫画映画をルーズヴェルトにも見せてやりたい!

宣伝文句にあるように、日本初の長編アニメーションが、米国製アニメーションを超える長編作品として華々しく紹介されているのである。

『桃太郎の海鷲』は、一九四三(昭和一八)年三月第四週の白系(3)映画館において、「百万近くの観客を封切において動員」し、興行収入は、65万円を超えた(4)(表4・1)。これは、児童の春休みという時期的な要因もあり、「第一級の興行成績」を収めたと評価されている(『映画旬報』1943.4.21: 48-49)。日本製のアニメーションが呼び物となってこのような興行成績を収めたことはかつてなかった。「漫画映画の制作も興行も共に確実な企業たり得るという新しい実証を映画の新体制は漸く示しえたのである」(『映画旬報』1943.4.21: 101)。この事実をもって、当時「漫画映画初陣の功名」と言われ、一般的に

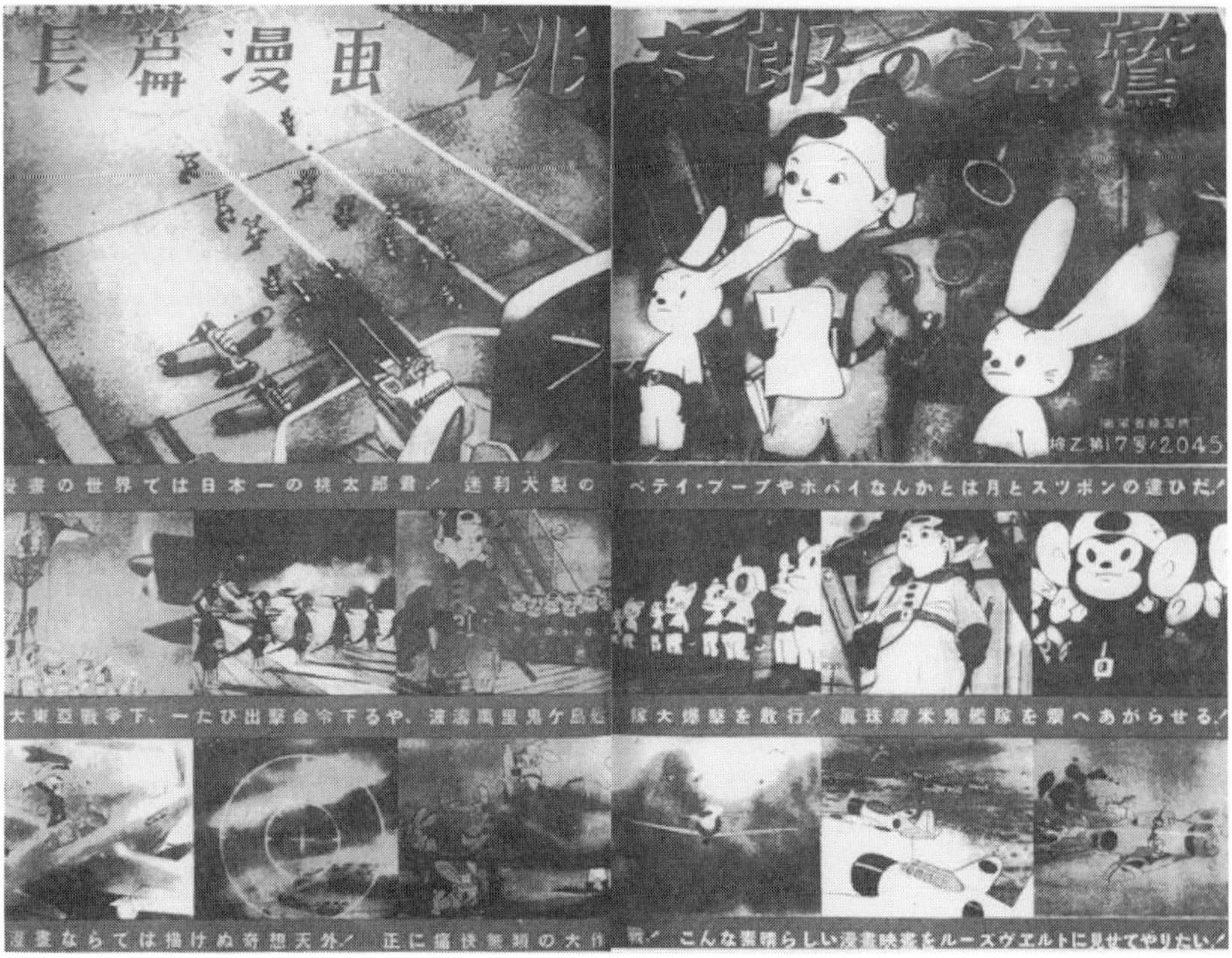

図４・１　『桃太郎の海鷲』の宣伝　（出典）『映画旬報』（1943. 3. 11）

全國地區別封切成績表並びにその比率

三月第三週

	（紅）音樂大進軍 圓 錢		（白）再映週間 圓 錢	
關東	331432.48	4割4分45	233467.44	4割4分81
關西	248544.50	3割3分33	181414.04	3割4分82
中部	62044.92	8分32	31537.35	6分05
九州	76371.68	1割0分24	49557.28	9分51
北海道	27240.54	3分66	25063.27	4分81
合計	745634.12		521039.38	

三月第四週

	（紅）姿三四郎 圓 錢		（白）桃太郎の海鷲 鬪ふ護送船團 圓 錢	
關東	369780.21	4割7分07	301832.97	4割6分40
關西	238035.87	3割0分30	232340.92	3割5分73
中部	59652.69	7分59	39174.27	6分02
九州	83757.62	1割0分67	53706.88	8分26
北海道	34350.50	4分37	23252.82	3分59
合計	785576.89		650307.86	

表４・１　『桃太郎の海鷲』『闘ふ護送船団』興行成績（1943 年 3 月第 4 週，単位:円）
（出典）『映画旬報』（1943. 4. 21: 49）
（注）『桃太郎の海鷲』と同時上映された『闘ふ護送船団』（全 7 巻）は，企画海務院，後援海軍省・陸軍省報道部の長編記録映画である

もアニメーションの興行可能性に期待が寄せられた。

その後も、アニメーションは制作され続けた。敗戦間近の一九四五（昭和二〇）年四月には長編アニメーション『桃太郎の海鷲』（一九四三年公開）に続く、瀬尾光世監督「桃太郎」二作目として軍部資本で制作された『桃太郎　海の神兵』の制作が開始された一九四四（昭和一九）年、すでに戦局は著しく日本軍に不利な状況に陥っていた。しかも、公開された一九四五（昭和二〇）年四月は、大空襲による大きな被害によって、東京や大阪はすでに焼け野原と化していた。そのようななかで、あたかも戦争も何も起こっていないかのように、『桃太郎　海の神兵』は、「楽しいお家族向きの傑作マンガ」として公開されている（図4・2）。家族のなかには戦地に赴いている者や、すでに戦死した者、あるいは空襲の被害者になった者が多く存在した。とても「楽しいお家族」として、「マンガ」を見ているような状態ではなかったはずだが、それにもかかわらず長編アニメーションが堂々と公開されていたのである(5)。

当時、大阪の松竹座でこのアニメーションを見ていた手塚治虫は、『桃太郎　海の神兵』の全編にあふれた叙情性と童心に感激し、「おれは漫画映画をつくるぞ」と誓ったと述べている。確かにこの作品は、一見すると、桃太郎とかわいい動物キャラクターが登場する情緒的ともいえる内容である。また、『桃太郎　海の神兵』は、一年間という日数をかけて制作された七四分間の超大作であった。しかし、手塚治虫のような例を除けば、大多数の人々は、映画を見る余裕などなかった。少なくとも、観客である児童は各地に疎開していたため、ほとんど観客がおらず、「話題にもならずに葬りさられた」という（手塚［1979］2000: 29）。

一方で、映画そのものは、敗戦時まで細々と上映が続けられていたが、一九四一～四五（昭和一六～二〇）年に制作された劇映画の本数の推移を見てみると、ほぼ十分の一に減少している（表4・2）。戦時期においては、その表現が制約されるだけでなく、紙やフィルムも配給となったことによって、物的諸条件も乏しくなったのが、その大きな要因である。他方、アニメーションに関する限り、制作から上映に至るあらゆる条件が、戦時期には戦前に比べ、はるかに恵まれたものになり、敗戦を迎えるのである。

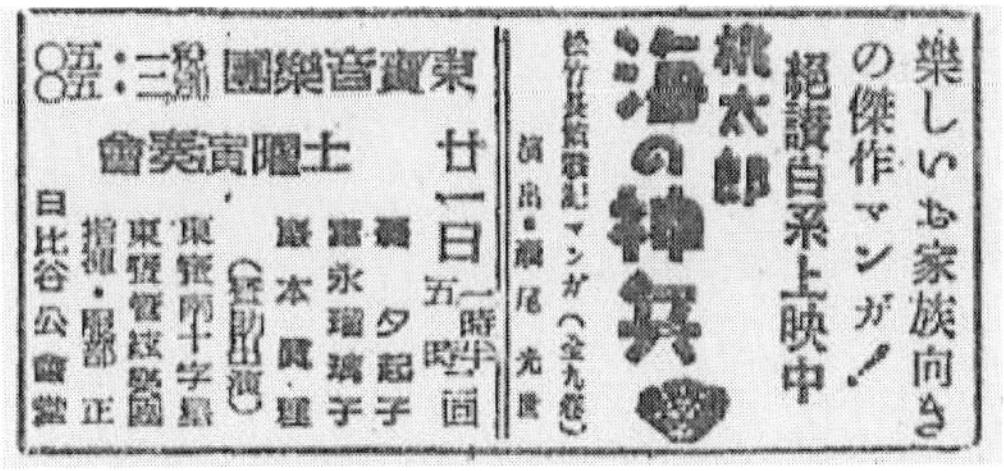

図4・2　『桃太郎　海の神兵』の宣伝

楽しいお家族向きの傑作マンガ！　絶賛白系上映中
『桃太郎　海の神兵』松竹長編戦記マンガ（全9巻）
演出　瀬尾光世（出典）『朝日新聞』（東京版 1945. 4. 15）

表4・2　映画制作本数（1941～45 年）

1941（昭和 16）年	232
1942（昭和 17）	87
1943（昭和 18）	61
1944（昭和 19）	46
1945（昭和 20）	26

（出典）南博（1987: 434）をもとに作成

2・3　アニメーターの誕生

国家総動員法による物資動員計画は、資材不足を招き、映画制作会社は統合を余儀なくされた。一九四一（昭和一六）年に国家権力のもとに発足した社団法人日本映画社は、東宝、松竹の文化映画部を中核とした日本文化映画協会を統合した（田中 1979: 139–140）。文化映画界の再編は、アニメーション制作体制を一変させた。当時を物語る資料はほとんどないが、『日本映画』一九四四（昭和一九）年四月号に掲載された近藤日出造の描写は非常に参考になる。近藤は、軍部後援の『フクチャンの潜水艦』『上の空博士』（いずれも一九四四年公開）といったアニメーションを制作した朝日漫画製作所を訪問したときの制作所の様子を次のように述べている。

日本に於いて、殆ど漫画映画を製作するために幾つもの窓を持つ堂々たるバンガロー風の建物があてられ、その中を漫画映画だけを作る人々が右往左往しているという事実が驚異であり、異様であった（近藤 1944: 51）。

これは、アニメーション制作が、大規模な工場のような建物のなかで、集団で行われていることを示している。それだけでなく、建物内部には、模型室、作画室、撮影室、トリック室があり、アニメーション制作の各工程が異なる部屋に区分して行われていると記述されている。アニメーション制作の分業化の兆しがあったといえる。近藤は、戦前においては、アニメーション制作が、個人の作家の自宅で行われているような状況であったのが、戦時期において、まるで工業製品のように生産されている様子を目の当たりにし、驚愕しているのである。とりわけ興味深いのが、男女二〇名ほどもの「絵描き」が在籍していたという「作画室」のスケッチである。「作画室」では、「首領格」の男性が二、三人ずつおり、一番肝要な「型」と「動き」の絵を描いている（図4・3上）。

ここでいう「絵描き」とは、アニメーションの動きを構成する絵を描くという役割を担う点で、単なる「絵描き」ではない。一九三〇年代に米国アニメーション制作体制で重要視されていた「アニメーター」という専門職に相当する。この「アニメーター」は、アニメーション制作における分業を五つに分

図４・３　朝日漫画製作所におけるアニメーター
（出典）近藤（1994: 51）によるスケッチ

けた場合、次のように位置づけられている（青木 1942b: 18）。

まず演出では、アニメーション全体の構成を決定する。次に、レイアウト・マンが、各シーンにおける画面の構成を決定する。その後、アニメーターは、「レイアウト・マンの指示した形態に動きをつけ、大体の構図の下書きをする」工程を担当する。アニメーターの特徴で重要な点は、「類型的同一的方向の性格に限定され、その範囲内に於いて各自の技術的特長が適用される」ことである。アニメーターの仕事は、自由な創作ではなく、一定の枠内での熟練と達成をめざす職人的な要素をはらんでいるといえる。さらに、「常に広範に渉る各種々の題材を考慮し、夫々の題材に適応せる手法の発見、研究につとめ」るべきであるとしている（青木 1942b: 18-9）。また、東宝で軍事教育映画の制作に従事していた大石郁雄は「甚だ多難な図解映画の製作に当たる者は、まず何よりも立派な技術者でなければならない」と述べている（北条 1942: 21）。つまり、アニメーターは、複雑な物の動きを科学的に分析し、それを忠実に再現することが求められているのである。

1. 演出
2. レイアウト・マン（設計）
3. アニメーター（動かす人）
4. インキング（仕上げ係）
5. 撮影

次の工程は、アニメーターによって描かれた原画をセルロイドに写し取る「インキング」工程である。図4・3下は、作画室において、インキングを担当する女性たちである。ここでは、「少女の絵描きさん達が挺身隊の如き意気込みで」セルロイド板に写し描いている様子が描写されている。

また、アニメーターが動きを正確にとらえることができるように、朝日漫画製作所では、模型室やトリック室を設置していた。模型室では、作画のために必要な飛行機や航空母艦などさまざまな模型を乏しい資材を駆使して制作した。そして、アニメーターは、この模型をモデルにして、「前でも後でも斜めでも横でも自由に見て」描いた。また、トリック室では、「相当こみいった機械がゴテゴテ置かれてあるし、小さな回り舞台のようなものがあるし、背景の様なものがあるし、大きな電燈がぶら下がっている」た（近藤 1944: 51-2）。これらは、物の動きをできるだけ忠実にとらえ、再現したり、撮影したりするための装置である。

それだけでなく、長編アニメーション『桃太郎の海鷲』や『桃太郎　海の神兵』を制作した瀬尾は、制作に当たって、実際的な機材や動きの正確さを期すために、茨城県土浦・霞ヶ浦航空隊を見学し、飛行機の離着陸、プロペラの回転、操縦動作等を細かく観察していた（青木 1942a: 17）。アニメーターにとって、「動きを出来るだけ細密に科学的に分析して、興へられた芸術性におきかえることが肝要」であり、「漫画の生命はこの動きを書くことにかかっている」という（青木 1942a: 16）。アニメーターは、物の動きを正確に描写する能力が追求されていた。

このようなアニメーターに求められた能力は簡単に習得できるものではない。アニメーションの技術は、特別に養成されない限り培われない。政岡憲三の次のような指摘は、アニメーターが、「絵描き」と根本的に異なることを示している。

漫画に限って、十分な絵描きさんを呼んですぐできるかというと、これが駄目なんです。動画といっておりますが、画を動かすということは、特別に養成しない限り、完成品がないわけです（『映画評論』1943.5: 13）(6)。

一九四四（昭和一九）年に完成した『桃太郎　海の神兵』の制作では、アニメーターを養成する専門教育機関の設立には至らなかったが、制作現場でアニメーターが短期間で養成された。たとえば松竹では、宣伝部や美術部の人員を社長命令で招集したり、一般から新聞広告で募集したりして、一ヵ月でアニメーターを養成した（瀬尾のインタビュー。尾崎 1986: 218）。総勢70名のうち、30名が全く素人であったという。制作を統括していた瀬尾によると、「戦時中だったもんですから、自分達もこの映画を作っている一員なんだっていう自覚を持たす事」が重要であったという（瀬尾 1984: 76）。

さらに、女性の職業としてアニメーターが注目されたのも、戦時下の特徴である。『桃太郎の海鷲』の登場によって、その制作に従事する人材が少ないことが、制作各社で問題視されていた。戦時下、男性は応召、徴用で抜ける者が多かったことが影響している。実際の制作現場でも、『桃太郎　海の神兵』の制作において、一九四四（昭和一九）年一二月の完成時には、「男性が50名から3、4名、女性は30名から15名ぐらいになっていた」というほどであった（瀬尾のインタビュー。尾崎 1986: 218）。そこで、女性の新職業としてアニメーション制作に従事する者を養成する方法が採り上げられ、『婦人公論』誌主催で松竹、朝日映画等の制作関係者出席のもとに座談会が開催された（『映画旬報』1943.6.11: 5）。図4・3下に描かれているように、アニメーション制作に従事する者は、女性が多かったといえる。

以上のように「作画室」に配置されているような「動き」を描くための専門職として「アニメーター」が誕生したことが明らかとなった。軍部がアニメーションの制作を支援したことにより、一九四四（昭和一九）年には、アニメーターの短期養成が実現し、アニメーション制作の分業体制の萌芽が見られた。アニメーターは、アニメーションの作家に求められる独自の個性は必要ではない一方で、どのような題材の動きでも描く専門性が必要とされるのである。さらにこの技術が、軍事教育映画と結びつくことによって洗練された。

2・4　軍事教育映画と制作体制

単に劇場向けアニメーションの生産が行われただけではなく、戦時期には、戦闘機の操縦や爆弾の投下技術といった軍事教育のためにアニメーション映画が積極的に活用された。海軍省の米山は、「目下、教材映画の立派な製作が要望されているに鑑みても、線画、描画の技術的な推進は国家的な意味における一大必要事」とし、アニメーションのみならず、「線画、描画を含めた映像におけるこの一分野の真剣な研究機関を一日も早く確立」することを提言していた（米山 1942: 85）。戦時期には、米山が言うように、軍事教育映画のために線画を描く「線画要員」が強く求められたのである。「線画要員」とは、動きを構成する絵を描くという点で、今日でいうアニメーターと同義であるが、軍事教育映画の制作を担う存在をこう呼んだ。

日本においては、軍事教育映画を制作していた機関は、海軍省教育局の教材映画研究所(7)と東宝映画株式会社の二つであった。海軍省教育局の教材映画研究所では、戦闘機の操縦方法や爆弾の投下について、兵士らへの教育を目的とした軍事教育映画を多数制作した。教材映画研究所において中心的な存在であった山本早苗の手記によれば、広島県大竹市の海軍潜水学校や、横須賀の海軍水雷学校といった海軍の基地へ取材に行き、終戦まで、線画や図解の仕事に取り組んだと述べられている。仕事の内容や量について山本は次のように語っている。

戦雲は日を追って厳しくなり、当時の主な仕事は、海軍の兵器分解や軍事総典の分解図、潜水艦の操縦法、戦艦の戦法やジグザグ操縦法等を動画と線画で解説していくもので、仕事場に缶詰めにされて何日も家に帰れぬ日が続いた。動画のキャラクターを描く仕事は殆んど無くなり、線画だけになってしまった。（……）

長い大きな岩山をくりぬいて中に洞窟を大きくしたような部屋を造り、その中を作業場や寝室にしていたが、そこへ軍の機密である機械を持ち込んで図解の仕事に取り込んだ。西倉君と大工原君がいつも私と共に居て頑張って難解な仕事を進めていた（山本 1982: 118–9）。

組織の規模としても、「仕事が多いので社員も60人ぐらいになっていた」という（山本 1982: 119）。また、東宝映画株式会社においても、多くの軍事教育映画の制作を請け負った。元東宝教育映画株式会社社長の関口敏雄によれば、「日映へ移らず、東宝に残った文化映画部員は特別映画班員という軍属的存在となり、軍や軍需工場の要請による映画を製作した」という（関口 1962: 19）。東宝映画班の大石郁雄は、一九四二（昭和一七）年、線画を用いた図解映画は、「現在は多くの技術関係の専門的な方面の研究、及び教材に供され」、「軍方面に於きましても既にこれを利用」していると述べている（北条 1942: 20）。

一九四三（昭和一八）年秋には、その組織が拡大し、「東宝航空教育資料製作所」となり、東宝社員名簿によると航空資料本部ならびに第四工場までの総人員数は３００人に近かったという（関口 1962:

19)。軍事教育映画の制作に線画部門部員として従事していた市野正二によれば、そこでは「飛行機、空中戦・爆撃・戦闘機理論など軍関係の実科映画を専門に製作していた」という。とくに、陸軍航空関係を担当し、「三重県明野飛行場や浜松飛行場に出張、爆撃機に搭乗して、爆撃落下を実際に見たり、照準器の使用法などを教官に教えてもらいアニメ化した」という。具体的にどのようなタイトルで制作されていたのか網羅的に把握できる資料はないが、『飛行理論』、『水平爆撃要領』等のタイトルで制作されたようである（小松沢 1977）。また、身分は、軍報道班員に準ずるものであった（市野のインタビューを引用。小松沢 1977）。

3　戦後の展開

以上のように、軍事教育のために多くのアニメーションを用いた教材が制作された。そこでは、洗練された線画技術が求められ、その結果として、作品を主体的に制作する作家ではなく、物の動きを正確に描写する専門職として、アニメーターが誕生したといえる。

アニメーターらは、戦後すぐ再結集することになる。戦時期、海軍省教育局の教材映画研究所において、アニメーション制作に従事していた山本早苗は、占領期のアニメーション制作に関して、次のように回想している。

（一九四五年）九月十日に米軍の司令部へ行った。（……）私達はそこでロバート大尉という映画の担当者を紹介された。(……)私は通訳を通して『我々は漫画映画(動画)を製作する会社の者である。戦争が終り、仕事が来なくなってしまったので、休んでいては社員が食べていかれない。何か仕事を与えて欲しいと思って頼みに来た。もしくは、自分達が仕事を見つけて来て製作を始める許可を出して欲しい。どちらかの返答を頂きたい』と申し出た。(……)彼はにこやかな笑顔を向けて『お目にかかれて大変嬉しいと思う。実は我々はそういう人を探していたのだ』と大きな手を出した(山本 1982: 121)。

山本が、手記で述べている「ロバート大尉」は、『連合国最高司令官総司令部民間情報教育局の人事と機構』(佐藤 1984: 332)によると、当時、動画(Motion Pictures)課のH・L・ロバーツ(H. L. Roberts)であると考えられる。民間情報教育局(Civil Information and Educational Section: CIE)にアニメーション制作の許可を得た山本は、「他の映画会社に先んじてCIEの仕事の発注を受けることになった」のである(山本 1982: 123)。そして、一九四五年一二月五日、新聞広告で「漫画映画研究生」を募集した(図4・4)。

その結果、職を失っていた百人余りのアニメーターを板橋区練馬に集め、新日本動画社を組織した。ただ、新日本動画社では、東宝映画が出資した教育アニメーションを制作したが、利益はほとんどなく、その後、村田安司らが日本漫画映画製作所として分裂し、山本らが日本動画社として再出発した。日本動画社は、日本動画株式会社と改称し、一九五二年、市野らが所属していた東宝図解株式会社と合併し、日動映画株式会社となった。これが、日本初の長編カラーアニメーションの『白蛇伝』(一九五八年公開）を制作した東映動画株式会社（以下、東映動画）の母体となるのである。

映画配給会社であった東映は、一九五三年、民間テレビ放送が開局されると、コマーシャルフィルムとしてのアニメーションの需要が高まった。実際、初期のテレビコマーシャルの半数がアニメーションを用いたものである(8)。「漫画映画は広告映画と共にテレビと不可分な関係にある」ことから、一九五五年三月「漫画映画自主製作委員会」を設けた。そして、藪下泰司らを米国に派遣し、各動画スタジオを視察、調査させた。その結果、「映画輸出の欠点といわれていた日本語の非国際性を絵と動きで十分に理解させ得る漫画映画の外国市場の進出」が期待され、一九五六年東映は、従来アニメーション制作を委託していた「日動映画株式会社」を傘下に収め、東映動画が発足した（東映十年史編纂委員会編 1962: 241–3）。

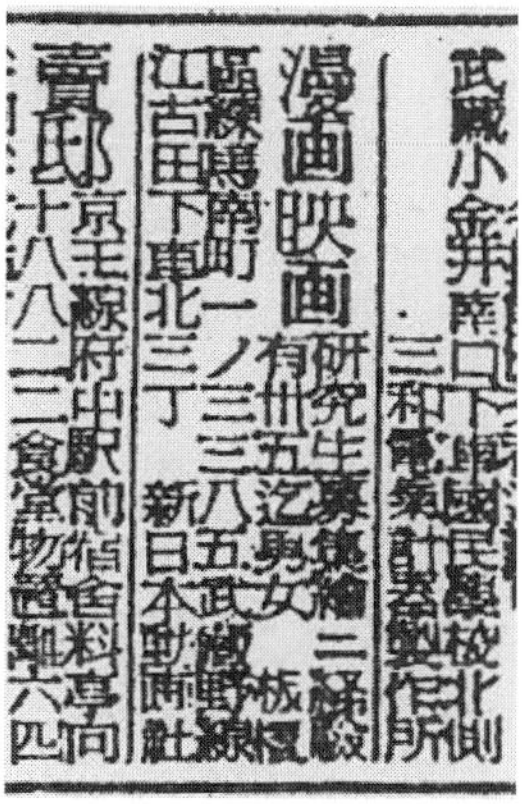

図4・4　漫画映画研究生の募集広告

漫画映画研究生募集絵に経験有三十五迄男女　板橋区練馬南町一ノ三三八五武蔵野線江古田下車北三丁　新日本動画社

（出典）『朝日新聞』（1945. 12. 5）

また、朝日映画社は、従業員の反対と占領軍司令部の命令で解散を取りやめ、一九四五年一二月に再発足した。そして、一九四七年一月に新世界映画社と改称した。新世界映画社は、映画教室番組「新世界映画社映画教室」を編成し、「従来提携していた松竹系以外の映画館にも販路を拡張し」「配給館一二〇〇を数えた」（田中 1979: 186）。アニメーションは戦後、民主化教育と結びつき、学校で上映する映画教室用番組として制作されたのである(9)。

以上のように、終戦後、アニメーション生産に従事していたアニメーターらが練馬で再結集した。今日のアニメーション制作の分業を担うアニメ製作会社は、東京都練馬区や杉並区に集積している。とりわけ練馬区は、日本アニメ発祥の地といわれており、現在、アニメ関連事業所の数が最も多い(10)。日本のアニメ産業の基盤がここに整備されたのである。

4　今日のアニメーター

今日、アニメは、主要な輸出産業として注目されており、「米国、欧州、東南アジア等世界各地で日本の作品が日常的に放映され」(『経済産業公報』2002.8.6: 3)、世界で放映されるアニメーションの六割が日本で制作されたアニメーションなのである(経済産業省文化情報関連産業課 2003)。このようにアニメーションの大量生産が可能になったのは、アニメーションの制作のための分業体制が確立されたからである。とりわけ、アニメーション制作の工程のなかで、キャラクターや背景の動きを描く「作画」工程を担当するアニメーターが専門職として誕生したことによって、アニメーション産業の発展を支えてきた。他の行程は、機械化が進んでいるが、日本の商業アニメーションにおいては動画を構成する個々の絵は、ほとんどの場合、アニメーターが、丹念に一枚一枚描いている。ウォルト・ディズニー・カンパニーの子会社であるピクサーが制作しているコンピュータ・グラフィックスを用いたアニメーションとは、まさに一線を画しているのである。

アニメーターの多くは作画の専門下請けスタジオに在籍し、「作画」を担う職能集団を形成している。

物の動きの正確な描写能力と、「何でも描く」という幅広い要求に対応可能な受容性といった、戦時下、アニメーターに必要とされた資質は、今日のアニメーター職能集団にも継承されているのである。

一九七〇年に設立されたアニメーション制作の作画を担う下請け会社の一つであるオープロダクションの創業メンバーであり、かつて社長でもあった村田耕一(11)によれば、アニメーターに必要な能力は立体を正確にとらえるデッサン力という。新人のアニメーターを採用する際には、「見たものをそのまま描くこと」ができるかどうかが条件となる。また、スタジオに所属したアニメーターは、スタジオに依頼された仕事を分担して行うため、「何でも描けなくてはいけない」「レパートリーが広くないとだめ」と指摘している。仕事の特徴については、生前次のように述べている。

つぎつぎ違うのがくるから、違うキャラクターが。だからマンネリズムにならない。つねに新鮮。そのかわり何でも描かなくちゃならない。あるときは波もあるし、火も描かなくちゃならないし、風も描かなくちゃならない。風なんか目に見えないんだけどね。ばたばたさせれば風みたいにみえる。ひゅっと流したりする場合もあるけどね。それが面白いんですよ。なんでも描かなくちゃいけないんだけど、それが動くとまたね、面白いんですよ(二〇〇五年一〇月七日)。

つまり、アニメーターは、動物、人、ロボットといったキャラクターだけでなく、波、火、風といった自然物まで、どんな物の動きも描かなくてはならない。アニメーターは、個々の作品に特化するのではなく、あらゆるタイプの原画に動きをつける専門職といえるのである。

今日のアニメ産業では、生産の効率化のために、各工程は分業化され、それぞれの工程が独立し、専門化した下請け企業が設立されている。キャラクターや背景の動きを描く「作画」工程を担当する下請け企業には、多数のアニメーターが在籍しているのである。下請け企業は、アニメーター養成の場でもある。村田は、アニメーターの養成について、次のように語っていた。

オープロの場合は一ヵ月の研修期間があるんですが、実際の仕事をやってもらいます。結構できますよ。学校でやっている時間は少ないんだけど、こういうところに放り込まれれば、すごい長時間やりますから、一日八時間くらいやる人はやってますからね、描き続けて。たちまちうまくなるよね。学校だと実習の時間が少ないから。うまくならない。描かなければうまくならない。講義ばっかり聞いていていても……。（同）

村田によれば、アニメーター養成のための専門学校は多数設立されているものの、専門学校での授業は実際の仕事に直結するわけではないという。アニメーターの養成は、アニメーターが実際に下請け企業に所属し、仕事として作画をこなす日々の実践によって可能となる。

写真4・1は、オープロダクションで作画に従事しているアニメーターの姿である。机を横並びに配置し、ライトが当てられた机上でアニメーターが黙々と作業している。戦時期に記録されている朝日漫画製作所のアニメーター（図4・3）と比較してみるとわかるように、アニメーターの作画スタイルは、戦時期から継承されているといえる。

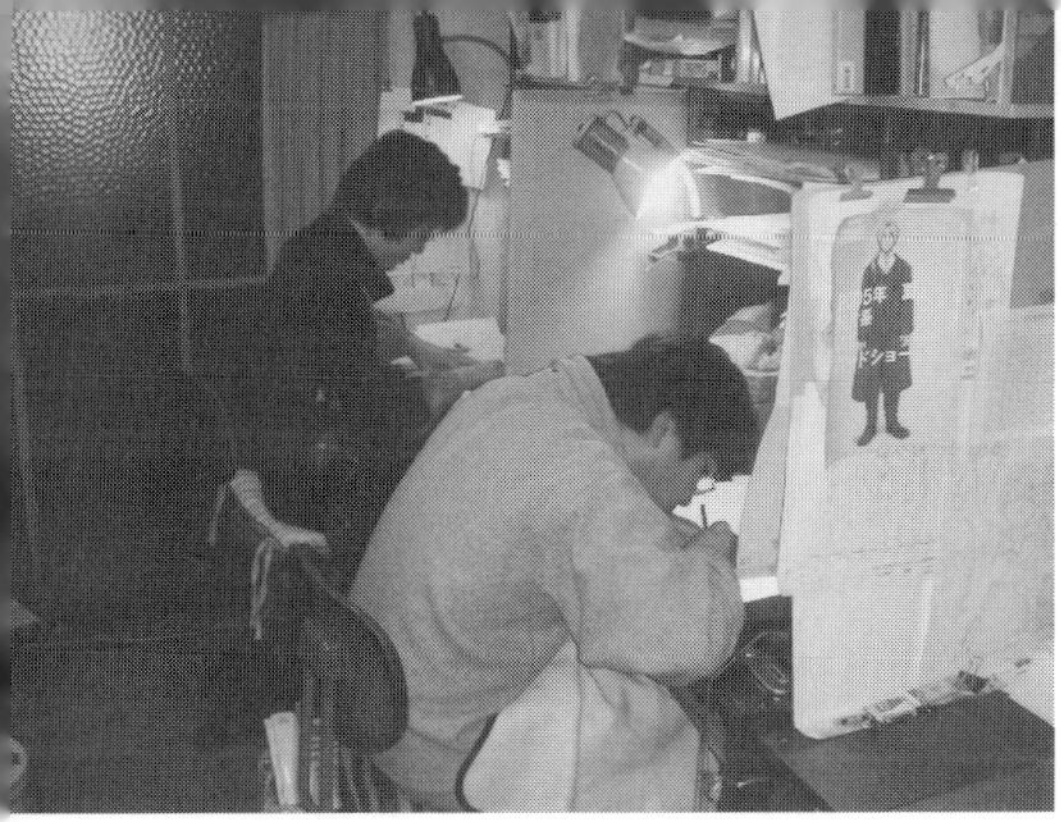

写真4・1　オープロダクションのアニメーター
（東京都練馬区 2004. 12. 27 撮影）

アニメーターは、アニメーションの動きを構成する絵を描くという専門的な技術が要求され、冒頭で述べたように、アニメーション制作のなかでも重要な役割を担っている。それにもかかわらず、アニメーターのアニメ産業における役割が社会的に評価されているとはいえない。

それは、その労働条件に反映されている。ほとんどのアニメーターは、1枚当たりの単価を基準として、出来高で収入を得ている。周知のように、日本のアニメーションは世界的に人気を博しているが、テレビの放映や映画の配給による収益がアニメーターに分配されることはほとんどない。というのも、アニメーションは、オリジナルに制作されることは少なく、ほとんどがマンガ作品を原作としているため、アニメーションの版権は、原作者あるいは出版社に帰属しているからである。長時間労働を行っているにもかかわらず、生活するのに十分な収入を得ることができずに離職する者も後を絶たない。したがって、アニメーターは女性がパートタイムで行う場合も多い。今日、アニメーターの劣悪な労働条件は、たびたび問題になりながらも、抜本的な解決法が見いだされていない。

今日、世界で華々しく放映されているアニメーションは、アニメーターの厳しい労働条件によって産みだされているのである。戦火のなか、日本初の長編アニメーションの公開を実現したアニメーション制作の情景が、今もなお、色濃く継承されているといえよう。

注

（1）もちろん、ベンヤミン自身は、戦争を契機として新たな芸術が誕生したことを肯定的に評価したわけではない。前述したように、むしろ、国家が文化を統制する手段と、戦争が密接に関わることに対して批判的にとらえている。いうまでもなく、本章においても、文化が制度化される契機として戦争を肯定的にとらえているわけではない。

（2）支配空間の再編成および他者がアニメーションにいかにして表象されているのか、に関しては、雪村（2008, 2010a, 2010b）を参照されたい。

（3）一九四二（昭和一七）年四月一日より社団法人映画配給社による一元的配給が開始された。全国の約二四〇〇館の映画館が紅白二系統に分割され、一週間ごとに新しい番組編成が設定された（加藤 2003: 116–7）。

（4）『映画旬報』では、毎号「興行展望」と題し、全国の映画館の興行収入を掲載している。

（5）米国の歴史学者であるジョン・ダワーは、『桃太郎　海の神兵』について、次のように評している「映画そのものは大変ロマンチックであった。そして製作時の実際の状況を気にもとめていないことは、本当に寓話やファンタジーの世界に住んでいた男たちの感覚を伝えている」（Dower 1986 = 2001: 424）。

（6）一九四三（昭和一八）年『映画評論』に掲載された「日本漫画映画の興隆」という座談会では、アニメーター養成の必要性が議論されている。この座談会の参加者は、漫画映画製作に関与する政岡憲三、瀬尾光世、荒井和五郎、熊木喜一郎、滋野辰彦および映画評論家の今村太平、野口久光であったが、漫画映画製作者が一堂に会した座談会の記録が映画雑誌に掲載されたのは初めてのことである。

（7）組織名については、戦中戦後アニメーション制作に従事した大工原章へのインタビューから引用（叶 2004: 195–6）。

(8)『電通広告年鑑』によると、年間総制作本数の約一〇〇〇〜一二〇〇本のうち漫画およびアニメーションが約五〇〇〜六〇〇本と、五〇〜六〇%を占めているものとみられている(電通 1959: 284)。

(9)戦時下に誕生したアニメーターは、戦後のアニメーション制作においても中心的な役割を担った。たとえば、GHQ占領期において制作されたアニメーション、『魔法のペン』(一九四六年)の監督である熊川正雄は戦時下、アニメーション『桃太郎 海の神兵』(一九四五年)のアニメーターとして制作に従事していた。また、戦時期の東宝航空教育資料製作所の伝統を受け継ぐアニメーターは、東宝教育映画株式会社において映画教室用番組として、アニメーション映画の制作に従事していた(田中 1979)。

(10)二〇〇四年七月には、東映アニメーション株式会社や虫プロダクション株式会社といった大手の制作会社から下請けのプロダクションまで、約五十の事業所が加盟する練馬アニメーション協議会が設立され、「新しいアニメビジネスの模索」と「アニメ産業の活性化」を目標としてかかげている(http://www.animation-nerima.jp/association.html 2012.8.18)。

(11)なお、今日のアニメーターの専門性については、アニメ製作の「作画」を担う下請け会社オープロダクション社長(当時)の村田耕一にインタビューしたデータをもとにしている。インタビュー調査は、二〇〇五年一〇月七日に実施した。村田は、一九六五年頃からアニメーターとなり、一九七〇年、アニメ製作における「作画」下請け会社を設立した。村田は、入れ替わりの激しいアニメーター業界において生涯アニメーターを職業とした稀有な存在であった。

文献

青木光照 1942a「漫画映画の技術　瀬尾光世氏と語る」『映画技術』(財)日本映画技術協会9月号 15-7.
――― 1942b「線画技術とその必然性　前田一氏と語る」『映画技術』(財)日本映画技術協会9月号 18-9.

Benjamin, Walter, 1936, *Das Kunstwerk im Zeitalter seiner technischen*, Frankfurt am Main: Suhrkamp（＝1970 高木久雄・高原宏平ほか訳『ヴァルター・ベンヤミン著作集2　複製技術時代の芸術』晶文社.）
電通 1959『電通広告年鑑　一九五八年度』電通.
Dower, W. John, 1986, *War without Mercy: Race and Power in the Pacific War*, Pantheon Books.（＝2001, 猿谷要監修、斉藤元一訳『容赦なき戦争――太平洋戦争における人種差別』平凡社.）
『映画旬報』1943. 3. 11.
『映画旬報』1943. 4. 21: 48–9, 101.
『映画旬報』1943. 6. 11: 51.
『映画旬報』1943. 9. 1: 4.
『映画評論』1943. 5: 12–9.
北条希士雄 1942「大石郁雄氏が語る線画と図解映画」『映画技術』（財）日本映画技術協会 9月号：20–1.
叶精二 2004『日本のアニメーションを築いた人々』若草書房.
加藤厚子 2003『総動員体制と映画』新曜社.
経済産業省文化情報関連産業課 2003「アニメーション産業の現状と課題」（http://www.meti.go.jp/policy/media_contents/downloadfiles/animh15.pdf）（2007.1.16）
北山清太郎 1930「線映画の作り方」全日本活映教育研究会編『映画教育の基礎知識』教育書館 321–41.
――― 1933「私の漫画観」『活映』8月号：16–8.
小松沢甫 1977「続幻の東宝図解映画社市野正二の足跡」『FILM1/24』第19号　アニドウ.
――― 1980「持永只仁の足跡」『FILM1/24』復刊第29号通刊41号　アニドウ.
近藤日出造 1944「漫映漫歩」『日本映画』4月号 50–2.

政岡憲三 1943「座談会日本漫画映画の興隆」『映画評論』5月号 12-9.
南博 1987『昭和文化 一九二五―一九四五』勁草書房.
西川幸次郎 1933「講堂映写会の理想的方法」『活映』3月号：22-3.
尾崎秀樹 1986『夢をつむぐ――大衆児童文化のパイオニア』光村図書出版.
佐藤秀夫 1984『連合国最高司令官総司令部民間情報教育局の人事と機構』.
関口敏雄 1962「東宝の文化・教育映画製作の系譜をたどる―東宝三〇年史の一側面として」『短編フィルム』ユニ通信社 18-21.
瀬尾光世 1984「『桃太郎 海の神兵』を語る」『FILM1/24』32: 74-85.
田中純一郎 1979『日本教育映画発達史』蝸牛社.
手塚治虫［1979］2000『ぼくはマンガ家』角川書店.
東映十年史編纂委員会編 1962『東映十年史』東映.
Williams, Raymond., 1981, *The Sociology of Culture*, Schocken Books.
山口且訓・渡辺泰 1977『日本アニメーション映画史』有文社.
山本早苗 1982『漫画映画と共に――故山本早苗自筆自伝より』アニドウ.
柳亮 1936「沸蘭西映画発達史3―映画技術の変遷」『キネマ旬報』12. 1: 84-5.
米山忠雄 1942「海軍関係製作の漫画映画について」『映画旬報』12. 1: 84-5.
雪村まゆみ 2007a「戦争とアニメーション―職業としてのアニメーターの誕生プロセスについての考察から」『ソシオロジ』52(1)：87-102.
――― 2007b「大東亜共栄圏建設と漫画映画」荻野昌弘編『二十世紀における「負」の遺産の総合的研究――太平洋戦争の社会学』平成一七―一九年度科学研究費補助金〔基盤研究（B）中間報告書〕（研究代

表者　荻野昌弘　課題番号 17330124）1–6.
——2008「戦時期におけるアニメーションの勃興―他者像の構成という視点から」『奈良女子大学社会学論集』15: 85–98.
——2010a「戦争とアニメーション―文化の制度化をめぐる一考察」関西学院大学大学院社会学研究科学位論文.
——2010b「ヴィシー政権下におけるアニメーションの制度化」『日仏社会学会年報』20: 65–84.

第5章　「在米被爆者の語り」から——戦争が生みだす境界のはざまで

池埜　聡
中尾賀要子

はじめに

広島・長崎被爆者の多くが、なぜ米国に居住しているのか。在米被爆者の歴史的経緯と実情について、詳しく知る者は少ない。被爆後、結婚や就職などの理由で米国に渡った被爆者もいれば、米国で生まれ、日本に渡り、広島・長崎で被爆後、再び米国に戻った被爆者も数多く存在する。二国間の移民経緯、異文化への適応、原爆投下国アメリカで暮らす意味、さらに被爆が人生にもたらした影響は、これまで十分に語られてこなかった。戦争が織りなす境界のはざまで、その存在すら知られないまま、今も後遺症に苦しむ広島・長崎被爆者が米国で日々の暮らしを営んでいる。

私たちは、多くの在米被爆者と交流を深める機会を得た。米国・ロサンゼルスを拠点に被爆者援護を目的として活動するＮＰＯ法人「北米在外被爆者の会」（North America A-bomb Survivors Association）の協力のもと、カリフォルニア州を中心に被爆者一人ひとりの自宅を訪問し、語りに耳を傾け、「人生」に聴き入った。被爆による外傷体験や後遺症は、複雑な移民経緯とそれぞれの適応過程のなかで深化し、その経験は封印されていった。言葉の壁は、身近な家族にも語ることを許さず、「ヒバク」が継承されることはなかった。「これまで誰にも話したことはありません」「初めて話すことです」。在米被爆者の語りのなかで、よく添えられた言葉である。言葉、慣習、文化、社会制度、そして原爆肯定の価値観などに潜む、目に見えない数々の軋轢に直面し、生き抜いてきた彼らの人生の軌跡は、戦争がもたらした国際社会変動と人々への影響を理解するための貴重な示唆にあふれていた。

本章は、重層的境界ともいうべき二国間の「はざま」で生きてきた在米被爆者の姿を描き出すことを目的とする。戦争が生みだす境界は、国境のごとく可視化できるものばかりではない。とりわけ、在米被爆者固有の体験は、世間の耳目を集めることなく現在に至る。高齢期を迎えた在米被爆者の人生の語りを紡いでいくために残された時間は少ない。以下、在米被爆者の歴史的背景を紹介したのち、「家族」「原爆責任論」の二つの側面から、在米被爆者が経験してきた固有の境界を描いていく。紙面の許す限り在米被爆者の声を再現し、戦争が在米被爆者の人生に与えた影響と今後の課題について考えていきたい。

1　背景

在米被爆者は、「在外被爆者」すなわち、「日本国内に居住地及び現在地を有しない者であって、被爆者健康手帳の交付を受けようとする者及び被爆者健康手帳の交付を受けている者」の中でもアメリカ合衆国に居住する被爆者を指す。厚生労働省によれば、二〇〇六年の時点で東アジア（韓国、中国、フィリピンなど）、北米（アメリカ合衆国、カナダ）、南米（ブラジル、アルゼンチン、パラグアイなど）、世界各地に約四千名の在外被爆者が存在し、約九百人がアメリカ合衆国に居住すると報告している。しかし被爆者手帳を保持していない在外被爆者の数は計り知れず、潜在的な被爆者を含めた在米被爆者数を確定することは極めて困難である。

個々の在米被爆者の人生はさまざまである(1)。国籍、出身地、移民経緯、移民理由、そして被爆体験など、個人差は大きい。在米被爆者の経歴と社会背景の多様性について、袖井林二郎は、「絵のないジグソーパズル」と表現した（袖井 1978: 118）。その状況下、在米被爆者を大別すると、「帰米」と呼ばれる独自の移民経緯を有する日系アメリカ人と「新一世」、すなわち結婚、就労、留学などの理由で戦後米国に渡った者に分かれる。特に「帰米」の背景をもつ在米被爆者は、複雑な移民経緯と重層的な心的外傷体験を有し、固有のライフコースをたどってきた。「帰米」被爆者は、在米被爆者の四割程度を占めると推測される。

「帰米」被爆者の存在は、日系移民史ぬきには語れない。一八六八（明治元）年の「元年者」と呼ばれる人々のハワイ渡航を皮切りに、一九〇八（明治四一）年までの四〇年間で約19万１４００人の日本人労働者（日系一世）がハワイおよび米国西海岸地域に移民した（東 2002）。その後、新移民法（一九二四（昭和一三）年）の施行によって日本人移民の米国入国が全面禁止となったが、日系二世・三世の誕生により、一九四〇（昭和一五）年の段階で米国における日系人の総人口は約28万人に達している（U.S. Census 2005）。

日系一世の生活が、アメリカ社会の軋轢によって過酷を極めたことは筆舌に尽くし難い。ハワイでの「銃剣憲法」による法的差別、反アジア思想に基づく日本人移民排斥運動、各州で制定された外国人土地法による日本人の土地所有権と小作権の制限、そして日系一世を「帰化不能外国人」と定めた一九二二（大正一一）年の合衆国最高裁判所の判断により、米国生まれでなければ市民権を得られない法的差別が決定的となった（東 2002; Ng 2002）。このように段階的に強化されていった差別構造の中で、日系一世は自立を求められた。

一九二九年以降の世界恐慌による経済不況にさらされたアメリカ社会への危惧も手伝い、土地所有と市民権獲得の道を閉ざされた日系一世は、子どもや孫に対して日本の文化や慣習を学ばせたいという強い希望を抱いた。「子どもたちを日本に戻し、日本人として教育させたい」という願いは日系社会にまたたく間に広まり、日系一世たちは次世代を渡日させていった。米国で生まれ、幼少期を米国で過ごした後、日本に渡った日系アメリカ人「二世」の出現である。その渡航先として最も多かったのが移民県「広島」であった。

袖井（1978）も引用しているように、「在米広島県人史」（竹田 1929）「在米日本人史」（在米日本人会事跡保存部編 1940）による統計では、一九三六（昭和一一）年には広島県出身の海外在留人員は約7万4000人に達し、全国一位を占めていた。一方、一九二九（昭和四）年までには3万人以上の日系人が渡日し、4805人が広島県に戻り、そのうち約80％（約3800人）が幼児及び児童であったことが記録されている。

一九四一（昭和一六）年の日米開戦に伴う国交断絶により、日本にいた二世や三世は米国に戻る道を閉ざされた。そして日本人として学徒動員、従軍、さらには被爆を経験することになる。戦後間もなく米国国籍の回復が可能となったことで、二世・三世らは米国に戻り、新たな人生を模索するようになる。日系アメリカ人の日本出国は、一九五〇年にピークを迎えた（中尾 2010）。このような歴史的経緯から「帰米」としての在米被爆者が数多く誕生することになった。

2　家族――声なき「声」を紡ぐ

2・1　家族の死

「こんなふうに、きちんと人と向き合って被爆の体験を話すのは初めてのことです」。在米被爆者の多くは、被爆体験をあまり語ってこなかった。家族とも被爆体験を共有しないまま、高齢期を迎えた在米被爆者は少なくない。被爆体験が蔑ろにされ、家族内に目に見えない境界が生まれている可能性もある。われわれが二〇〇六年に行った郵送調査では、協力者138名のうち80％以上の被爆者が、家族に被爆体験の詳細について「話してない」と答えている。また聞き取り調査に協力してくれた23名の被爆者たちのほとんどが、「配偶者、子どもたちに被爆の経験を話す機会がなかった」あるいは「話しても仕方がない」と答えている。12歳のときに直接被爆し、一九五八年に親族の呼び寄せでカリフォルニア州に移住した日系三世の男性被爆者（74歳）は、次のように語っている。

わしらは、結局なんでも中途半端。日本とアメリカで教育も中途半端、言葉も中途半端……。被爆のことや移民のことなんか子どもに話そうと思っても……。なにせ子どもは英語でしょ。言ってもわからないしね。だから、そうね、……あんまり話していないですね。子どもも聞きたいということはないし。そのうちに話す気持も失せてしまう。

この男性被爆者の繰り返す「中途半端」という言葉には、二国間の境界で生きてきた自分の人生に対する割り切れなさが滲む。また言葉の壁から人生経験を家族と共有することへの諦観も行間にこもっている。在米被爆者の場合、70％以上が日本語を第一言語としており（中尾・池埜 2009）、家族とのコミュニケーションに言葉の壁が立ちはだかる。日本語を第一言語としない者との結婚によって、夫婦間のコミュニケーションに影響を受けている人も少なくない。子どもたちは米国で学校教育を受け、英語と米国の文化を急速に吸収していく。家族内では英語による会話が中心となり、被爆や戦争にまつわる経験や想いを十分に伝えられないことから、話すことを諦めてしまう在米被爆者が多い。

言語の違いに加えて、家族や友人の死、おびただしい数の遺体の目撃、そして荒廃した市街地の情景など、一連の心的外傷体験は、家族に対してであっても容易に言語化できるものではない。ダニエリ

（Danieli 1982）は、ホロコースト被害者の研究から「申し合わされた沈黙」（conspiracy of silence）と表現し、被害者の体験エピソードに心を閉ざす家族の傾向を示した。ベトナム帰還兵とその家族を対象にした研究においても、家庭内では戦争体験を話題にしないといった暗黙の了解や、帰還兵の戦争に対する感情反応に関わらないといった家族の対処法が報告されている（Jurrich 1983; Peterson et. al. 1995）。

留学がきっかけで米国に移り住んだ新一世の女性被爆者（62歳）は、父親を原爆によって亡くしている。父の死に関する家庭内での約束事を、誰からも教えられることなく理解していった幼少期の記憶を次のように語ってくれた。

八月六日の日には「お日にちだから起きなさい」と言われて、七時か七時半には起きなきゃいけなくて。朝御飯をその日だけは早く食べて、「早く食べるように」って言われて食べて。それで「もうすぐ八時一五分です」と母が言うんです。そのときに父のお仏壇はないんだけどお線香を立てて、それで母が座るんです。ラジオつけとくんです。子どもたちが後ろに三人座るんです。それで、ラジオで「黙禱」と言って「ゴン、ゴン」って（鐘が）鳴るんですよね。「一分間の黙禱」と言われて「ゴン、ゴン」というときに、母の背中をこう見るんですけども。それで子どもの私には、あの日のあのときのわっと思い浮かぶことが全くないんです。一分間こうやってるのは結構長いんですよ。「早く終わらないかな」なんて思ってるんです。「黙禱終わり」と言うんですよね、アナウンサーが。それで私たちがひょっと動くでしょう。ところが、母が身動きもしないんです。それで「何も言っちゃいけない」と思った。子どもの私たちは一生懸命（母を）こうやって見てる。だからもう一分間ぐらい何もできない。「早く立たないかな」なんて思ってて。そしたら（母が）、立ったときに涙ぐんでるんです。その母の顔を見るのは、やっぱり子どもにとってショックでした。すっと立った後の母は、普通と同じにするんです。だけど、母が「涙ぐんでるな」と思う。それが毎年来るんです。だから、「そういう日」だということはわかってます。それで、話さない、聞いたこともないけれども、言っちゃいけないとは言われなかったけれども、聞いちゃいけないと思って、ずっと……。私たちは父が死んだと思わなかったんです。聞かなくてもわかったのと、なし崩しに「死んだに違いない」と思うようになって。

父親の遺体は、結局発見されないままであったという。つまり子どもの彼女にとって、最初は実感も確信もない父の死であった。しかし八月六日が「父親が原爆で死んだ日」だということを、母が勤める「お日にち」を通して悟り、父と原爆のことを「言ってはいけない、聞いてはいけない」こととして把握していった過程が、鮮明な記憶と共に語られている。母の背中を見つめて、母の涙に言葉を失くすしかない子どもの心象風景が、家庭内での不文律形成につながっていった様子は、ただやるせなく悲しい。

家族に対して、被爆者であることを告げた者はどうだったのか。結婚前に被爆者であることを明らかにした人もいれば、今もなお隠し続けている人もいた。子どもの学校の授業などで原爆問題が取り上げられたことをきっかけに、被爆体験を話したと振り返る被爆者もいた。しかし、被爆体験を家族と共有した人々に共通するのは、こうした外的な契機によって被爆した事実や被爆状況の概略について話すものの、被爆に伴う情緒的なやりとりには至っていない点である。被爆による後遺症や胎児への影響、また世代間にわたる遺伝的影響の恐れといった不安について、家族で共有されることはまれであった。ここに被爆の心的外傷体験を言葉にして伝えることの難しさと抵抗感がうかがえる。そして時間の経過とともに、被爆体験を人生経験のひとこまとして「格納」し、さらに「封印」することで穏便な暮らしを実現してきた在米被爆者の存在も感じさせる。

2・2　原爆肯定論

アメリカ社会に支配的な「原爆肯定論」も「家族内の境界」に影を落とす。「太平洋戦争を終わらせるため」「日米双方の数百万人の命を救うため」といった原爆投下の正当性を示す理由は、今なお広くアメリカ社会に浸透している（Lifton & Mitchell 1995; Harwit 1996＝1997）(2)。10歳のときに広島で被爆した帰米の男性（79歳）は、次のように話してくれた。

原爆の話をしようにも、子どもらはあんまり関心ないし。深く聞いてくることなんかはないね。それに「アメリカも悪いけど日本も悪い」「戦争が終わらすために必要だった」と言われてしまうと、こっちもそれ以上言えないわな。

「原爆肯定論」は、アメリカ社会において、これまで公然と在米被爆者が語ることを弾圧してきた歴史がある。ひとりの被爆者がある地方新聞の取材を受け、被爆体験を語ったことがある。その記事が掲載されると、「パールハーバー（真珠湾）はどうなんだ」「文句があるならとっとと日本に帰ればいい」

といった匿名の手紙や電話が自宅に舞い込んできたという。また、一九七〇年代に日本からの健診団(3)派遣を実現した際、そのニュース報道を聞いたある日系団体は、公式の場で "Don't rock the boat!"(波風を立てるな!)と在米被爆者に釘を刺している。被爆者が被爆体験を語ることは「アメリカ社会への挑戦」として受けとられ、日系アメリカ人社会全体に影響が及ぶことを恐れての非難であった。

だから被爆者というものは、日本でも同じですけれど、とくに在外の被爆者というのは、被爆のため、とくに放射線のための後遺症のために苦しむ、健康的に苦しむだけでなしに心理的に圧迫というか、ストレスがあるわけです。日本の政府には見放されて、米国の政府も We don't care(自分たちには関係ない)というふうに言われて、それで最後の頼みの綱と思っていた周りにおる日系人にも "Don't rock the boat" (お前たちは文句を言うな)って、そういうことを言うでしょう。だから被爆者たちも口をつぐむようになるわけです。あまり話さない。(以下( )は筆者の補足)

これは社会に対して在米被爆者の「声なき声」を発信してきた男性(74歳)の言葉である。「ヒバク」を語ることに対する社会的圧力を、無力感とともに切々と語っていった。アメリカ社会では原爆史観と共に深く根を下ろした「原爆肯定論」によって緘黙を強いられる状況が今なお続く。「ヒバク」は家族の内と外から封印され、声にすることさえ許されない。それでも後遺症に苦しむ同胞のために、ヒロシマ、そしてナガサキの記憶を現代によみがえらせ、在米被爆者の訴えを伝えようとする彼の葛藤は、想像の域を超えている。

被爆体験をめぐる境界は、移民経緯と言語の壁という個人的要因だけでなく、アメリカ社会の原爆史観といった外的要因によっても大きく影響を受けている。ここで家族内の境界を被爆者の「孤立」あるいは「ウェルビーイングの低下・不健康さ」と直結させるのはやや乱暴かもしれない。実際のインタビューでは、家族と被爆体験を共有できないことへの不満やつらさ、悲しみを表出した被爆者は皆無であった。その一方、家族への被爆体験の伝承を「言っても仕方のないこと」と言い含めた者が少なくなかったことは注目に値する。これは米国での生活の営みの中で被爆体験を介さない家族のあり方を模索し、順応していくために見いだされた日本人としての声かもしれない。

3　アメリカ――「ゆらぎ」のなかで

3・1　「わからない」(I don't know)

在米被爆者は唯一、原爆投下国である米国に在住する被爆者である。家族の死や種々の後遺症の元凶となった原爆を投下した国の永住権や国籍を取得し生活を送る。原爆投下に対する米国の責任について、在米被爆者はどのようにとらえているのだろうか。米国に暮らすことで生じるであろう「被爆を与えた国、一方で忠誠を誓う」「敵であり味方」といった二律背反(ジレンマ)をいかに乗り越えてきたのか。そもそもそのようなジレンマを抱いているのだろうか。戦争が在米被爆者にもたらした「境界」を理解するうえで浮上した疑問である。

前述の郵送調査では、原爆投下の責任論に関する在米被爆者の意見も聞いている。「アメリカ、日本双方に責任がある」と答えた被爆者が70％近くを占め、「アメリカにある」と答えたのは13％、「日本にある」は８％、「わからない」は11％であった。被爆体験、被害の様相、記憶、被爆時の年齢、米国移民の時期、移民理由、民族的アイデンティティ、家族構成など在米被爆者の社会的背景は一様ではない。こうした要因の数々によって、原爆責任論に対する考え、あるいは原爆とは何だったのか、原爆がもたらすすべての表象に対する「原爆観」は当然異なってくる。その違いをモザイクのようにつなぎ合わせ、在米被爆者の「原爆観」を浮かび上がらせ、日本国内の被爆者や他の在外被爆者と比較例証しながら、その独自性を検討したいと考えていた。

しかし、人生経験の語りを聴くなかでは、原爆に対する思いや意見、そして米国に住むことへのジレンマに関する質問はうまくかみ合わなかった。むしろ明確な回答を示した被爆者はまれであった。「あいまいさ」がつねに横たわる「語り」に彩られ、「わからない（I don't know）」「考えたことがない」「戦争のときのことだから」といった言葉がちりばめられた。ある被爆者は、原爆に対する思いを尋ねた質問に対し「アメリカを国際裁判に訴えるべき」と原爆投下の違法性を強調したかと思えば、「こんな広い道を造れる国はないだろう」とその直後に米国称賛に変わった。カリフォルニア州で生まれ１歳のときに渡日、６歳で広島にて被爆後、10歳で帰米した女性被爆者（69歳）は、被爆者として原爆投下国である米国で暮らすことへの想いを次のように語ってくれた。

そうですね、いろんなジレンマがありますけれども、私はもういちいち「なぜ自分はこんな国のシチズンか」という、もうそういうことは余り悩みすぎても自分を痛めるだけだから、もう私開き直る方ですからね。I cannot help it, I was born here, so I am a citizen（私にはどうしようもないです。私はここで生まれたわけですから、この国の人間なんです）。けれども悪いことは悪いってはっきり言わないといけないということだけで、余り悩まないようにしてます。ある程度はもうYou cannot worry about everything that happens to you in your life（あきらめないと。人生の出来事すべてに思い悩んでいられないでしょう）。本当にやっていけないことが多いと思うんですよね、もうあまり矛盾が多すぎて。

この女性の妹は、被爆後一週間で亡くなっている。「あまり考えないようにしている」「深刻に考えたことはない」「言っても仕方がない」「まあ日本もアメリカも悪いのだから」。語りは途切れ、沈黙が起こり、そして次の質問に移行せざるを得なかった。袖井（1978）は在米被爆者の聞き取りから、多くの被爆者が「あれは戦争だったのだから仕方がない」と受けとめているとし、「原爆投下が正しかったかどうかを道徳的に判断することを、在米ヒバクシャは慎重に避けているのではないかと思われる」（袖井1978: 129）と解釈している。袖井氏の調査から三十年近くを経た今、高齢化する被爆者の語りは大きく変わっていない。先の郵送調査において、「被爆が自分のアイデンティティの一部になっている」という質問には、52％が「同意」、41％が「同意しない」あるいは「わからない」という回答があった。これは言いかえれば人生の統合期といえる高齢期において、約半数の被爆者にとって被爆そのものが自己アイデンティティを表す事象とはなっていないことを示唆する。「被爆をもたらしたアメリカで暮らすジレンマ」という発想自体、違和感をもって受けとめている被爆者が多くいることもうかがわせる。この曖昧さはなぜ生まれるのか。言葉にできない米国への想い。その思いはどのようなものか。その思いに近づくことはできないのか。以下、被爆者の語りを紡ぐプロセスのなかで浮かび上がってきた4つの側面から、被爆者のこころの内に広がる米国の情景について描写してみたい。

3・2 「恨んでいないよ」

多くの在米被爆者にとって、戦後日本の困窮生活から物資豊かな米国での新生活は、ほとんど異国そして異文化への適応と同じであった。そこにさらに、米国で第二次世界大戦を経験した日系アメリカ人とは同胞でありながらも共有しきれぬ異質な存在としての疎外感、そして被爆後遺症が帰米被爆者に立ちはだかった。米国で生まれ、米国で育った子どもは米国人として日本を、そして世界を見ている。原爆投下国、敵国、加害者といった画一化した国家観だけでは米国で暮らせない。日常生活を送るなかで、交錯したであろう米国に対する想いはどのようなものだったのか。

広島市内で生まれ、10歳のときに直接被爆後、ハワイ生まれの日系二世である両親を頼って20歳のときに米国に移り住んだ男性（72歳）は、原爆と米国に対して以下のように語ってくれた。彼は、被爆の直接被害によって妹を一人亡くしている。

　別にね、アメリカを恨もういうことはなかったよ。今でもわしは感謝しとる。どっちかいうたらね、ここに住まわせてもらう、いうことだけで感謝しとるわけよ。ほいじゃけ、わしは必ず祭日には旗立てるよ、ここの祭日には。ほいで原爆を何で広島に落としたかということは、これはちょっと腹が立つんじゃがね。せめて、日本の首相を連れてきて、太平洋の真ん中の方まで来て、「（アメリカは）こういう爆弾持っとるんで、あんたら（日本は）どうするかいうのを先に、話し合いでね、それでまあ降参するなら降参せえいうようなことを、先にどうしてせんかったかということよ。ほいじゃが、原爆が落ちて戦争が早う済んだということもまあ、これも考えるよ。戦争はとにかく長びいたらいけんよ。そりゃあ犠牲者の人にはかわいそうな。うちも一人死んどるんじゃがね。やっぱり戦争を早く済ますいうことでアメリカもああやったんかもわからんがね。（でも）無理に市へ落とすことはないよね、考えてみりゃ。……ほいじゃから、当時はわからんかった。そういうことは考えんかった。ただ強い爆弾じゃいうことだけで。当時はやっぱり、今の子どもはまだ知恵が発達しとるじゃろうが、ほいじゃがあの当時はただ遊ぶのが一生懸命の時代でね。だからなかなか先のこととか何とかいうようなことを考える暇はなかったよ。それよかまず食べる方が先じゃった。そいで、あの当時はね、まだ人種差別がものすごいあった。こっち来て、ここの家を買うたんが一九七二年じゃったろう。卵投げられよったけえの。やっぱり差別はあったよ。やっぱり頭下げとかにゃしようがないのと思った。

また、ロサンゼルスで生まれ7歳で渡日、16歳で入市被爆後、20歳で帰米した男性（78歳）は、米国への想いを次のように語ってくれた。彼は帰米後、朝鮮戦争の兵役にもついている。

そうですね、兵隊から除隊になったときに、やはり兵隊をやったという proud myself（自分が誇らしかった）、自分の finish my duty（義務を果たした）ような気がしたわね、ほんとに。だからやはり忠誠ですよね。アメリカでは政府が原爆を落としたということに対して、敵に回したら、そりゃやるのが当たり前でしょうというような気がするわ、僕は。だれだって勝つために戦争してるんだから。どういう手段を持ってても勝とうとするでしょう。そうやな、鉄砲を持ってる人と持ってない人が戦争、けんかして鉄砲使うのは当たり前でしょう、結局は。それを悪いと言いにくいような気がするわ、僕は。日本もやったんだから、両方。結局、両方おんなじようなもんよ、罪は。ただ日本が手を挙げなかった（降参しなかった）のが悪いだけ。あれはもう本当、悪いディシジョン（決定）だと思う。……ただ一番の問題は、だれも責任者がいないでしょう、結局。この戦争に対して責任者っていないんですよ。何かぐにゃぐにゃぐにゃとしてしまっているような気がしますわ。……（被爆による価値観の変化については）さあ、僕にはわからないですね。どういう影響があったか、僕にはわからないです。ただ妹がかわいそうだというぐらいしか。影響はない。あったんでしょうかね、わからないです。

両者ともに最愛の妹を被爆によって失っている。妹に関する記憶はどちらも鮮明であり、それぞれ妹の被爆状況の具体的な描写が語りに添えられた。「本当にかわいそうなことをした」「妹が死んだことが人生のなかで一番嫌な思い出かな」。これらの語りに偽りはない。一方で、米国を原爆投下国、あるいは家族の死の責任ある主体として外在化する言葉は聞こえてこない。「原爆投下国としてのアメリカへの想いは？」という質問自体、二人にはうまく理解してもらえなかった。

新天地アメリカにおける「出会い」が、米国に対する心象と情景を形づくる大きな役割を果たしていることは、想像に難くない。特に幼少期から思春期に帰米した被爆者にとって、アメリカ人の友人や先生との出会いは、そのままアイデンティティ形成に大きな影響を及ぼした。先に紹介した帰米の女性被爆者（69歳）は、子どもの目を通して見た「アメリカ」を振り返り、次のように語っている。

死と、原爆のおかげでどんな人たちが亡くなったということを目の前で見てますでしょう、そしたら innocent（罪のない）の人がいっぱい亡くなって大変な目に遭って、その人たちがもう水を飲みに土手のところから行って、ぶくぶくして上がってこないんですよね、水を飲んだ途端に、もう水がよくなかったんでしょうね。そんな姿を小さいながらに見てて、大変なことをしたってもう、そのときはアメリカに対してね、どこの国がこんな大変なことをしたのかなと思って、後からわあわあみんなが言うのを聞いててね。大変な、そんなアメリカに戻ってこなくちゃいけない羽目になったでしょう。そしてアメリカに帰ってきたら、結構いい先生に会って、いい人たちにも会えて、みんなが悪いんじゃないなという。……子どもながらにわかるんですよね。

「子どもながらにわかる」アメリカの素顔には、原爆という非人道的な制裁だけでなく、人の優しさという仁愛も含んでいた。多くの在米被爆者にとって、「アメリカ」は単なる原爆投下国ではなく、複合的な表象のまま、「アメリカ」をアイデンティティの一部として内在化してきたことがわかる。「原爆責任論」は、その議論の引き金が引かれたときにのみアメリカの不条理さを説くが、それは、あくまでもアメリカ像の断片にすぎないことがうかがい知れる。

3・3　希望の地へ

先述したように、多くの帰米被爆者が明治期の忠義、恩義、遠慮といった規範や同調性、伝統の尊重、規律遵守といった価値体系を有する日系一世を親にもっていた（Kitano 1969）。また日本人として教育を受け、戦時下において日本の軍国主義の世相に身をおいた被爆者にとって、日本人としてのアイデンティティを拭い去ることは困難である。そんな人々が、人種的偏見と構造的差別が根強い大戦直後の米国で、新生活を始めることは容易ではない。しかし日本での困窮生活に絶望感を味わった彼らは、米国に希望を抱いて渡米していく。米国が人間らしく生きていくための新天地として切望された社会背景が浮かび上がる。

在米被爆者の帰米時期は一様ではない。終戦後GHQ関連の仕事を経て帰米した人、日本で就職し十年以上経過したのちに帰米した人など、個々によって状況は異なる。袖井は、一九四七年七月二二日付「羅府新報」の記事から、戦争が終わった時点で日本に居住していた日系二世の数は約1万5千人、そのなかの約1万人は米国に帰る資格を有するという推定が掲載されていることを示している（袖井1978: 86）。また「南加日本人年表」などのデータから、そのうちの約5千人は、帰米二世が存在したのではと推測している。戦時中、日本軍に服した者、そして日本の選挙に投票した者は米国市民権を剝奪された。市民権を失った日系人は米国国籍回復のために、特別立法や訴訟という手段を試みた。戦後、GHQが米国生まれの者については国籍を回復する措置をとったこともあり、一九四八年に帰米の数はピークを迎えた(4)。

アメリカ生まれで5歳のときに渡日、13歳で広島にて被爆し、18歳で帰米した女性（74歳）は、米国国籍の回復と帰米の動機について次のように語ってくれた。

……そうしたらね、戦争済んでから、お父さん——戦争のうちよね、私らはまだ戦争のときに、原子爆弾が落ちたじゃないですか。そしたら二人姉が死んだの。私のすぐ上の姉と、一番長女が亡くなったの、原爆で。それで、お父さんが私に「日本にずっとおりたいか、それともアメリカに帰りたいか」って言ってね。で、「アメリカへ帰るんだったら、アメリカでお父さんがレストランを売った親戚の人があるから、そこへでも言ってあげるし。アメリカへ一人で行けるか」って。日本よりはよさそうだから、私、アメリカに行きたいって言ったのね。そうしたら、お父さんが、神戸のアメリカ領事館に「娘の希望でアメリカ国籍を抜いたんじゃない。親の希望で（アメリカ国籍を）抜いたんだけど、もう一度娘に国籍を返してもらえないか」って手紙書いたらしいのね。そしたら、領事館に来なさい言うて返事が来たのね。で、まあ、何ヵ月かしたら、アメリカの国籍返してもらったの。だから学校を卒業したら、私はもうアメリカへ行こうと思ってたよね。ちょうどあれは私が18歳だったよね、アメリカへ帰ってきたのが。一九五〇年、18歳でしょう。……それはね、もう、まあ、戦争が済んでからアメリカに行きたいと思うようになったかもね、because（なぜなら）苦しかったのよ、百姓してても。うちは百姓する畑たくさんあるの。だけど、全部お米、自分のところでつくったお米は一たん全部供出さなきゃいけないの。自分の家でできたお米は全部出さなきゃいけないのね。そして配給をもらうわけ。みんながequal（平等）に一人あたり1日2合4勺とかいうて。それで、家族の人数分、向こうから下さるわけ。だから自分のところに米はあっても、置かれないの。隠してるのがわかったら、もう罰されるからね。そういう時期があったでしょう。だからこれはアメリカへ行かなきゃ、日本じゃ、いつか私、百姓の嫁さんにならなきゃいけないような気がして。そんなかたちは嫌でね。まあ、そんなことで……。もうアメリカへ（行こうと思ったの）。

この女性の父親は二年ごとに日米を往復する生活を続けていたが、日本滞在中に大戦が勃発し、米国に戻る道が閉ざされてしまった。反米感情が高まりを見せていた戦時中、父親は米国生まれの子どもたちの身を案じて米国国籍を離脱した経緯があったという。渡日は親の決断であったが、帰米は自分の決断だったことが如実に描き出されている語りである。戦後の日本に蔓延していた貧困と困窮が後押しをしたかたちとなり、この女性被爆者は間もなく日本を後にした。米国を同じような期待のまなざしで見ていた証言は他の被爆者からも数多く聞かれた。

……ここ（アメリカ）は天国に思えたよの、金になる国には思えたよね。（帰米男性72歳）

……やっぱり（アメリカに）帰ってきてよかったと思います。家族が持っていた家とかありましたから。（自分が卒業した）小学校もあるし。まず食べ物を食べられるんですからね。日本では食べ物もないようなことで。…幸せ、希望のある生活でした。戦争中の日本、何もなかったです。希望も……（帰米男性77歳）。

戦後の荒廃した日本の現状に落胆し、即物的な理由で帰米あるいは渡米していった被爆者の姿がここにある。被爆後遺症と「家族の死」という心身の傷を抱え、荒れ果てた街の姿に絶望した十代の若き被爆者にとって、米国はもはや「被爆を与えた敵国」ではなく、「希望の祖国」となった。その心情は誰にも非難することはできない。

3・4　理想の国として

結婚を契機に米国に移り住んだ新一世の被爆者の中には、国際結婚に閉鎖的な日本社会から個の自由を尊重する米国に、ある種の救いを求めて移住した人も多い。戦後の軍国主義から民主主義というドラスティックな社会思想の転換は、米国に対する表象を「敵国」から世界で最も富める「理想の国」へと転換させた。原爆をもたらした国ではなく、人生を歩む上での理想的な選択として米国をとらえている姿がうかがえる。

12歳のときに広島で被爆し、24歳でアメリカ人との結婚を契機に米国に移り住んだ女性（73歳）は、次のように語ってくれた。

　うん。アメリカかぶれでね。日本はちょっとよくなかったでしょう、戦後。だからアメリカ行きたいな。アメリカはいいなって思ってた。ハワイにおじとおばがいて、いとこもいて、それが毎月小包送ってくるの、ハワイから。そしたらいろんないいものが入ってるでしょう。おいしいものや。靴が入ってる。そしたら全部見て、いいもの皆私が取ってた。そんなことでとってもアメリカにあこがれたのよ。

同じくアメリカ人と結婚したことで29歳のときから米国に移り住んだ女性（64歳）は、米国に対する憧れを職業に転化し、原爆傷害調査委員会（Atomic Bomb Casualty Commission：ＡＢＣＣ）(5)に勤めた経験を次のように語ってくれた。彼女は2歳で被爆しており、年子の妹を被爆によって亡くしている。

私は広島の高校にいるときに、高校時代に、テレビ、その時代あったんですよ、ちゃんと。そのテレビでいろんな職業、女性がこれからやっていく職業、看護婦さんとか先生とか、そういう職業の何か番組があったの、それ何であったか覚えてないけれども。その中で、アメリカで秘書の仕事があると。秘書というのはこういう仕事があって、日本の秘書は秘書課の一員である秘書だけれども、アメリカの秘書は、エグゼクティブな秘書になれば一対一の秘書になると。そういう秘書の活躍されてるアメリカでのそういう場面があって、それに非常にあこがれて母に、「できたら大学は行かないで秘書になりたい」と言ったんですよ。……ちょうど父は医療関係だったので、その関係でＡＢＣＣの中の方をちょっと存じ上げてたので、そこからお話があって募集してるよというんで、テスト受けに行って、受かったので、そこで一年半か二年ぐらい勤めてたと思いますよ。……楽しかったですよ、やっぱり私。ＡＢＣＣはもう古い方が多くてね。きれいというのかしら、アメリカ生まれの二世の方が多かったですよ。やっぱりその方々のお父様、お母様たちは日本が負けたなんて信じられないというんで帰ってこられた方がほとんどで、もうアメリカには帰らない。お父さん、お母さんたちが年老いてこられたんでという方だから、もう日本語も英語もみんなよくできる方が多かったでしょう。だからそういう先輩の中にいて、もう英語はずいぶんそこで勉強して、毎日ノート持っていって、いろんな表現の仕方だとか、なんかかんか、いろいろ勉強しましたね。

両者は、米国移住後、離婚、低賃金労働、そして夫の突然死などの不遇のときに見舞われる。米国での生きづらさを語る言葉は潤沢で、澱みない。語りはすぐに痛烈な日本批判にもシフトする――「夏は暑いわね」「物価が高すぎる」。その語らいに「原爆責任論」の影はうかがえない。不安とあこがれが交錯するなかで渡米し、言葉の壁と異文化に向き合い、被爆後遺症を抱えながらも、結婚、出産、離婚、家族の死、再婚などのライフイベントを体験する。哀歓染み渡るアメリカは人生の舞台であり、人生そのものの「表象」でもあるだろう。原爆投下国アメリカは、遠い過去の姿であり、彼らの人生には越境してこない歴史的事象として内在化されていった。

「日本に帰りたい気持ちは増していいます」。老年期を迎え、日本への思慕の念を抱く複数の「新一世」被爆者に出会った。日本を想う背景には、米国における高齢期の医療制度に対する不安や異文化適応の疲弊が見え隠れする一方、被爆体験が理由になることはなかった。米国は自ら選んだ居住の地であり、第二の故郷であるという枠組みは変わらない。「原爆責任論」への直面は、人生の大きな選択に影を落とし、米国への憧憬を曇らす行為なのかもしれない。「二国間のはざまで、ただでさえ波乱万丈の人生を送ってきたのに、原爆論まで意識が向かない」というのが在米被爆者のひとつの姿であろう。これ以上、余計なことで脅かされることがないように、心の奥深く封印している領域なのかもしれない。

3・5 「申し訳ない……」

在米被爆者が抱く原爆投下国アメリカへの想いは、決して言葉では言い表せない被爆体験が包含する深い悲愁と苦悩を抜きには理解できない。米国や日本に被爆の責任を問うという対国家責任論の構図では、もはや彼らのアメリカへの心情を描くことは不可能なのかもしれない。

在米被爆者が語る被爆体験には、「生存者としての罪悪感」が添えられた。「おびただしい数の罪なき人々が一瞬のうちに命を奪われたのに、自分は生き残ってしまった」。ある被爆者の言葉を借りていえば、「死に損ない」としての生きていくことの苦しみ、あるいは生きる意味が見いだせない懊悩であった。この罪悪感は、日本の被爆者が表す被爆体験への意味づけと共通する。罪悪感に駆られて、被爆体験を語り伝えようとする被爆者がいる一方で、「仕方がない」と原爆の非情さに折り合いをつけようとする被爆者もいる。また、被爆体験から人生の意味を問い直す者もいる。いずれにしても被爆体験そのものが、悲惨さや絶望といった言葉では決して表せない、衝撃と複合的なトラウマを包含していることは明らかである。それは「人生観」や「世界観」といった、生きていくための「準拠枠」を揺るがし、生きる意味の模索を余儀なくさせられる、心の葛藤である。この観点からすると、在米被爆者にとって、安易に対立軸として米国をとらえようとすること自体が被爆体験の矮小化につながり、語る言葉を奪うことになるのかもしれない。

先にも紹介した社会への発信を続けている男性被爆者（74歳）の語りに目を向けてみたい。彼は、12歳のときに直接被爆し、一九五八年に親族の呼び寄せで帰米した。学校や政府関係の公聴会にも出席し、自らの体験を語り続けている。彼のように重層的境界を乗り越えて発信し続ける在米被爆者の場合、その負の体験を跳ね返す力はどこからくるのか。彼は体験を語る意味について以下のように語ってくれた。

罪悪感といっても、自分が悪いことをしたという気持ちじゃないんですよね。ただ、同じ人間、同じ広島市民、同じ学校・動員の友達同士でね。それなのに、ある学生、ある人は、原爆で一瞬のうちに殺されて、自分はそうじゃなかったのね。運が良かったといえば運が良かったんだけど。それにしてもね、自分が生き残るだけの良いことをしたとも思えない。悪いことはしてないんだけど、だけど生き残るに値するようないいことをしたんじゃないのにね。それになぜ自分だけ、自分達がね、生き残れたのかという。その、罪悪感というより、悪いことをしたという罪悪感でなしに、「すまない」ね、特に死んだ人だけでなしにその死んだ人の家族の人に対してね、すまないという気持ちですよね。……一九八〇年ごろね、被爆者として体験を証言をする機会をいただきました。それでね、その時「これだ」と思ったんです。はっとしたんです。自分は他のアメリカの被爆者のためになにかをするために生かされたんだと。だからね、今こうして動いているんです。

また、先に紹介した69歳の被爆者女性は、10歳で帰米後大学を卒業し、教師の道を歩んできたなかで、被爆体験を家族のみならず、公の場でも発信している。被爆体験によって抱いた生存者罪悪感から人生観をつかみとっていった経緯を次のように語ってくれた。

そのときに母が何かちょっと夏布団か何か、そういうときのためにpack（荷を用意）してるらしいですよね、何かがあったときに防空壕に入ったりするときのために。それをどっかから探して出てきて、それであの黒い雨に遭わなかったんですよね。黒い雨が降ってきたとき、持ってるブランケットか何かをかぶせてくれたんです。だからそういう奇跡が重なってるんですよね。だから不思議で、ちょっと私はもう本当に生きてるだけで何も言えない、感謝している状態ですよね。けれども、私が生きてるのはだれかが犠牲になってることがあるでしょう。それですごくそれが私の人生においてはいつも、何というんですかね、かわいそうでその人たちのことがね、思い出すと。だれか、その人たちもいい人たちばっかりなのにね。なぜ自分が生きててあの人たちはと思ったら、ちょっと何というんですか、すごくハッピーにならないんですよね。ちょっと長いことそういう気持ちが残ってて、guilty（罪悪感）というか何かあったみたいですね、子どもながら何が guilty feeling（罪悪感）があって、けれどもそれは自分がどうしようもない事件なんだから、そんなことをくよくよしてもしようがないと開き直ったんですね。そう言っても仕方がないから。私も年をとってきて、ある年齢になったら、majority（多数派）でしょうね。そしてその人たちの生きたかった生活を自分が一生懸命生きていかないといけないなと思って、いろいろ考えさせられて。だから人には絶対に悪いことはしたくない。シェークスピアの言ってる言葉で Love all, trust a few. Do wrong to none（すべての人を愛し、ごく限られた人を信用し、誰に対しても悪は働かない）というのが私の何というんですか、いつも頭に入れてることなんですよね。

この二人のように、被爆体験の開示を行っている被爆者に共通するのは、一定の英語能力を保持している点である。学童期に帰米となった者、あるいは学童期以上まで米国で学校教育を受けた者である。しかし英語能力だけが伝えることへの使命感を駆り立てたわけではない。被爆体験を語ることに人生の課題を見いだした二人の出発点は、「あれだけたくさんの人が亡くなった。なぜ自分は死ななかったのか、生かされたのか」という、生存者としての自分の存在価値に関する疑念と自責の念に端を発している。「生きる意味の探求」ともいうべき被爆体験の受け止め方は、「原爆責任論」や「対国家責任論」という可視化された短絡的な枠組みを超え、人間の存在意義への洞察へと深化している。

母なる国、日本。父なる国、アメリカ。こう思って二つの国を見てきました。

先の公聴会で経験を語った男性被爆者はこう話す。家族の死と後遺症の不安に苛まれる日々は、彼の人生を翻弄した。戦争、そして原爆。「父」なる国は、単に「母」なる国を対照として表象されたものではない。原爆がもたらした絶望の淵から死を見つめ続け、生を「与えられたもの」として、生きる意味を見いだす。そこには、人間が内包する我欲や憎悪をも引き受けようとする「諦め」、あるいは「赦し」があるのか。彼の今回の語りだけからは容易に推察することはできない。それでも「父」という視線に込められた意味は、あらゆる苦悩を乗り越えてきた人生から紡ぎだされたアメリカへの想いが込められている。「原爆責任論」は、父親の抱擁の中でうごめき、ゆらぎながら彷徨していく。この「ゆらぎ」こそが、唯一在米被爆者の姿を物語る鍵になるのかもしれない。「ゆらぎ」を見つめることによってのみ、在米被爆者の多様性と固有の人生の歩みに接近できる、という確信を、彼らの語りに触れながら抱きつつあるところである。

4　在米被爆者のたましいの声

「戦争が生みだす境界」というテーマに基づき、在米被爆者が経験する不可視化された「境界」の存在を「家族」と「原爆責任論」の視点から考察してきた。言語の違い、被爆体験の衝撃、そしてアメリカ社会に蔓延する原爆肯定論は、家族の中でさえ、被爆者の声を奪っていった。「原爆投下国アメリカで暮らすジレンマ」は、その前提自体が外部者の浅薄な見方によってでき上がったものであった。在米被爆者のアメリカへの想いは「加害者―被害者」「敵―味方」といった二分化された概念構造では決して語り尽くせない、万感のこもったそれであった。

アメリカという国を対立軸に設定して、被爆者の原爆観、ひいては対国家責任論を引き出そうとするのは、むしろ被爆者以外の人間――たとえばマスメディアといった非当事者だけなのかもしれない。「敵国アメリカ、原爆投下国アメリカ、その国から被害をうけた被爆者としてアメリカに住むジレンマ」。これは被爆者を取り囲む周辺の人々が安易に抱きやすいストーリーであり、在米被爆者へのステレオタイプな理解につながる恐れがある。道義的、道徳的信条から日米両国をとらえ、被爆者としてのジレンマを浮き彫りにしようとする試み自体、一面的な在米被爆者観として注意喚起する必要があるともいえる。

もし「境界」が「分離」や「分断」を意味するのであれば、在米被爆者の人生経験を理解するための概念にはなりえない。本章で取り上げた在米被爆者の存在する「はざま」には、「封印されたヒバク体験」と「アメリカへの二律背反（ジレンマ）」が浮遊する霧のごとくたちこめ、被爆者たちは、ゆらぎ続けている。「潮の満ち引き」にたとえたほうがよいかもしれない。語ろうとも語るまいとも、憎もうとも赦そうとも、ヒバクは被爆のまま記憶にとどまる。言葉にならず、消えることはない。日本人としてのアイデンティティとアメリカ人としてのアイデンティティが交差するところに被爆者としての自分が存在し、父なるアメリカを拠り所としながら、母なる日本に想いを馳せる。そんなこころの「ゆらぎ」を重ねながら、二つの国の「はざま」でひたむきに生きてきた在米被爆者の姿が存在する。その一人ひとりの生きざまを詳らかに聴き取り、ていねいに描き出すことが、在米被爆者の姿に近づく数少ない方法であることは間違いない。

在米被爆者の語りは、宮地尚子の言う「『許可証《トークン》的マイノリティ』への警鐘」を連想させる。マイノリティがマイノリティとしてしか語れない状況を生みだし、「代表性」をマイノリティの語りから引き出そうとしてしまう傾向への批判である。宮地は、マイノリティ同士の差異を「『あってはいけないもの』とごまかすのではなく、多様性や豊かさのもととして取り扱うということであろう」（宮地 2007: 104）とも述べている。

戦後の在米被爆者は、米国に住む被爆者同士の横のつながりを徐々に拡大し、救済を求めて日米両政府に対する働きかけも行ってきた。あまり表立って語られることはないものの、歴史をひもとけば在米被爆者がアメリカの地に根ざし、その生の証を刻んできたことがわかる。在米被爆者の人生に通底するものは何かを探求しつつ、彼らの多様性も見いだすことこそが、在米被爆者を理解することにつながる。

「敵国に暮らす被爆者」という在米被爆者に付与されがちな表面的解釈にとらわれず、彼らの人生の軌跡を読み取り、ありのままのモザイク画を描いていくことができるかどうか。在米被爆者に関わる者に与えられた課題であろう。

最後に、もうひとつの在米被爆者の姿を忘れてはならないだろう。「語らない」在米被爆者である。それは、日本とアメリカに生き、すでに死出の旅に出てしまった人々も含まれる。今回私たちが出会った在米被爆者は、調査に協力を申し出てくれた人々である。語ろうとしない、あるいは語れない在米被爆者の胸中とはどのようなものだろうか。彼らの半生には一体どのような情景が広がり、心象風景が抱かれているのだろうか。その「たましいの声」に触れることはできないのだろうか。模索は続く。少なくとも、彼らの声に触れる可能性を端から否定してはならない。たとえ目に見えない糸を手繰るような作業であっても、死の淵にある在米被爆者を見つめながら、そして支援者としてのわれわれに与えられた残りの時間を意識しながら、その人生に寄りそう心構えが必要であろう。歩みはまだ始まったばかりである。

謝辞

本章の執筆にあたり、調査への全面的な協力を賜ったNPO法人「北米在外被爆者の会」(North America A-bomb Survivors Association)各位に心から感謝の意を表したい。また、二〇〇五〜〇八年にかけて在米被爆者調査を支えてくれた「関西学院大学二十一世紀COEプログラム」の事業担当各位、特に拠点リーダーの髙坂健次教授と事務局長・荻野昌弘教授に深くお礼申し上げたい。

注

（1）在米被爆者の背景については、袖井（1978）および池埜・中尾（2007）を参照されたい。

（2）一九九五年、米国ワシントンDCに位置するスミソニアン航空宇宙博物館によって、第二次世界大戦の終結五十周年を記念して広島に原爆を投下したB29爆撃戦闘機エノラ・ゲイ号と被害状況を展示する計画が具体化されたが、退役軍人協会やアメリカ議会を中心とした反対運動が巻き起こり、展示は開幕直前に中止され、館長であったマーティン・ハーウィット（Martin Harwit）は辞任に追い込まれた。歴史的事実の展示を目指したハーウィットおよびスミソニアン側の主張を原爆批判ととらえた退役軍人協会らは、戦争終結を早めた平和の象徴としてエノラ・ゲイ号を展示するべきとし、世論やマスコミを巻き込んだ反対運動を展開して展示を中止に追いやった。この出来事は、アメリカの官民双方に根深い「原爆肯定論」の実情を表出することになった。

（3）健康相談等事業のこと。広島県医師会を中心に、一九七七年から二〇〇九年まで隔年で計一六回にわたり、健診団が米国を訪問している。日本語を話す医師に診察を受けることによる安堵感や癒しといった二次的な効用が確認され、見捨てられ感を抱いていた多くの被爆者の心理的な支えを果たした健診団の役割は大きい。しかし、米国医師免許をもたない医師による医療行為は認められないため、健康診断の域を脱することができないという限界がある。昨今特に顕著となった在米被爆者の高齢化により、回数を重ねるごとに参加者は減少している。そのため健診のあり方が問われ、早急な政策見直しの時期に来ている。

（4）帰米に伴う米国国籍の回復については、袖井（1978）の記述に詳細を見ることができる。渡日した者のうち、戦時中に日本軍に徴兵され軍務に就いた者と日本において選挙に投票した者は、米国市民権を剝奪された。市民権を喪失した者は、「その後特別立法や訴訟によって市民権を回復しようと試みるが、長い時間と複雑な手続きを覚悟しなければならなかった」（袖井 1978: 86）。その後、一九四六年から米国国務省が事態収拾に乗り出し、当時のＧＨＱを通じて日系アメリカ人で日本軍務についた者の把握と国籍回復の可能性を模索する動きが出始めた。

（5）原子爆弾による健康被害の実態調査を目的として、原爆投下の翌年（一九四六年）米国によって広島市内に設置された研究機関。研究員として派遣されたアメリカ人医師からは治療の申し出がなされたが、ＡＢＣＣそのものは研究機関として被爆の実態把握を目的とされていたことと、敗戦国日本に対して頑なだった上層部の見解により被爆者への治療は一切行われなかった。ＡＢＣＣはその後、一九七五年に日米共同出資の放射線影響研究所に改組された。

文献

東栄一郎 2002「日系アメリカ人史概略」『アメリカ大陸日系人百科事典――写真と絵で見る日系人の歴史』明石書店 370–89.

Danieli, Y., 1982, "Families of survivors of the Nazi Holocaust: Some short- and long-term effects", In C. D. Speilberger, I. G. Sarason & N. Milgram eds., Stress and Anxiety, New York: McGraw Hill/Hemisphere, 405–21.

Harwit, M., 1996, *An Exhibit Denied: Lobbying the History of Enola Gay*, New York: Copernicus.（＝1997 山岡清二監訳 渡会和子・原純夫訳『拒絶された原爆展――歴史のなかの「エノラ・ゲイ」』みすず書房.）

池埜聡・中尾賀要子 2007「在アメリカ被爆者の援護と研究課題―心理社会的視座からのアプローチ」『関西学院大学社会学部紀要』102: 85–100.

Junrich, A. P., 1983, "The Saigon of the family's mind: Family therapy with families of Vietnam veterans", *Journal of Marital and Family Therapy*, 9(4): 355–63.

Kitano, H. H. L., 1969, *Japanese Americans: The Evolution of Subculture*, Prentice-Hall Inc., New Jersey: Englewood Cliff.（＝1974 内崎以佐味訳『アメリカの中の日本人』東洋経済新報社.）

Lifton, R. J. & Mitchell, G., 1995, *Hiroshima in America: Fifty Years of Denial*, New York: G. P. Putnam's Sons.

宮地尚子 2007『環状島――トラウマの地政学』みすず書房.

中尾賀要子 2010「各国の福祉事情―高齢化する在米被爆者②」『月刊福祉』3: 90–3.

中尾賀要子・池埜聡 2009「高齢化する在米被爆者の実態調査―被爆による身体的・心理的・社会的影響の包括的理解と政策および研究課題」『人間福祉学研究』2(1): 73–86.

Ng, W. L., 2002, *Japanese American Internment during World War II: A History and Reference Guide*, Greenwood Publishing Group.

Peterson, K. C., Prout, M. F. & Schwarz, R. A., 1995, *Post-traumatic Stress Disorder: A Clinician's Guide*, New York: Plenum Press.

袖井林二郎 1978『私たちは敵だったのか――在米被爆者の黙示録』潮出版社.

竹田順一 1929『在米広島県人史』在米広島県人史発行所.

U.S. Census Bureau http://www.census.gov/2005.（2010. 8. 31. 取得）

在米日本人会筆跡保存部編 1940『在米日本人史』在米日本人会（米国サンフランシスコ）.

第6章　集団虐殺・レイプを受けたフィリピンの村のいま
――フォトボイスを通した境界を越えるこころみ

武田　丈

はじめに

ロラたちが、色とりどりの衣装を着て、楽しそうに並んで踊っている。明るい民族音楽にのせてゆったりと踊るその姿は、どこか少しかわいらしく、しかし凛とした雰囲気を漂わせている（ロラはタガログ語で「おばあさん」の意）。そのロラたちの孫にあたる村の若者たちも、その姿を嬉しそうに、そして少し誇らしげに周りで見守っている。なかには、ロラたちに混じって踊りだす20歳前後の孫娘たちもいる。私も含め、その場のすべての人たちの表情が自然にゆるむ。フィリピンの首都マニラから車で二時間ほどの、水田に囲まれた小さな村、マパニケ村の二〇〇九年一一月最後の土曜日の風景である。しかし、ちょうどこの六五年前の一九四四年一一月二三日に、日本軍によって男性は虐殺され、女性たちは一昼夜レイプされ続けたという悲惨な歴史が、このマパニケ村にはある。マパニケ村は、今も、そしてこれからも、その戦争の影響を受けながら生き続けなければならない「戦争によって生みだされた社会」なのである。

このマパニケ村の忌まわしい事件の詳細は、二〇〇〇年に開催された女性国際戦犯法廷やそのための調査の中で明らかにされてきたが、いまだに正義は達成されていない。また、この忌まわしい事件を語り継ぐことのできるマパニケ村のロラたちは、高齢化が著しく、年々その数は減少している。一方、村の若者たちは、長年語られることがタブーであった事件のことはなんとなく知っていても、詳細について知る者は少ない。ロラたちも、若者たちも、「語り継ぎたい（知りたい）」という想いと、「ためらい」や「恥ずかしさ（怖さ）」という想いの両方を抱えている。このアンビバレントな気持ちが、村民の中に世代間の溝をつくり、事件の語り継ぎが阻まれているのである。このままでは、マパニケ村の事件は次第に風化され、語り継ぐ者がいなくなり、いずれ住民の記憶からも完全に葬り去られてしまう可能性が高い。

そこで本研究では、こうした状況にあるマパニケ村の戦争被害に焦点を当て、まず村の歴史を概観して、この戦争が生みだした問題が、フィリピンと日本のどちらの法律でもとらえきれない領域に存在すること、つまり両国から排除された問題であることを見ていく。そのうえで、この村のロラたちと若者たちを対象に、写真を用いた参加型アクションリサーチの手法「フォトボイス」のフィールドワークから、戦争被害が現在の村にどのような影響を与えているのかを理解していく。さらに、このフォトボイスを通して、ロラたちの、また若者たちのこの事件に関する意識がどのように変化し、どのように世代間の境界、そして国家間の境界を越えるこころみがなされたのかを探っていく。

1　マパニケ村の過去といま

マパニケ村は、首都マニラの北西に位置するルソン島中部のパンパンガ州カンダバ郡に位置する。ルソン島中部の中で最も標高の低いカンダバ郡は湿地帯が多く、マパニケもぽつんとそびえ立っている標高1030メートルのアラヤット山を除けば、水田が果てしなく広がっている。

一九四四年当時のマパニケ村の人口に関する資料は残されていないが、当時を知るマパニケの住民によると、一九四〇年代には村には百数世帯があり、千人を少し超える住人がいたとのことである（Gajudo, Alunan & Macabuag 2000）。戦争によって多くの犠牲者を出したにもかかわらず、村の人口は戦後増え続け、一九九五年の国勢調査によると、521世帯、2981人にまで達した。そののち、このマパニケ村はバランガイ・マパニケとバランガイ・バランカという二つのバランガイ（フィリピンにおける最小の行政区）に分かれたのだが、二〇〇七年八月一日時点のバランガイ・マパニケの人口は4079人にまで増えている（National Statistics Office, 2008）。

こうして、一見平和を取り戻しているかのように思えるマパニケであるが、六五年前の爪痕は、今も確実にロラたちに、そして村全体に残されている。本節では、マパニケにおける筆者のフィールドワークおよび文献（Gajudo et al. 2000; 岡野 2000; VAWW-NET Japan 2002）をもとに、一九四四年一一月二三日にマパニケ村に起こった事件の概要を説明するとともに、この事件が世界で明らかになっていったプロセス、そしてその後の訴訟・賠償運動の経過を説明することによって、この事件がフィリピンと日本の両国から排除された存在であることを明らかにしていく。

1・1　一九四四年一一月二三日の悲劇

一九四四年一一月二三日の夜明け直前、マパニケ村の住民たちは爆弾と銃声の音に叩き起こされた。爆弾や大砲の嵐が、村を襲ったのである。しばらくしてこの銃撃の嵐がやむと、村民たちは自宅から飛び出した。村が静寂を一瞬取り戻し、人々が命拾いしたと思った瞬間、村に日本軍の進軍ラッパが鳴り響き、村民たちは数多くの日本兵たちに取り囲まれた。何百人という日本軍の兵士たちが、民家の一つ一つに押し入ってすべての村民を強制的に連れ出し、全員を村で唯一の学校に連行したという。

この校庭で、村民の男性たちは縛りあげられ、村民の中の誰が反日本軍ゲリラなのかを白状するよう叩かれたり、銃剣の台座で突かれたり、蹴られるなど、さまざまな拷問を受けた。マスクをかぶったフィリピン人の密告者によって指さされた村民のある男性は、集団から引き離されて、さらに拷問を受け続けた。いくら拷問してもその男からゲリラに関する情報を得られないとわかると、日本兵たちはその男性の男性器を切り取って口に押し込んだという。

そののち日本兵たちは、村民男性たちの一部を一列に並べて一斉に銃殺した。こうして射殺された男性たちの死体、そしてまだ息が絶えていない者たちの身体をすべて木造の校舎に投げ入れ、火を放ったのである。こうして30名以上の村民男性の命が、この日、無残にも日本兵によって奪われた。

しかし、マパニケ村の悲劇はこれだけで終わらなかった。日本兵たちは、今度は自分たちの目の前で父親、夫、息子、兄弟たちが無残に殺されるのをただ泣き叫んで見ることしかできなかった村の女性たちに目を向けた。若い女性たちの一部に村から強奪した食料を担がせ、水田や川のある足元の非常に悪い2～3キロの道のりを歩かせたという。畦道や泥の中を重い荷物を担いで歩くのは容易ではなく、何度もふらついたり、倒れたりする女性たちを、日本兵たちはどなりつけ、暴力をふるった。

こうしてやっとの思いで到着したのが、当時の大地主のイルソリオ家が所有していた屋敷「バハイ・ナ・プラ」(1)であった。その戦争が始まって家主がいなくなったこの屋敷は、日本軍の駐屯地として使用されていた。その日、バハイ・ナ・プラには200名以上の日本兵がいたとされており、屋敷のまわりにはいくつものテントが設営されていた。バハイ・ナ・プラまで連れてこられた女性たちは、それぞれ屋敷の中のあちこちの部屋、そして屋敷のまわりのテントに別々に連れて行かれ、何人もの日本兵によって辱めを受けたのである。

翌朝、ようやく逃げ出したり解放され、やっとの思いで村に帰った女性たちに残されていたのは、灰と化した自宅と殺されずにすんだ家族だけであった。女性たちは仕方なく親せきを頼って、それぞれ近くの町に散って行ったという。その後、このマパニケ村の悲劇の話題はタブーとされ、公に語られることはなかった。

1・2　悲劇が明るみにでたプロセス

長年タブーとされてきたマパニケ村の悲劇が語られるようになったのは、戦後五十年以上が経ってからであった。一九七〇年代より旧日本軍による韓国人女性たちの強制連行や元慰安婦に関する書籍が出版されていたが、一九九〇年に入り韓国や中国などの女性たちが自分は元慰安婦だと名乗り始め、日本政府に対して謝罪と賠償を求める訴訟を起こし始めた。これに対して、日本政府は一九九五年、謝罪や賠償に応じないかわりに、「女性のためのアジア平和国民基金」を設立し、被害女性に一人あたり200万円の「償い金」を国家予算ではなく、国民の募金から支払うことを発表した。

フィリピンでは一九九二年に、マリア・ロサ・ルナ・ヘンソンさんが自らの被害体験(2)を公表したのをきっかけに、翌一九九三〜九四年に計46名のフィリピン女性たちが東京地方裁判所にフィリピン「従軍慰安婦」補償請求裁判を起こしていた。こうしたなか、フィリピンの元慰安婦が自分の被害体験を語るラジオ放送を偶然聞いていたマパニケ村の男性が、一九九六年八月にラジオ局を訪れ、自分の父親も日本軍によって殺され、母親や姉妹たちも辱めを受けたと通報したのである。これを契機に、ASCENT(女性の人権アジアセンター)がマパニケ村の戦争被害に関するインタビュー調査を開始し、次第に被害状況が明らかになっていった。同時に、戦争被害に遭ったロラたちも自分たちの体験を語り始め、ASCENTの後押しもあって「マラヤ・ロラズ」(タガログ語で「自由なおばあさんたち」の意)を結成し、正義を求める活動を起こすようになった。

被害状況が次第に明らかになっていく一方で、日本軍が事件に関わったという証拠はなかなか見つからなかった。こうしたなか、ASCENTからの連絡を受けた日本の関係者たちで形成された「『ノーモア・マパニケ』ネットワーク」が、一九九七年七月に防衛研究所図書館からマパニケ村に対する討伐命令に関する資料(3)を発見するとともに、この討伐命令を敢行した当時の戦車第二師団の作戦主任参謀河合重雄中佐から話を聞くことによって、真相が究明されていった(4)。

1・3　正義のための訴訟

マパニケ村の悲劇を含め、一九九〇年代には国際人権機関において慰安婦問題に関する議論が活発化していった。国連人権委員会においても、慰安婦問題に関する事実の解明、国際法の解釈などが議論され、その成果はさまざまな報告書にまとめられていった。こうした流れをうけ、国内のVAWW—NETジャパン（Violence Against Women in War Network Japan「戦争と女性への暴力」日本ネットワーク）や日本キリスト教婦人矯風会などが、戦時中の犯罪に関する女性による民間法廷を開催することを、一九九八年ソウルで開催されたアジア女性連帯会議の場で提案し、「法廷」実行委員会が形成された。こうして、第二次世界大戦中において旧日本軍が組織的に行ったレイプ、性奴隷制、人身売買、拷問といった性暴力の戦争犯罪を、昭和天皇を始めとする当時の政府高官9名を被告人として裁く女性国際戦犯法廷(5)が、二〇〇〇年に東京で開催された。その目的は、「被害女性たちの尊厳を回復し、日本政府に戦争責任・戦後責任をとらせる手がかりとし、性奴隷制や強かんなどの戦時・性暴力が今後世界各地で繰り返されないよう、女性の人権が尊重される平和な新世紀を創ること」であった。

この法廷は、アジア各国から64名の元慰安婦、390名の関係者、多くの海外メディアを含む世界各国から千名以上の参加者が出席して開催され、アミカス・キュリエ（法廷助言人）方式によって3名の弁護士が被告側の利益を代弁する形で、二〇〇〇年一二月八日から一二日にかけて争われた。この「法廷」の「裁判官」らによって宣告された「判決・認定の概要」は、「天皇裕仁及び日本国を、強姦及び性奴隷制度について、人道に対する罪で有罪」とした。マパニケ事件に関しては、翌年一二月四日にオランダのハーグで発表された英文二六五ページにわたる「ハーグ最終判決」の中で、命令など個人としての責任は証拠不十分だが、「上官は知るべきであり、阻止すべきであった」として刑事責任は有罪という判決が下されている。もちろんこの女性国際戦犯法廷は、主催者が国家や国際機関ではないため法的拘束力をもたない（VAWW－NETジャパン 2002）。

これに対して、一九九〇年代初頭より韓国や中国の元慰安婦たちによって起こされた、法的拘束力をもつ民事訴訟はいずれも敗訴している。一方、一九九三～九四年に提訴されたフィリピン人による訴訟(6)も、一九九八年に東京地裁から請求棄却、二〇〇〇年に東京高裁で請求棄却、そして二〇〇三年一二月二五日に最高裁で上告棄却・不受理決定という最終判決をうけている。いずれも時効や除斥期間の経過、大日本帝国憲法が定めていた「国家無答責の法理」(7)、「個人を国際法の主体と認めない」といったことが理由である。

一方フィリピン国内においても、二〇〇四年にマラヤ・ロラズのメンバーを含む70名の元慰安婦のフィリピン女性たちが、当時の外相たちを相手に、日本政府が国際法廷の場で公式謝罪し損害賠償を行うよう要求し、フィリピン政府もその立場を支持するよう求める訴訟をフィリピンの最高裁に対して行った。しかし、二〇一〇年五月に出された最高裁判決では、「外交問題であり司法の権限を越える」ことを理由に、訴えを退ける判決を言い渡した(8)。

このように、フィリピンでも日本でも慰安婦問題の裁判では敗訴がほぼ確定しており、マパニケ村の悲劇はある意味で両国の法律ではとらえられない領域、つまり両国から排除された問題としてとらえることができるであろう。それでも、日本国内では二〇〇八年以降、兵庫県の宝塚市や東京都の清瀬市をはじめ三十の市議会で「慰安婦」に関する意見書が可決されるなど、その数は増え続けている。一方フイリピンでも、フィリピンの最高裁の判決を不服とするロラたち8人が、二〇一〇年六月二二日にロウソクを手に支援者らとともに最高裁の門前に無言で立ち続ける抗議活動を行うなど、アキノ新政権下でフィリピンの最高裁に対してこの訴訟の審議の再開を求める活動を、今もあきらめないで行っている(Maguddayao 2010)。

2　フォトボイスによるフィールドワーク

こうした状況にあるマパニケ村に筆者が初めて訪れたのが、あの悲劇から六四年が過ぎた二〇〇八年一一日二三日であった。マパニケ村のロラたちは、毎年一一月二三日に事件の犠牲者を弔い、今後のマラヤ・ロラズの活動について話し合いを行っているのだが、私もこの集会に参加させてもらった。ロラたちは日本人男性である私に対しても優しく接してくれ、自分たちの経験を静かに語ってくれた。その後、集会が開催されていたリーダーのロラ・リタの家から、当時の「虐殺の現場」である小学校に移動し、虐殺された男性たちを祀った慰霊碑の前で、ロラたちに混じってロウソクを灯すお祈りに参加した。ただ、集会にも、お祈りにも、ロラたちとマラヤ・ロラズを支援するマニラのＮＧＯのスタッフ以外は参加しない。慰霊碑の周りで遊んでいる子どもたちや、ロラの孫たちにその慰霊碑のことを尋ねてみてもまったくの知らん顔で、村の若者たちは事件の詳細について知らない様子であった。

マパニケ村のマラヤ・ロラズのメンバーは一番若いロラでも七〇代後半であり、その数は年々減少し続けている。あと十年もたてば、ロラたちはいなくなってしまうであろう。そうなってしまえば、誰がいったいこの問題を訴え続けていくのか。つまり、このマパニケ村の悲劇は、日本とフィリピンの境界の外におかれてしまっていると同時に、マパニケ村の住民であるロラたちと若い世代の間にある「タブー」や「恥」という壁にも阻まれているのである。その結果、単に法律でとらえきれないだけでなく、やがてこの世から完全に排除されてしまいかねない問題なのである。

こうした状況で筆者のフィールドワークが行きついたのが、フォトボイスという写真を用いた参加型アクションリサーチの手法である。これによって、この二つの世代間の境界を、さらには国の境界を越えようというこころみであった（武田 2011）。

2・1　フォトボイス

フォトボイス（Photovoice）は、参加者自らが撮影する写真（photo）とその写真の説明文（voice）からなる作品、そしてその作品を通して当事者の声を社会に訴え、問題解決のためのアクションを促す参加型アクションリサーチである。米国では、ウォンら（Wang 1999; Wang & Burris 1994, 1997）が一九九〇年代後半に、特に公衆衛生の分野の実践研究や政策研究の手法として開発、普及していった。一方英国では、やはり一九九〇年代にブラックマンとフェアリー（Blackman & Fairey）らが、ウォンらとは全く別に人類学の研究の中で同じような技法を開発し（Blackman 2007）、二〇〇三年にPhotoVoiceという非営利組織を立ち上げ、抑圧された人たちの生計支援活動やアドボカシー活動に主眼をおいて活動している。ルーツは異なるものの、米国と英国で別々に開発されたフォトボイスは、以下の目的を共有している（Catalani & Minkler 2010; Wang & Burris 1997）。

(1) 当事者たちによるコミュニティのニーズと「強さ」気づき
(2) コミュニティ全体とそのメンバー各個人のエンパワメントの促進
(3) コミュニティとしての活動の促進
(4) 自分たちで撮影した写真について話し合い、当事者間の交流を促進し知識を構築することによって、政策立案者に対する問題提起を行う

一九九〇年代に開発されて以来、フォトボイスは、ソーシャルワーク（Molloy 2007; Wilson et al. 2007）、社会開発（Purcell 2007）、公衆衛生（Catalani & Minkler 2010）、コミュニティ心理学（Nowell et al. 2006）、そして社会学（Booth & Booth 2003）といったさまざまな分野で活用されている。

2・2　フォトボイスを行うきっかけと目的

マパニケにおける戦争被害の事実確認に関しては、前述の通りこれまでにNGOや女性国際戦犯法廷の関係者がロラたちのインタビューや資料を通してすでに明らかにしている。そこで、本研究ではこのフォトボイスの手法を用いたフィールドワークにより、事件に関して断絶しているロラたちと若い世代をつなぐとともに、日比両国から排除されている問題をフォトボイスの作品を通して日比の両社会に対して訴えていくことをマラヤ・ロラズとの話し合いの結果、確認した。

具体的には、フォトボイスのプロセスを通して以下の達成を目的とした。

(1) 村の若者たちがマパニケ村の悲劇をロラたちから学ぶ
(2) 制作された作品を用いて写真展を行い、それを通して社会に対するアドボカシー活動を展開

(3) マパニケ村の悲劇に関する若者たちのアクションの促進
(4) 参加者個人およびコミュニティ全体のエンパワメントの達成

2・3　フォトボイスのプロセス

二〇〇九年七月よりマラヤ・ロラズを現在支援しているマニラのNGO、カイサ・カ（Kaisa Ka）(9)からのフォトボイスへの参加の呼びかけに対して、最終的に5名のロラたちと、18名の若者（ロラたちの息子1名と孫17名）の計23名が同意した（表6・1参照）。

二〇〇九年一〇月一〇日から一一月一四日までの土曜日と日曜日の午前午後に、フォトボイスのためのワークショップのセッションを計9回行った（表6・2参照）。参加者のほとんどはカメラを手にした経験がなく、最初の2回のセッションはアイスブレーク(10)とチームワークの形成に続いて、フォトランゲージ（Gonzales 1981）という既存の写真を用いてストーリーを作成していくアクティビティなどを体験しながら、写真の基礎知識（アングル、構図、カメラの構造、写真撮影の意図など）を学ぶことに費やされた。2回目のセッションの最後には、実際に各参加者にフィルムカメラ(11)を手渡し、その使い方や撮影技術に関するトレーニングが行われた。その後、「マラヤ・ロラズの生活」や「マパニケ村に残された戦争の爪痕」に関するテーマで撮影を行うため、まずは各参加者に練習用の36枚撮りフィルムが渡され、各自が撮影を行った。3回目のセッションでは、現像された写真をもとに、それぞれの作品の意図が語られるとともに、写真撮影の技術に関するアドバイスが行われた。4回目のセッションでは、写真についての説明文（ボイス）の作成練習を行った後、次回以降のセッションに向けて本番用の

表６・１　参加者の性別・世代別人数

世代（年齢幅）	女性	男性	合 計
ロラ（79〜81歳）	5	0	5
子（27歳）	0	1	1
孫（12〜25歳）	12	5	17
合 計	17	6	23

表６・２　マパニケ村でのフォトボイスのプロセス

セッション	年　月　日	活動内容
1	2009年10月10日（土）	アイスブレーク，フォトランゲージ，プリテスト（注1）
2	同　10月11日（日）	フォトランゲージ（続き），写真・カメラの基礎
3	同　10月17日（土）	試し撮りの振り返り，撮影に関する技術指導，FGI（注2）
4	同　10月18日（日）	説明文（ボイス）の作成練習
5	同　10月24日（土）	フィールドワーク（語り継ぎ）・本番の撮影
6	同　10月25日（日）	フィールドワーク・本番の撮影
7	同　11月 7日（土）	本番の撮影写真に関するディカッション・写真展用の写真の選定
8	同　11月 8日（日）	写真展の準備
9	同　11月14日（土）	写真展の最終準備，修了式，FGI，ポストテスト（注1）
写真展1	同　11月27日（金）〜29日（日）	マパニケ村での写真展開催
写真展2	同　12月 2日（水）〜29日（金）	フィリピン大学ディリマン校での写真展開催
フォローアップ	2010年8月 2日（月）	フォローアップ・インタビュー

（注1）プリテストとポストテストでは「地域社会への態度尺度」（田中・藤本・植村 1978）と「ジョハリの窓」（Luft 1982）を実施
（注2）FGI：フォーカス・グループ・インタビューの略

36枚撮りフィルムが各参加者に渡された。5回目と6回目のセッションでは、参加者全員で村に残る戦争被害の現場をフィールドワークし、それぞれの場所ではロラたちから若者たちに当時の体験が伝えられるとともに、参加者たちは思い思いの場所や物を撮影した。7回目以降のセッションは、写真展に向けて作品の選定、説明文の作成などが行われた。

また、フォトボイス参加による参加者の事件に対する想いやエンパワメントの度合の変化を確認するため、「地域社会への態度尺度」、「ジョハリの窓」、そしてフォーカス・グループ・インタビュー（以下FGIと略す）という三つの手法を用いてフォトボイスのプロジェクトの前後で情報を収集した。「地域社会への態度尺度」（田中・藤本・植村 1978）は「いま住んでいる地域に、誇りとか愛着のようなものを感じている」、「この町を良くするための活動は、地元の熱心な人たちに任せておけばよい」など10項目（5件法）からなる計量的尺度で、各参加者のマパニケ村に対する帰属感の変化を確認するために用いられた。これに対して「ジョハリの窓」という4象限の自己モデルによって、対人関係における自分自身の公開の程度を確認するものである（Luft 1982）。さらに、FGIでは、ロラたちと若者たちのグループに分かれて、マパニケ村、マラヤ・ロラズ、村で起こった集団虐殺・レイプ事件に対するそれぞれの知識や想いに関するインタビューが行われた。

3　境界を越えるこころみ

フォトボイスによるマパニケ村でのフィールドワークからは、いくつかの境界を越える成果が生みだされた。ここでは、フォトボイスの中で村民が制作した写真と説明文から見えてくる戦争の爪痕、そしてフォトボイスを通してロラと若者たちの「事件に対する想い」の変化、さらにその想いによって引き起こされるアクションについて見ていく。

3・1 作品に見る村民の認識

二〇〇九年一一月二七日から二九日にかけてマパニケ村の小学校、一二月二日から四日までマニラのフィリピン大学ディリマン校のそれぞれで写真展を開催するため、フォトボイスに最後まで参加した23名は、自分たちが撮影した写真の中から、写真展用の作品を選び、それぞれに説明文（ボイス）を作成した。こうした写真展用の写真のうち、マパニケ村に残る戦争の爪痕およびマラヤ・ロラズに関するものは31点であった。これら31作品は、大別すると「マパニケ村に残る戦争の爪痕（場所）」「マパニケ村に残る戦争の爪痕（記憶）」「ロラたちの想い（感情）」「語り継ぎ」そして「ロラたちの日常」に分けることができる（表6・3参照）。

作品群　マパニケ村に残る戦争の爪痕（場所）

8作品が分類されたこの作品群には、村の男性たちが虐殺された小学校に祀られている慰霊碑を写した作品が2つ含まれている。「戦没者」と名づけられた写真の「戦時中、日本兵によって殺害された親戚や知人が眠る慰霊碑。虐殺が行われた場所から数メートルしか離れていない場所に立つこの慰霊碑は、私たちや祖父母たちが通った公立の小学校の敷地内にある」という説明文からは、戦争の爪痕がマパニケ村の日常生活のすぐそばにあると実感していることがわかる。
一方、バハイ・ナ・プラを写した写真も2作品ある。「ロラたちが一昼夜強姦され続けた家」という説明文の「バハイ・ナ・プラ：マパニケの史跡」（写真6・1参照）と、「マラヤ・ロラズが汚され、強姦されたバハイ・ナ・プラの正面玄関」という説明文の「暴力的な過去への扉」（写真6・2参照）である。
その他の4作品は、マパニケ村の近くにあり戦時中に旧日本軍の師団指令部として使用されていたバハイ・ナ・プラとは別の屋敷に関するもの2作品と、一九四四年一一月二三日にロラたちが小学校からバハイ・ナ・プラまで歩かされた畦道を写したもの2作品であった。

作品群　マパニケ村に残る戦争の爪痕（記憶）

同じ戦争の爪痕でも、ロラたちの「つらい記憶」を題材とした作品は5つあった。その中には、六八年前に村からバハイ・ナ・プラまで歩かされた途中にある橋や、バハイ・ナ・プラなどで、過去の忌まわしい記憶を思い起こすロラを写した「希望って本当にあるの？」、「橋梁の過去」、「ロラたちの叫び1」、「記憶に残されたもの」といった作品があり、日常生活の節々で過去の記憶がよみがえり苦しむロラたちが写されている。「時間の牢獄」と題された作品（写真6・3参照）には、「正義をつかむまで、過去のつらい記憶という牢獄にまだ収容されているかのようなマラヤ・ロラズ」という説明文が付されており、まさにロラたちが未だに戦争の記憶に囚われている姿が写されている。

作品群　ロラたちの想い（感情）

こうした過去の記憶と共に日々生活しているロラたちの感情や想いに焦点を当てた作品も5つある。

表6・3　フォトボイスの写真展31作品のタイトルと撮影者

作品群のカテゴリー	タイトル（本書に掲載した写真番号）	撮影者（性別・年齢）
マパニケ村に残る戦争の爪痕（場所）	過去の爪痕	孫A（男性, 20歳）
	ここに眠る	孫B（女性, 17歳）
	バハイ・ナ・プラ：マパニケの史跡（写真6・1）	孫C（男性, 24歳）
	暴力的な過去への扉（写真6・2）	子どもA（男性, 27歳）
	死刑執行人たちの棲家	同上
	無言の目撃者	孫A（男性, 20歳）
	これが私の道	同上
	今も残る目撃者	同上
マパニケ村に残る戦争の爪痕（記憶）	希望って本当にあるの？	同上
	ロラたちの叫び1	子どもA（男性, 27歳）
	橋梁の過去	孫A（男性, 20歳）
	時間の牢獄（写真6・3）	ロラA（女性, 78歳）
	記憶に残されたもの	ロラB（女性, 80歳）
ロラたちの想い（感情）	希望は残されているの？	孫A（男性, 20歳）
	ベッド, それとも最期の安息所？（写真6・4）	孫C（男性, 24歳）
	不確かな生活	同上
	これが今のわたし	ロラC（女性, 79歳）
	ドリーム・ハウス	孫D（女性, 14歳）
語り継ぎ	ロラたちの叫び2（写真6・5）	孫A（男性, 20歳）
	悲痛な過去	孫E（男性, 12歳）
	悲痛な過去の覗き窓	孫A（男性, 20歳）
	暗い過去への窓	孫C（男性, 24歳）
	慣れ親しんだ小道	子どもA（男性, 27歳）
	残されたものは思い出だけ（写真6・6）	孫C（男性, 24歳）
	これが私のストーリー	ロラA（女性, 78歳）
	過ぎ去った人生の1章	同上
	私のロラのストーリー	同上
ロラたちの日常	まだできる	孫A（男性, 20歳）
	愉しみ	ロラA（女性, 78歳）
	家庭料理	孫F（女性, 21歳）
	よき話し相手（写真6・7）	同上

（注）撮影者の年齢は2009年11月末時点のものである

写真６・１　バハイ・ナ・プラ：マパニケの史跡
（撮影者　孫C，男性，24歳　フィリピン・マパニケ村 2011年10月24〜25日）
写真６・２　暴力的な過去への扉（撮影者　子どもA，男性，27歳　同上）

写真６・３　時間の牢獄（撮影者　ロラA，女性，78 歳　同上）

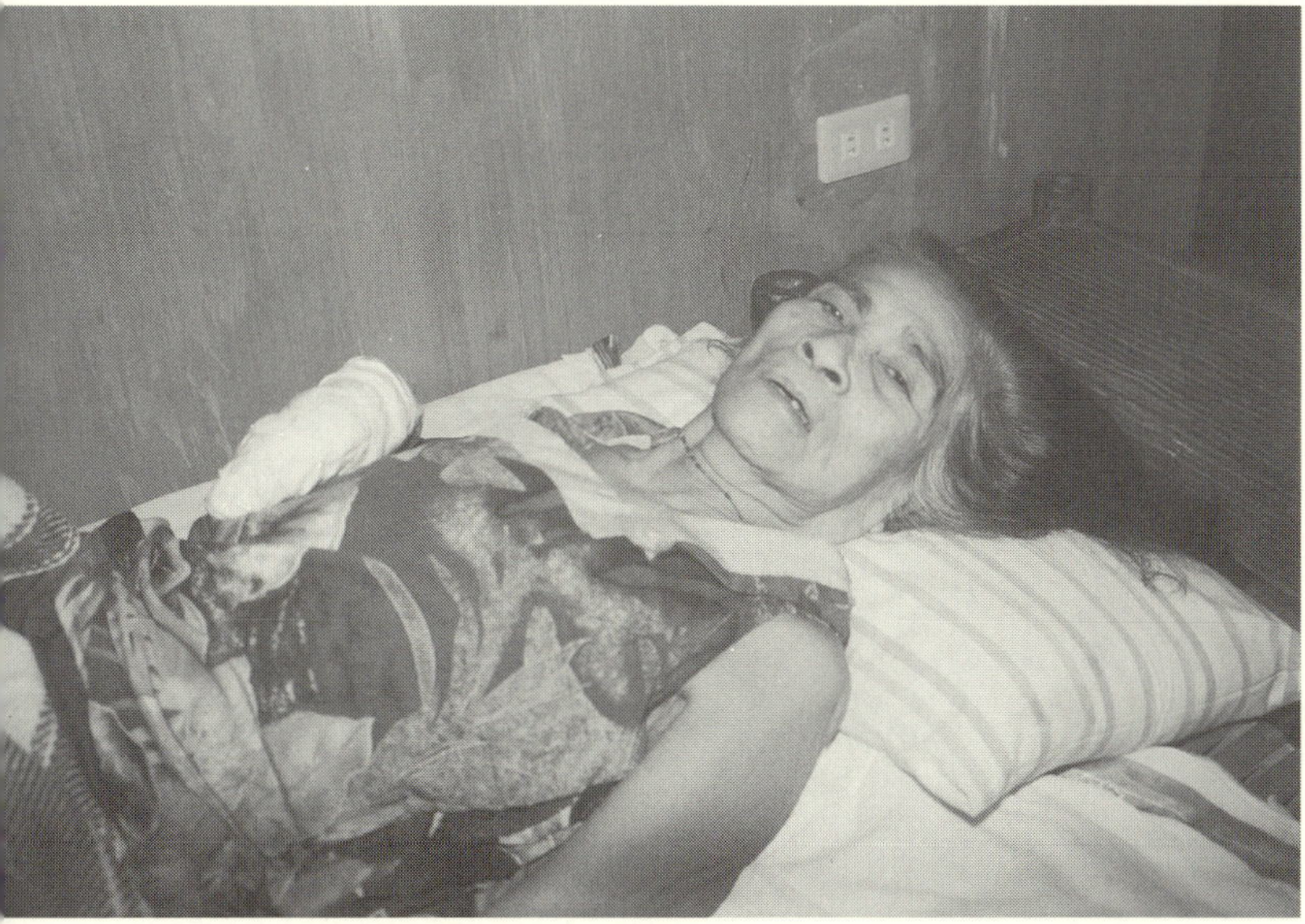

写真６・４　ベッド，それとも最期の安息所？（撮影者　孫C，男性，24 歳　同上）

高齢化がすすみマラヤ・ロラズのメンバーが次第に減少するにもかかわらず、正義がなかなか達成されないことからくる不安感や焦燥感を表現する「不確かな生活」や「希望は残されているの?」といったタイトルの作品がある。ロラが別のロラを写した「ベッド、それとも最期の安息所?」と題された作品(写真6・4参照)には、「一人、また一人、マラヤ・ロラズは病気になり、衰弱していく。しかし、正義ははるか遠い彼方」という説明文が添えられている。

一方、そうした状況にもかかわらず未だに正義を求め続けるロラたちの想いを写した作品もある。たとえば、「これが今のわたし」という作品の「第二次世界大戦から半世紀、多くのマラヤ・ロラズは弱り、病弱になっていく。それでも、彼女たちを苦しめた侵略者たちから正義を求め続けるため、ロラたちはありったけの体力と気力を奮い立たせて生活している」という説明文からは、正義をひたむきに追い求めるロラたちの姿が浮かんでくる。

作品群 語り継ぎ

この研究の主要な目的の一つは、フォトボイスのプロセスを通して、ロラたちから村の若い世代にマパニケ村の悲劇を伝承していくことであった。実際に、フォトボイスのセッションの中で、ロラたちが一九四四年一一月二三日に旧日本兵によって歩かされた小学校の慰霊碑からバハイ・ナ・プラまでの道のりを、ロラたちと若者たちが一緒に歩き、ロラたちから過去の経験を聞く機会が持たれた。こうして、マパニケ村の戦争被害の「語り継ぎ」に焦点を当てた作品も9つ数えられた。

実際に、慰霊碑からバハイ・ナ・プラまでの道のりを一緒に歩いている場面を撮影した「慣れ親しんだ小道」では、「旧日本軍の兵隊に焼かれた家から略奪された重い荷物を強制的に運ばされた小道を、

写真6・5　ロラたちの叫び2（撮影者　孫A，男性，20歳　同上）

写真6・6　残されたものは思い出だけ（撮影者　孫C，男性，24歳　同上）

時間を遡ってロラたちと一緒に歩いた。まさにここが、村から彼女たちが強姦されたバハイ・ナ・プラまで辿った小道である」という説明が付されている。

「過去のつらい経験を振り返ることで、あの恐ろしい日に本当は何があったのかをわれわれに伝えようとしてくれるロラ」を写した「悲痛な過去の覗き窓」や、「第二次世界大戦によって、威厳と青春を奪い取られた過去の痛みを語るロラたち」を写した「ロラたちの叫び2」（写真6・5参照）など、バハイ・ナ・プラを舞台にした「語り継ぎ」の作品も4つを数えた。

小学校の慰霊碑で、ロラたちと若者たちが一緒に戦没者に祈りを捧げている場面を写した「残されたものは思い出だけ」（写真6・6参照）では、「私たちはマラヤ・ロラズが一生の愛を捧げ、そして日本兵に殺された、かつての伴侶が眠る墓前に彼女たちと訪れた。私たちは、この恐ろしい戦争の被害者たちに敬意と尊敬を払う」と、これまで慰霊碑に無関心だった村の若者たちの関心に変化が表れている。

また、ロラを被写体とした「これが私のストーリー」や「私のロラのストーリー」という作品からは、村の若者たちがこのフォトボイスを通して積極的に自分のロラから過去の経験を聞こうとしたことがうかがえる。さらに、ロラとその娘という親子を被写体とした作品「過ぎ去った人生の1章」では、「戦争で傷ついた母親（ロラ）と平和を享受するその娘。世代が異なるだけで、大きな価値観の違いが存在している」と説明文があるように、村の若者たちが村の中での世代間のコントラストを認識し始めたことが見て取れる。

作品群　ロラたちの日常

作品の中には、ここまで紹介してきたような戦争の被害者としてのロラたちの姿ではなく、「日常生

写真６・７　よき話し相手（撮影者　孫F，女性，21歳　同上）

活の中の身近なロラ」を写した作品も4つ選ばれている。たとえば、「よき話し相手」という作品（写真6・7参照）では、「私たちが学校に行き、親たちが仕事で外出中、一日中ロラは自宅で独りぼっちである。ペットの猫がロラのよき話し相手になってくれる。ロラは、あたかも友人であるかのように猫に話しかけている」というロラの日常をとらえている。

その他にも、「まだできる」という作品では身体に障害をもちながらも家事を一生懸命こなそうとするロラの姿を、「愉しみ」ではロラが噛みタバコを楽しむ姿を、「家庭料理」ではロラが家族のために美味しい料理を作っている姿を、それぞれとらえている。こうした作品から、ロラたちが、ふだんは戦争の被害者ではなく、マパニケ村の村民として、また家族の一員として村の中で受け入れられて生活している様子が伝わってくる。

4　フォトボイスによってもたらされた変化

本研究では、フォトボイス参加による参加者の変化の度合いを、「地域社会への態度尺度」、「ジョハリの窓」、そしてＦＧＩという三つの手法を用いてプロジェクトの前後で情報を収集し、参加者各個人のエンパワメントの度合や、コミュニティの活動に対する態度の変化を確認した。また、こうした知識や態度の変化が、どのようなアクションを起こす可能性を秘めているかについても見ていく。

4・1　地域社会への態度の変化

「地域社会への態度尺度」には、最後までフォトボイスに参加したメンバー23名のうち、ロラ４名、若者13名の計17名が、プロセスの前（プリテスト）と後（ポストテスト）の両方に回答している。前後での得点の比較をすると、サンプル数が４名と小さいため統計的に有意でないものの、プリテストで39・50であったロラたちの平均値はポストテストで42・50となり、マパニケ村の活動に対してこれまで以上に積極的に関わろうという気持ちになっていることが確認された。

これに対して若者13名の点数は、プリテストもポストテストも平均が32・80と全く変化が確認できなかった。ロラたちと若者たちのスコアを比較してみると、プリテスト、ポストテストのいずれにおいても、ロラたちのほうが村の問題に積極的に取り組もうという意識が統計的に有意(12)にあることがわかる。年齢的なことに加え、もともとマラヤ・ロラズとして正義を求めて活動していたロラたちに比べれば、当然の結果といえるであろう。フォトボイスに参加したロラが5名だったのに対して、若者の参加者は17名と多く、もともと参加意欲の弱い者も含まれていて、毎回のセッションへの参加度も若者のほうが低かった。実際、各若者のセッションへの参加度合と、プロジェクト前後での「地域社会への態度尺度」の点数の変化の相関を見ると、参加度合が高い若者ほど前後で地域に対する意識が高くなっていることが統計的に有意に確認できた(13)。つまり、若者の中でも、問題に全く関心がない者にとっては、フォトボイスの効果がほとんどなかったが、これまでに「問題への関心」と「知ることへのためらいや恐れ」というアンビバレントな気持ちを抱えていた若者たちは、プロジェクトを通してマパニケやロラに対する態度が前向きになった。

4・2　自己表現に関する変化

「ジョハリの窓」は、「公開された自己」「隠された自己」「自分は気がついていないものの、他人からは見られている自己」そして「誰からもまだ知られていない自己」という4象限によって対人関係における自分自身の公開の程度を表すものである。各参加者は「やさしい」(mabait)、「意気地なし」(di matapang)、「恥ずかしがり屋」(mahiyain)といった自分自身も周りの人も知っている自己を「公開された自己」の象限に書き込む。一方、他の参加者はその象限のリストにない、その人の特徴を「自分は気がついていないものの、他人からは見られている自己」の象限に書き込む。さらに、どちらの象限にも位置しない「隠された自己」（秘密の自分）がいくつあるかを「ジョハリの窓」に書き込むという作業を、プリテストとポストテストで行った。

その結果、ポストテストの段階で、「公開された自己」（自分自身も、周りの人も知っている自己）の象限にリストアップされている項目の数に関しては、全員で増加が確認できた。もちろん、プリテストの段階で「自分では気づいていないが、他人が気づいている自分」のカテゴリーに挙げられたことによって、参加者がそれまで自分で気づいていなかった自己に気づき、ポストテストで「公開された自己」の象限に追加したものも多くあった。その一方で、プリテストで周りの人から指摘されていなかったにもかかわらず、増えた項目も数多く確認できた。こうしたなかには、「怠け者」（tamad）、「短気」（mainitin ang ulo）、「やかましい」（maingay）といったフォトボイスの活動のなかで気がついた否定的な自己と、「勤勉」（masipag）、「頼れる」（maasahan）、「思いやり」（magao intindi）といった肯定的な自己の両方が含まれていた。これは、フォトボイスのさまざまなグループワークのなかで、次第に今まで知らなかった自己を自ら発見していったことの表れである。

ただ、プリテストの段階で「隠された自己」にリストアップされていた「秘密の自己」の数が、ポストテストでは減っている人も少なくなかった。このことは、フォトボイスのグループワークを通して、参加者がそれまで隠していた自己を次第に周りに表出できるようになったこと、つまりエンパワーされたことの表れだと考えられる。

4・3　事件、ロラたち、村に対する想いの変化

参加者に対するインタビューは、フォトボイスのセッションの2回目のプリテスト時、9回目のポストテスト時、そして写真展から八ヵ月後の計3回行われた。フォトボイスの前と後でのインタビュー内容を比較してみると、参加者たちの事件に対する想い、ロラたちに対する想い、村に対する想いなどに変化が見られる。

「事件のことを家庭内で話し合うか」という問いに、プリテストの段階でロラたちも孫たちも、以下のように語っている（以下（　）は筆者の補足、〔　〕は筆者の発言）。

家庭内では、めったにそのこと（事件）は話をしません。たとえ、誰かが尋ねてもあまり話をしません。なぜなら、（そのことを話すのは）非常につらいからです。

非常につらいので、（そのことについては）話しません。

私の家ではほとんど触れません。

このように家庭内で事件について話し合わない一方で、私のような訪問者や、マラヤ・ロラズの活動のなかでは、以前からロラたちは自分たちの経験を語ってきた。このことについて尋ねると、「他の人たち、特に外国人に対しては話しやすい。でも、家族には難しい」という答えが返ってきた。これは、ロラたちが戦後五十年近く経って、ようやく正義のためにつらい過去を語ることができるようになった

ものの、やはり自分の身内に対して辱めを受けた過去を語り継ぐのは難しいことが伝わってくる。

家庭内でこうした語り継ぎが行われていない結果、「……私たち自身は事件の詳細を知りません」や「他の孫たちは、実際に過去に何が起こったかさえ知りません」の発言のように、プリテストの段階では村の若い世代が事件に関する詳細な知識をもっていないことが再確認できた。

これに対して「事件の詳細について知りたいですか」という質問に対しては、「いいえ、そのことは忘れて自分の将来を考えたい。私たちが過去のことを訴えても、きっと何も変わらないでしょう」や「私はもはや興味はありません。なぜなら過去はやり直せないから。過去を変えることは不可能です」といった、できれば過去は忘れて自分の将来を見据えたいという意見が、少数の若者から出された。その一方で、以下のような前向きな意見も多く聞かれた。

はい、このような事件が二度と起こらないように、マラヤ・ロラズの話をもっと知りたい。日本の占領下にある時代に何が本当に起こったのか、私たちには知る権利があります。

私のロラに起こったことをはっきりとは知らないので、何が本当に起こったのか、詳細を知りたい。この村の住民として、ロラたちに何があったのかを知りたい。私たちが知らなければ、次の世代に伝えていくことはできず、永遠に葬り去られてしまうから。

事件のことを積極的に知りたいという多くの発言にもかかわらず、若者たちが実際にはこれまで自ら積極的に尋ねてこなかったのは、「家庭内での語り継ぎがない」や「事件の詳細を知らない」という前述の発言から明らかである。

また、ロラたちの経験をまとめて出版された本が家庭にある若者に対して、本を読んだことがあるか尋ねると、

〔本を〕見たことがあるけど、読んだことはありません。〔なぜ読まなかったのですか？〕なんとなく怖かったから。いや怖いというよりも、なんとなく気が進まなかったのです。

という答えであった。

こうした若者たちの発言からもわかるように、ロラたちが若い世代に自分たちの経験を話しづらいのと同じように、若者たちもロラたちから話を聞いたり、事件の詳細を知りたい気持ちはあるものの、何となく「ためらい」や「怖れ」があるというアンビバレントな気持ちをもち合わせていることが理解できる。

こうしてお互いに話しづらい状況のなかでフォトボイスが行われたのだが、プロジェクトへ参加した想いや感想をロラたちは以下のように語っている。

私たちは自分たちの経験を表現したかったのです。特に孫たちに学んでほしかった。

以前は自分たちの胸の中だけに長年しまっておいたので、（それを共有できて）ハッピーでした。子や孫とこうした過去を共有できたので、本当によかったと思います。

自由になった感じがしました。そして、孫たちに真実を知ってもらい間違った偏見や差別に負けないようになってほしいと思いました。自分たちの経験によって、孫たちが差別されてほしくありません。だからこそ、真実を孫たちに知ってもらいたかった。

長年、若い世代に伝えたいが伝えられなかったことが、フォトボイスを通して語り継ぐことができ、満足している様子が見て取れる。

一方、以前はロラたちから事件の真実を聞くことをためらっていた若者たちも、以下の発言に見られるように、フォトボイスを通して事件の詳細について学べたこと、さらにロラや事件に対する見方が前向きになったことが見て取れる。

いまでは、戦争中に私たちの祖父母たちが実際にどんな目にあったかの詳細な話を知っています。バハイ・ナ・プラなどの歴史的に重要な場所についても。

最初はロラたちをかわいそうだと思いました。彼女たちの経験は本当に悲しいことでした。でも、真実をすべて知った今は、ロラたちを誇りに思います。なぜなら、ロラたちは勇敢だと思うからです。

ここまで耐えて生きてきたのだし。

フォトボイスを通して、ロラたちが自分たちの経験の詳細を語り、若者たちがそれを前向きにとらえた結果、ロラの「いまでは、自由に孫たちに話をすることができます。特にフォトボイスに参加した孫たちとは」という発言からわかるように、家庭内での事件についての語りの状況が変化したことがわかる。

4・4　想いの変化からアクションへ

本研究の目的は、フォトボイスを通して世代間の語り継ぎを通して村の若い世代が事件に関する知識を高め、エンパワーされるとともに、日本・フィリピンの境界から排除された問題をロラたちと共に社会に対して、あるいは後世に対して語り継いでいこうという意識を高めてもらうことであった。

今回のプロジェクトの中では、社会に対してこの問題を訴えるため、フォトボイスによって制作された作品の写真展をフィリピン国内で2回開催した。特に、1回目の写真展をマパニケ村で開催したことは、ロラたちにとっても、若者たちにとっても特別な意味をもっていたようである。

というのは、これまでマラヤ・ロラズの正義を求める活動がほとんどがマニラや日本で行われており、今回のようにマパニケの近隣の人たちに対して自分たちの経験を語ることはなかったのである。したがって、今回のマパニケ村での写真展を通して近隣の人たちがロラたちの過去の詳細を知ることで、最初は戸惑いや痛みも感じたようである。このことは、FGIにおけるロラたちの「最初はつらいものでした」というコメントから見て取れる。こうした戦争中の被害経験が、戦後長年にわたり記憶のなかで抑圧されると同時に、嫌悪と羞恥を感じ、その経験を語ることは「自ら傷ついた体を引き裂いて、その内部をえぐり出す」ほどつらいことは、過去の従軍慰安婦や強制収容された日系アメリカ人に関する研究においても明らかにされている（馬 2010; 岡 2009）。しかし、

でも話すうちに慣れていって、なんとか答えられるようになりました。（写真展の入場者から自分の経験について）たずねられたり、インタビューされるたびに「正義」のために（話をするべきだ）と思うようになりました。

毎回話をするたびに、心の痛みは薄らいでいきました。

というように、ロラたちが次第に苦痛を乗り越えて、近隣の人たちに対して自分たちの過去を語り正義を訴えるようになっていったことがわかる。こうしたつらさを乗り越えて、自分の体験の証言や語りを行うことで、自尊心を回復していくことは、韓国人の元慰安婦の証言のなかでも語られている（解放出版社編 1993）。

一方、村の若者たちも「写真を村の人に見せることは、ハッピーではないのですか？」「はい、その通りです。ロラたちの痛みを私たちも感じるからです」というコメントのように、当初はロラたちの痛みに共感していた。しかし、痛みを乗り越えて正義を訴えるロラたちの姿を見て、「ロラたちが、こう

した写真展や話をすることで、正義のために戦い、少しずつ心の痛みが薄らいでいくことがうれしい」と思ったというように、正義を求めるためには苦痛を乗り越えていくことの大切さをロラたちから学んでいる。

こうしたロラたちの姿を目の当たりにし、フォトボイスのプロセスの中で語り継ぎを受けた若者たちの「事件に対する意識」も、以前の「詳細を知りたいが、怖い」というアンビバレントなものから、次のような前向きの気持ちに変化し、ロラたちの活動をサポートしたいという希望が芽生えてきた。

ロラたちを誇りに思います。

ロラたちの正義のために戦いたい。

ロラたちがどのように生きのびたかということを決して私たちは忘れてはいけないと思います。ロラたちが自分たちの正義のために戦っていることを、私たちも引き継いで活動していきたいと思います。

こうした若者たちの気持ちの変化に、ロラたちも「孫たちが私たちのためにアドボカシー活動を続けてくれるなら、きっと世間も私に起こったことの重要性に気づき、第二次世界大戦の記録の中にマパニケ村が刻み込まれるでしょう」といったように、世代間の境界を越えて、さらに国の境界を越えてマパニケ村の戦争被害を世界に対して訴え続けていくことに期待している。

実際に、今後も継続的にフィリピン国内、そして日本でも写真展を開催し、若者たち自身がロラと共に正義を訴えていきたいと語っている(14)。さらに、現在空き家となっているバハイ・ナ・プラを、今回のフォトボイスで制作された作品の展示を含め、マパニケの過去や戦争の悲惨さを訴える博物館として活用するプランを、屋敷のオーナーに対して訴えていく計画がマラヤ・ロラズ、若者たち、カイサ・カ、そして筆者の間で話し合われている。

おわりに

本研究では、フィリピンと日本の両国から排除されようとしているマパニケの過去を、この村のロラたちと若者たちを対象としたフォトボイスによるフィールドワークによって、ロラたちと若者たちの間の世代間の境界を越えて語り継ぎ、さらに国家間の境界を越えてロラたちと若者たちが広く世界や後世に正義を訴えていくきっかけづくりをめざした。

十年後には、マパニケという「戦争によって生みだされた社会」を語れるロラはほとんどいなくなってしまうだろう。しかし、今回の取り組みのなかでロラからの語り継ぎによって、ロラたちを誇りに思い、ロラたちの意思を継いで正義を求める活動を行いたいという気持ちが、フォトボイスに参加した若者たちに芽生えたことは、今後の境界を越えるこころみに希望の光を与えてくれた。

こうした世代の境界を越えて、若い世代へ自分たちの正義の訴えを託すロラの想いは以下のコメントに表れている。しかし、このロラたちの想いは、実は村の若者たちだけに向けられているのではなく、われわれ一人ひとりに向けられているのはないだろうか。国の境界に囚われず正義が達成されるためには、日本人であるわれわれ自身が、耳や目をそむけず、ロラたちの言葉をしっかりと受け止めるべきであろう。

私たちロラの語り継ぎを、彼ら（村の若者）がしっかりと心の奥底で受け止めてくれているなら、私たちが始めた（正義を求める）活動が継続されていくに違いありません。でも、今日経験したこと（＝ロラたちが当時歩いた道を一緒に歩き、バハイ・ナ・プラでロラたちの経験を聞く）を真剣に受け止めていなかったら、正義を求める活動は長続きしないでしょう。私たちが苦しんできたこと、つまり彼（女）らのロラたちが日本兵によって決して忘れることのできない苦しみを受けたことを、彼らはしっかりと胸の中で受け止めるべきなのです。（そうすれば）彼（女）らは、さらに次の世代に向かって、この村で何が過去に起こったのかを語り継いでいくでしょう。

注

（1）このお屋敷の外壁は赤色であったため、当時から近隣ではこのお屋敷をバハイ・ナ・プラ（タガログ語で「赤い家」の意）と呼んでいた。
（2）ヘンソンさんの被害体験については、マリア・ロサ・L・ヘンソン（1995）を参照されたい。
（3）発見された資料『戦車第二師団千葉隊作命綴』は、当時マパニケ村から20キロ離れた地域に拠点もって活動していた抗日共産匪「フクバラハップ」というゲリラ討伐の一環として、「討伐隊ハ『マパニキ』付近ノ匪団ヲ全滅セントス」という討伐隊命令を日本軍戦車第二師団に下すものであった。

（4）マパニケ村に関する資料は収録されていないが、フィリピンにおける日本軍の性暴力を裏づけるものとして、戦地性暴力を調査する会（2008）がある。これは、防衛省防衛研究所図書館に所蔵されている性管理と性暴力に関する日本軍文書を収録したものである。また、ルソン島における抗日ゲリラ戦に関しては、石田甚太郎（1990, 1992）、友清高志（1983）が詳しい。パナイ島における抗日ゲリラ戦は、熊井敏美（1977）が詳しい。マパニケ村近郊での日本軍の活動に関する資料としては、矢野正美（1993）もある。

（5）正式名称は「日本軍性奴隷制を裁く女性国際戦犯法廷」（The Women's International War Crimes Tribunal on Japan's Military Sexual Slavery）。被告人の出席がなく、法的拘束力もないという批判が一部にあるが、法廷憲章にのっとり、被害者本人の証言や数々の証拠資料をもとに、世界的に著名な法律の専門家が判決を出した民衆法廷という点で高く評価されるべきであり、その意義は非常に深い。

（6）日本における「従軍慰安婦」補償請求裁判には、先に紹介した法的拘束力をもたない女性国際戦犯法廷以外は、マラヤ・ロラズは参加していない。

（7）公権力の行使に当たる行為によって市民に損害を加えても、国家は損害賠償責任を負わないとする法理。

（8）原告はフィリピン議会に最高裁判決を見直すように訴えていて、二〇一二年現在結果は出ていないが、認められる可能性はきわめて低いという。

（9）正式名称は Pagkakaisa ng Kababaihan sa Lalayaan（女性の権利と解放のための女性団体）であり、ASCENTに代わって現在マラヤ・ロラズのパートナー団体（http://www.kaisaka.org/）。

（10）セミナーやワークショップの最初に、参加者の抵抗感や緊張をなくすために行うコミュニケーション促進のためのグループワーク。

（11）デジタル・カメラの使用も検討したが、パソコン上で無料で撮影作品を確認できるため、撮影枚数に制限がなく、撮影者が構図や意図を深く考えずに撮影する可能性が高い。これに対してフィルムカメラの場合、フィルムロールの撮影枚数に限りがあり、撮影作品の確認も現像代がかかるため、参加者がより意図をもって撮影するため、本調査ではフィルムカメラを使用することとした。

（12）プリテストでは平均値の差は7.115で、t値は3.740（自由度15）で、有意確率は.002となる。ポストテストでは10.115とさらにその差は拡がり、t値は5.050（自由度15）となり、有意確率は.000であった。

（13）「若者のセッションへの参加度合」と「プロセス前後での尺度の点数の変化」の相関係数は.585（$n=13$, $p<.05$）であり、統計的に有意であった。

（14）二〇一一年には関西学院大学で、二〇一二年にはアクティブ・ミュージアム「女たちの戦争と平和の資料館」（wam）、東京都三鷹市消費者活動センター、「平和のための埼玉の戦争展」のそれぞれで、マパニケ村の戦争被害を訴える写真展が開催された。

文献

Blackman, A., 2007, *The PhotoVoice Manual: A Guide to Designing and Running Participatory Photography Projects*, PhotoVoice.

馬暁華 2010「観光・エスニシティ・記憶の文化ポリティックス―アメリカ合衆国におけるマイノリティ集団の博物館を中心に」『歴史研究』47: 1–22.

Booth, T. & Booth, W., 2003, "In the frame: Photovoice and mothers with learning difficulties", *Disability & Society*, 184: 431–42.

Catalani, C. & Minkler, M., 2010, "Photovoice: A review of the literature in health and public health", *Health*

Education & Behavior, 37: 424–51.

Gajudo, Nena, Alunan, Gina & Macabuag, Susan, 2000, *The Women of Mapanique: Untold Crimes of War, Quezon City,* Philippines: ASCENT（Asian Centre for Women's Human Rights）.

Gonzales, I. M., 1981, *Photolanguage: Philippines: A Manual for Facilitators*, Sonolux/Asia.

マリア・ロサ・L・ヘンソン 藤目ゆき訳 1995『ある日本軍「従軍慰安婦」の回想――フィリピンの現代史を生きて』岩波書店.

石田甚太郎 1990『ワラン・ヒヤ――日本軍によるフィリピン住民虐殺の記録』現代書館.

―― 1992『殺した殺された――元日本兵とフィリピン人二〇〇人の証言』径書房.

解放出版社編 1993『金学順さんの証言――「従軍慰安婦問題」を問う』解放出版社.

熊井敏美 1977『フィリピンの血と泥――太平洋戦争最悪のゲリラ戦』時事通信社.

Luft, J., 1982, "The Johari Window: A Graphic Model of Awareness in Interpersonal Relations", in NTL Institute for Applied Behavioral Science ed., *Reading Book for Human Relations Training*（2nd ed.）, NTL Institute.

Maguddayao, Merck, 2010. 5. 4., "SC rejects Filipino comfort women's reparation appeal", *Philippine Online Chronicles*（retrieved October 16, 2010, http://www.thepoc.net/breaking-news/breaking-stories/6487-sc-rejects-repatriation-appeal-of-filipina-comfort-women.html）.

Molly, J. K., 2007, "Photovoice as a tool for social justice workers", *Journal of Progressive Human Services*, 18（2）: 39–55.

National Statistics Office, 2008, 2007 *Census of Population*（retrieved October 4, 2010, http://www.census.gov.ph/data/sectordata/2007/region%203.pdf）.

Nowell, B. L., Berkowitz, S. L., Deacon, Z. & Foster-Fisher, P., 2006, "Revealing the cues within community places:

Stories of identity, history, and possibility", *American Journal of Community Psychology*, 37 (1/2): 29–46.
岡真理 2000『思考のフロンティア　記憶／物語』岩波書店.
岡野文彦 2000「フィリピン・マパニケ村――住民虐殺・集団強かん事件」『「慰安婦」・戦時性暴力の実態 II――中国・東南アジア・太平洋編』緑風出版 270–95.
Purcell, R., 2007, "Images for change: Community development, community arts and photography", *Community Development Journal*, 44 (1): 111–22.
戦地性暴力を調査する会 2008『資料集日本軍にみる性管理と性暴力――フィリピン一九四一～四五年』梨の木舎.
武田丈 2011「フィリピンの村で戦争被害を語り継ぐ」小國和子・亀井伸孝編『支援のフィールドワーク――開発・福祉の現場から』世界思想社.
田中國夫・藤本忠明・植村勝彦 1978「地域社会への態度の類型化について―その尺度構成と背景要因」『心理学研究』49: 36–43.
友清高志 1983『狂気――ルソン住民虐殺の真相』徳間書店.
VAWW－NETジャパン 2002『女性国際戦犯法廷の全記録 II』緑風出版.
Wang, C., 1999, "Photovoice: A participatory action research strategies applied to women's health", *Journal of Women's Health*, 8 (2): 185–92.
Wang, C. & Burris, M., 1994, "Empowerment through Photo Novella: Portraits of participation", *Health Education & Behavior*, 21 (2): 171–86.
Wang, C. & Burris, M., 1997, "Photovoice: Concept, methodology, and use for participatory needs assessment", *Health Education & Behavior*, 24: 369–87.

Wilson, N., Dasho, A., Martin, A. C., Wallerstein, N., Wang, C. & Minkler, M., 2007, "Engaging young adolescents in social action through Photovoice: The Youth Empowerment Strategies（YES!）Project", *Journal of Early Adolescence*, 27(2): 241–61.

矢野正美 1993『ルソン島敗残実記。』三樹書房.

第7章　騰衝日中戦争遺跡・施設・メモリアルサイトと現代社会

李　永祥
村島　健司　訳

1　騰衝日中戦争概況

一九四一年一二月、太平洋戦争が勃発、日本はイギリスや米国などに向けて宣戦を布告し、フィリピン・マレーシア・シンガポール・ミャンマー等の国家を相次いで占領する。一九四二年年初、中国遠征軍はミャンマーへと入り、同盟軍とともに対日戦争を開始。同年四月二八日、日本軍は中国軍のミャンマー作戦に乗じて、後方の空虚をつき、突如としてミャンマー東北部の重要都市ラシオを占領する。そして、ミャンマー側から中国領域へと侵入し、五月三日には中国の畹町《ワンディン》和芒市《ホーマンシー》を、四日には龍陵県《ロンリンシェン》中心部を立て続けに占領、翌五日には怒江《ヌージアン》の恵通橋《フイトンチアオ》へと到達した。五月一〇日、騰衝《トンチョン》には防衛兵力がなく、292人の日本軍は労せずして騰衝を占領、中国最西南における第一の都市はここに陥落したのである。

騰衝陥落後、市民および中国軍は、日本軍に対して長期間にわたってゲリラ戦を繰り広げた。一九四二年七月には張問徳《ジャンウェンドー》を県長とする抗日政府が成立、また中国遠征軍予備第二師団などの軍隊が相次いで怒江を渡り騰衝へと入る。これら軍隊は、当地の各部族の民衆と協力することにより抗日ゲリラ隊を組織し、日本軍に向けて幾度となくゲリラ戦を仕掛け、日本軍の増長した気炎に打撃を与えた。騰衝陥落から一九四四年四月まで、中国軍と人民は騰衝を含む雲南《ユンナン》省西部の広大な地区において、苦難に満ちたゲリラ戦を実行したのである。

一九四四年五月、中国遠征軍は第十一、第二十方面軍の16万の兵力をもって怒江を越え、反攻を開始した。この反攻では、第二十方面軍は主として騰衝方面を攻撃し、第十一方面軍はおもに龍陵方面に進軍した。五月から六月にかけて、第二十方面軍は南斎公房《ナンジャイゴンファン》・北《ベイ》斎公房・趙家砦《ジャオジアジャイ》・楊家坂《ヤンジアポー》・新街《シンジェ》・橋《チアオ》頭《トウ》・馬面関《マーミエングアン》・明光《ミングアン》・固東《グードン》・瓦甸《ワーディエン》・江苴《ジアンジュー》等の失地を相次いで回復する。七月二三日、遠征軍は騰衝周辺地区に対して総攻撃を実施し、宝鳳山《バオフォンシャン》・飛鳳山《フェイフォンシャン》・高良山《ガオリアンシャン》・来鳳山《ライフォンシャン》を占領。八月二日、第二十方面軍は騰衝に対し直接攻撃を開始し、一ヵ月を超える激戦の後、九月一四日に騰衝を奪い返すことに成功した。このとき、二年という長きに渡り日本軍に占領されていた騰衝は、ついに中国人民の懐へと取り戻された。また騰衝は、中国軍が最初に日本占領軍から奪還した地となった。

騰衝奪還にあたって、中国軍は1方面軍・2軍団・5師団の兵力にて四ヵ月間、大小40以上の戦役において3千名あまりの敵兵を殲滅した。しかしながら、中国軍の損失もまた極めて大きく、将校１２００余名、士兵1万7千余名、民衆４５００余名が死傷し、また14名の米国兵が死亡した。

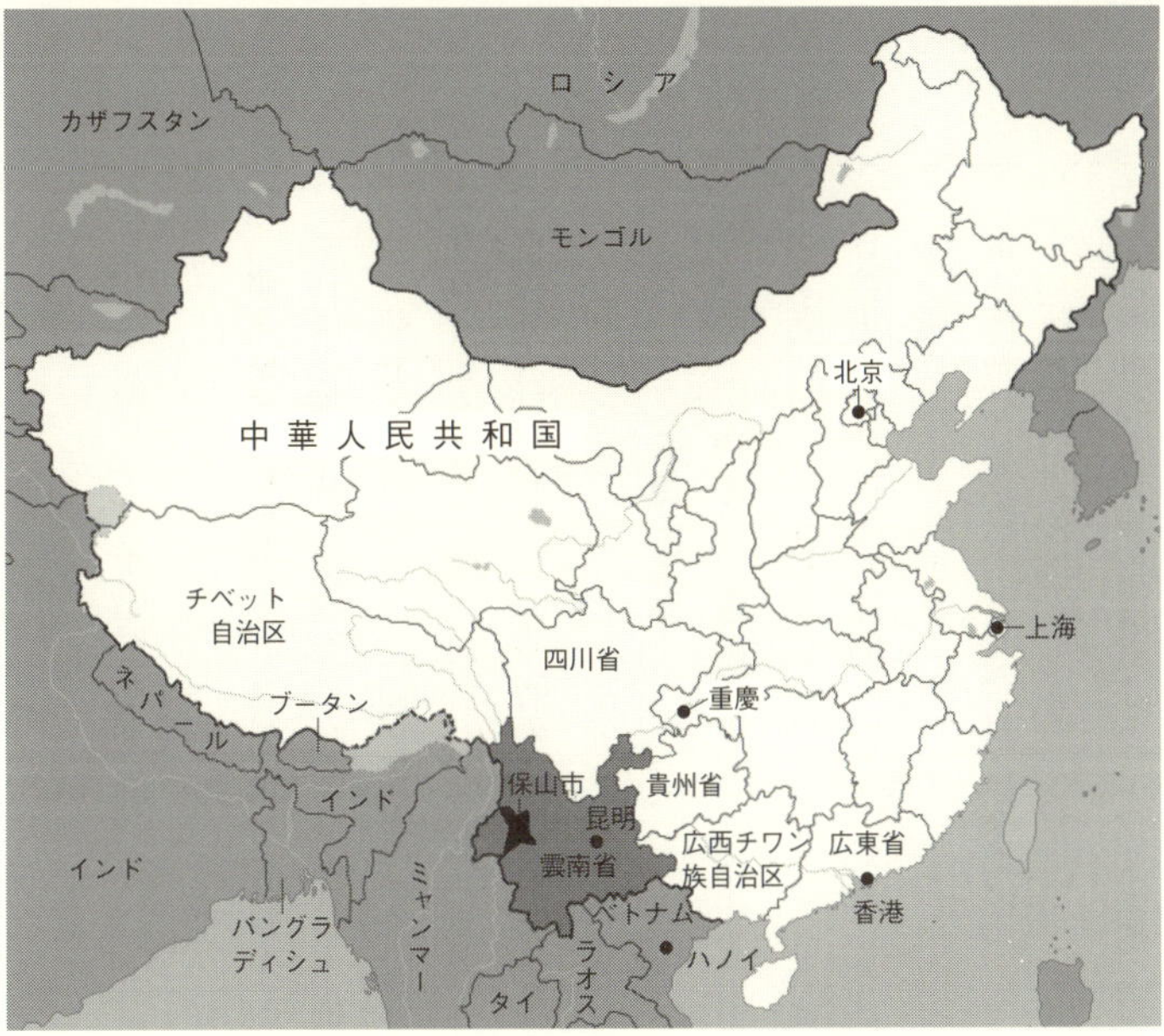

図７・１　中国雲南省と保山市の位置図

写真７・１　現在の騰衝（中国・云南省保山市腾冲县中心部 2010. 7. 17 撮影）

2　日中戦争遺跡の現状

騰衝県(1)には数多くの日中戦争遺跡があり、最も有名なものとして、来鳳山遺跡・飛鳳山遺跡・イギリス領事館跡・文廟などが挙げられる。紙幅に限りがあるため、ここではいくつかの遺跡に焦点を絞り、紹介と分析を行いたい。騰衝の戦争遺跡は社会の変化とともに変遷を遂げてきている。戦争遺跡を訪れ分析を加える際、われわれはあたかも過ぎし日の戦火を目撃しているような想いに至り、日中戦争が繰り広げられていた当時の状況と今日の社会と文化のつながりを感じることができるのである(2)。

2・1　来鳳山遺跡

来鳳山《ライフォンシャン》遺跡は、騰衝県の重要文化財に指定されており、当地における著名な日中戦争遺跡のひとつである。九〇万年前の火山噴火によって形成された楯状火山である来鳳山は、騰衝中心部より南方1キロの場所に位置し、周囲の広さは1平方キロメートル余り。日本軍に占領された後の来鳳山には、高地から騰衝県中心部をコントロールするために、山上8ヵ所に陣地が敷かれ、第一、第二陣地は県中心部、第三陣地は綺羅村《チールオツン》、第四、第五陣地は和順村《ホーシュンツン》、第七、第八陣地は県中心部の北側に位置する畳羅江《ディエルオジアン》が、それぞれ攻撃の対象とされていた。

日本軍の本営や食糧庫は山頂の文筆塔（写真7・2）付近とその周辺地域に陣取られ、物資の輸送や緊密な連携のために、本営から各陣地へは道路が敷かれ、また各陣地には、兵舎・重機関銃陣地・散兵壕・歩兵塹壕・猫耳洞《マオアルドン》（後述）等が造られた。現地騰衝における専門家の解説によると、兵舎は現在では坑道となっているが、当時は非常に堅固であったようである。その当時の来鳳山は森林で覆われておらず、日本軍は兵舎を建造する際、たとえば材木で組み立てた骨組みの上を草で覆い、さらに土をかぶせる等、相当な知恵を絞る必要があったようである。そして、このようにして建造された兵舎は山の斜面において見分けがつかず、米空軍に発見されることはなかった。兵舎の周囲には重機関銃陣地や散兵陣地が敷かれており、さらにその周辺には一般陣地の塹壕（写真7・3）がある。これら塹壕は四方八方に通じており、そのためすべての陣地の連絡が可能となる。塹壕の中には10メートル毎に「猫耳洞」が設置されており、兵士は交互に休息を取り、また雨をしのぐことができる。これらの塹壕や「猫耳洞」は今日においてもはっきりと確認することができる。

現在の来鳳山にはかつて「禿山」であった面影はなく、山全体が木々で覆われており、騰衝県文化遺産管理局によって、すべての陣地の前に記念碑が建てられている。たとえば、セメント造りの4号陣地の記念碑には、「県重要文化遺産保護局」、「来鳳山抗日戦争遺跡」、「四号遺跡」、「騰衝県文化遺産管理局建造」の四行からなる文字が記されている。

来鳳山の頂上には騰衝における古塔のひとつである文筆塔が建てられていたが、日本軍が来鳳山を占領した後に解体され、同所に塹壕が掘られたために、騰衝奪還後の当地ではその具体的な位置さえ知ることができなかった。

後に、かつて来鳳山で戦闘に参加した経験のある元日本兵が、一枚の写真を携えて騰衝を訪れ、文筆塔の具体的な位置を説明したことによって、山頂に現在の文筆塔を再建することが可能となった。新た

写真７・２　来鳳山頂　文筆塔（騰冲県来鳳山 2010.7.17 撮影）

写真７・３　来鳳山　塹壕（同上）

な文筆塔建設の経費は海外在住華人による募金を中心にすべて民間により捻出され、政府による補助は一切なかった。募金を行った華人は現在米国・オーストラリア・カナダ・ミャンマーなどに在住し、また台湾や香港在住の騰衝出身者も資金の一部を拠出した。現在の来鳳山は国家森林公園に指定されており、騰衝県の日中戦争遺跡として、また愛国主義教育の重要な拠点と位置づけられている。

2・2 飛鳳山遺跡

飛鳳山《フェイフォンシャン》遺跡は、来鳳山遺跡と同じく県の重要文化財に指定されており、県中心部からは距離にして10キロほどの騰越堤東部に位置する。一九四二年五月の騰衝陥落から二十数日後、中国軍は予備第二師団・第五連隊・第一大隊がこの地を防御し、日本軍と激戦を繰り広げたものの、最終的には多勢に無勢となり撤退を余儀なくされ、飛鳳山は日本軍の重要拠点とされてしまう。しかしながら、中国遠征軍は一九四四年七月、第二十方面軍・第五四軍団の第一九八師団および第三六師団が飛鳳山に対し反攻を開始する。同盟軍による協力もあり、二日半に及ぶ激戦の結果、400数名の敵兵を殲滅させ、飛鳳山の占領に成功した。

調査のために飛鳳山を訪れた際、われわれはまずレンタカーで大竹園《ダージューユエン》村へと入り、そこから徒歩により飛鳳山をめざした。飛鳳山の麓には百数戸からなる尹家湾《イージアワン》と呼ばれる村があり、そこから近年拡張された山間の小道を登り山頂へとたどり着くことができる。この小道上には侵略者である日本軍へと立ち向かった者たちに関する数多くの故事が展示されている。山頂へとたどり着いた筆者たちの視界には、日本軍により建造された塹壕、兵舎や散兵壕などが広がった。日本軍兵舎の出入口ははっきりと確認することができ、またいくつかの塹壕は当時の姿を残し現存している。しかし、多くの塹壕は坑道がすでに塞がれており、またいくつかの塹壕は反攻時の被弾のためより坑道が大きく広がり、水たまりとなってしまっている。当地の日中戦争研究者である華から、中国軍の反攻ルートや日本軍の銃、機関銃、軽機関銃等の陣地に関する解説を聴き取りながら、筆者には当時における激戦の情景が思い浮かぶようであった。

しかしながら、ここ飛鳳山遺跡は県の重要文化財に指定されているにもかかわらず、その戦争遺跡の保全状態は必ずしも良いとはいえない。もっとも、メディア、学者、そして老兵たちによる訪問は絶えず、中央テレビ局や香港鳳凰衛生局なども取材に訪れ、日中戦争において飛鳳山が重要な地であったことが解説されている。

2・3　高黎貢山遺跡

高黎山《ガオリーシャン》は騰衝北部に位置し、海抜3700メートルを誇る。騰衝陥落後、騰衝北部の高黎貢山古道は安全に通過することができたため、数多くの華僑や遠征軍が高黎貢山を通り騰衝より撤退した。日本軍はそれを追撃するために北部に侵犯、幾度もの激戦の結果、高黎貢山を占領するに至る。ただし、日本軍の高黎貢山経由で再び怒江を渡り保山《バオシャン》に侵攻するという当初の計画は、怒江越えが危険であり困難極まるという理由で中止となる。そのため、日本軍は高黎貢山に堅固な塹壕を建造し、この地を死守する構えを見せた。

一九四四年五月、中国遠征軍は怒江を強行渡河した後、主力を強力部隊が守備する南斎公房を攻撃する軍と北斎公房を攻撃する軍に二分し、日本軍が築いた堅固な塹壕への侵攻を開始した。遠征軍と日本軍との戦闘は十数日に及び、大塘子《ダータンズー》の戦い・南北斎公房の戦い・林家舗子《リンジアプーズー》の戦いなどが十数度繰り広げられた。これらの戦闘は非常に激しいものであり、古道が鮮血で紅く染められ、また山頂付近は気温が極めて低く、多くの兵士が山上で凍死したとのことである。また、高黎貢山における戦闘はすべて海抜3千メートル以上もの高地で行われたため、現地の村民たちはかつて、高黎貢山の軍人を「天兵天将」と称したとされる。

2・4 イギリス領事館跡

イギリス領事館跡（写真7・4）は騰衝県中心部に位置し、雲南省の重要文化財に指定されている。イギリス領事館は一九二一年に建設が始まり約十年後に完成、一九三一年より使用され始める。日中戦争当初、日本軍はイギリス領事館に司令部を置き、後には日本軍の重要な陣地の一つとなった。当時のイギリス領事館は、トタン製の平らな屋根で覆われており、一般の銃弾ではそれを貫くことは難しく、米軍はロケット弾を用いて攻撃を行うことにより、ようやく館内の日本軍を殲滅させることに成功した。領事館の攻撃に当たっていた中国軍は第五四軍団・三六師団・一〇八連隊であり、部隊は西方からの県中心部への攻撃を担っていた。遠征軍は西方より東方へと向けて攻撃を行っていたので、現在のイギリス領事館跡では、西側の壁には幾多もの銃眼が見られる一方、東側の壁にはそのような銃眼を見いだすことはできない。これらさまざまな大きさの銃眼はまさに歴史の証人であるといえるだろう。古い歴史を有する領事館やその壁にある銃眼から、われわれはまるで当時の激戦状況を目撃しているようである。

日中戦争後、イギリス領事館には外壁と高くそびえる煙突のみが残され、地方政府は領事館の修繕を行い、食糧備蓄庫として利用した。修繕後のイギリス領事館は平らな屋根から瓦葺きの屋根をもつ建物へと様変わりし、伝統的な中国式建築物へと変貌を遂げる。一説によると、当初のイギリス領事館は上海人によって建築された建物であったものの、この修繕過程は騰衝人によって担われたため、修繕後の建物は当地の特色を有した造りとなったようである。

しかしながら、このイギリス領事館跡は現在、最も保全の行き届いていない文化遺産の一つであると見なされており、各部屋の維持が責任をもって行われていないだけでなく、館内には汚れが目立つなど維持状態の悪さは非常に深刻なものである。上階には簡単な棟木がいくつかあるだけであり、人が上ることはできず、また一階の床の至るところに凹凸があり、壁の銃眼を除けば、文化遺産としての価値を有すると考えることは難しい。二〇〇四年には、深圳《センジェン》のある商人が領事館と周辺の土地を購入し、日中戦争公園の建造をめざしたが、その計画が成功するには至らなかった。

現在の領事館跡周辺には多くの荷車が停められており、これらはすべて食糧を輸送する車や商売を行う車である。領事館跡周辺の空き地には至るところで窪みや汚水が見られ、周辺の街道はとても汚い。数多くの雑貨商や三輪車が交錯し、この通りが他の通りとは異なり尋常な様子ではないことが一目で見て取れる。われわれが調査を実施した当日は雨にも遭い、街道はさらに乱れ汚れていた。イギリス領事館跡は現在、貴重な戦争遺跡または省指定の重要文化財としてふさわしい保護を受けているとは思われない状況下にある。

写真７・４　イギリス領事館跡（同県中心部 2010.7.18 撮影）

写真７・５　文廟（同上）

2・5　文廟

文廟《ウェンミアオ》も省指定の重要文化財であり、県中心部に位置する。騰衝における日中戦争中、唯一破壊を免れた建築物である。当地の研究者によると、文廟が破壊を免れた理由として次の二つが挙げられるという。一つめは、当時ここには日本軍の憲兵司令部が置かれており、多くの中国軍兵士や現地有力者が拘禁されていたため、中国軍はこの情報を米空軍に伝えるとともに、自国民に被害が及ばぬよう文廟を爆撃対象から外すように訴え、また米軍もこれを了承し文廟を爆撃するには至らなかったためである。二つめの理由は、西方から攻め入った第五四軍団・第一九八師団・五九二連隊、東方から攻め入った第五三軍・第一一六師団・五連隊からなる中国軍の文廟攻略が非常に迅速であり、爆撃を加える必要がなく、またもし爆撃を加えるならば進行中の中国軍にも被害が生じる可能性があったためである。

筆者らが調査のために文廟を訪れた際、廟では多くの小学生が英語や音楽を学んでいるところであった。彼らは私立学校の生徒たちであり、文廟において授業を行うことはもちろん重要な意義をもつ。つまり、文廟は宗教組織と認識される一方、教育的な象徴としての意義をも有しているからである。われわれは文廟において、ほとんどの柱に銃眼があり、また銃弾が多くの柱に挟まっていることを確認することができた。

イギリス領事館と比較してみると、文廟の保全状態は非常に良好であり、清潔な環境が保たれている。また人の気配にあふれており、イギリス領事館のように管理者不在で、どこか物寂しい雰囲気が漂うようなことはない。文廟をあとにしたわれわれは、幅の狭い道路を歩き帰路についた。この道路の右側には空き地が広がっており、この地もかつては文廟の所有地であった。以前の文廟は広大な土地を有して

写真７・６　和順図書館（同県和順村 2010.7.16 撮影）

いたが、現在その規模は大きく縮小されてしまったようである。

3　日中戦争関連施設の現状

和順図書館・必美大院・護珠寺・騰衝空港・スティルウェル道路などの施設は、騰衝日中戦争において重要な役割を果たした。これらの施設は現在、いくつかは良好な状態で保存されている一方、一部の施設は復元されるには至っていない。戦争関連施設と現代社会の関係をさらに詳しく分析するために、ここではまず騰衝県内における代表的な日中戦争関連施設を紹介しよう。

３・１　和順図書館と文昌苑

県中心部から４キロ離れた和順《ホーシュンツン》村に位置する和順図書館（写真７・６）は、国の重要文化財に指定されている。和順図書館と文昌苑《ウェンチャンイエン》には当時、中国軍の司令部が置かれ、騰衝奪還のための命令はすべてここから各部隊へと発せられていた。文昌苑は清代道光年間に雲南省唯一の私立中学校として建てられたため、教育人士が集う場所であった。和順図書館の前身は一九二四年に成立した「閲書報社」という新聞社であり、一九二八年に図書館に改められ、一九三八年には新館が建設された。現在は8万冊の書籍を所蔵する歴史ある県立図書館である。

日中戦争との関わりから、図書館と文昌苑は省の重要文化財として保護され、また愛国主義教育の拠点としての役割をも担っている。しかしながら、一般の図書館と異なるのは、和順図書館と文昌苑は抗日戦争博物館であるとともに、和順における重要な観光名所となっている点である。そのため、ここでの図書館の役割は観光客に対応することがその中心であり、図書館が本来有する知識を伝えるという機能は二の次となっている。たとえば、ほとんどの職員は訪れる観光客に対して入場券をチェックする作業に携わっており、図書館内のわずかな人数以外は、図書館本来のサービスを理解していない。文昌苑にも同様の傾向があり、書籍や絵画の販売に重点が置かれ、一部の従業員は検札に携わっている。和順図書館、文昌苑ともに施設の解説を専門とする職員はおらず、当地の観光案内者が簡単な紹介を行っているのみである。つまり、和順図書館と文昌苑は和順村観光の主要名所として機能しており、その対象となるのは入場券をもつ観光客が中心である。換言すると、和順図書館へ入館したい者は、事前にあるいは図書館入口において、必ず入場券を購入する必要があるということである。

3・2　必美大院

必美大院《ビーメイダーユエン》も和順図書館と同じく和順村に位置するが、この歴史ある建築物は個人所有の住宅である

写真7・7　必美大院外観（同上）

ため、重要文化財には指定されていない。必美大院を訪問した際、筆者は人類学者として、インフォーマントとの間に鮮烈な出会いを体験し、またコミュニケーションの重要性について考えさせられた。必美大院は和順集落の中に位置し、調査当日、筆者は何人もの人々に道を尋ねようやくたどり着くことができた。日中戦争時の必美大院には第一九八師団の師部が置かれ、当時は師団長と師団所属の軍人たちがここを住まいとしており、そのため現在では和順村の観光名所となっている。

労を重ねてようやく必美大院へとたどり着いた筆者は、60歳過ぎの老人が観光客向けの紹介文を記しているのを見つけ、彼にここが必美大院であるかどうかを尋ねた。すると老人は「何をしに来たのだ?」とたずね返すのである。筆者は続けて「騰衝の日中戦争に関する調査を行うために来たのです」と訪問の目的を伝えると、老人から返ってきた答えは「われわれはここの参観を許可しない、中に入って見ることはできない」というものであった。想定外の返答に出くわした筆者は、今度は外側からの見学をお願いし、ようやく老人の同意を得ることができた。筆者は門前から内側を覗き、また彼に写真撮影の許可を願い出、了承を取り付けた。見学を終え、そこを立ち去る際、再び彼と雑談し、宿泊施設の条件、価格や電話番号などをうかがった。彼は筆者の訪問に誠意を認めてくれたようで、「そこまで中を見たいのであれば、内に入って見ていきなさい」とお許しの言葉をいただくに至る。これは筆者にとって望外の喜びであり、老人に感謝し内側を見学させていただいた。

彼の態度は先ほどまでとは打って変わり、これまでに経験したことがないほどの歓迎ぶり。建物内を見せていただくだけでなく、師団長や副師団長が宿泊した部屋などを一つひとつ案内され、師団長がかつて地図を掛けるために使用していた釘や、師団長が寝床としていた位置までを説明をしていただいた。師団長葉佩高《イエペイガオ》将軍と副師団長が住まいとしていた部屋は、現在ではそれぞれ三部屋と二部屋に分割され、各部屋には二つのベッドが設けられており、ここが宿泊所に変貌を遂げていることが容易に見てとれる。また、客間には佩高将軍の当時の写真や将軍が戦後この地へと戻った際に、建物を見学している写真が飾られていた。

部屋を見学している際、老人が筆者に語ったところによると、政府は絶え間なく人を遣して見学に来る。彼はそのたびに対応をしなければならないので、いつしか見学者の訪問が非常に煩わしいこととなったとのことである。われわれが二階の部屋を見学している際にも、階下に省外からの来客があった。訪問者は客室を見渡し納得したようで、老人に一部屋の値段を尋ね、老人が「一晩30元」と答えると、非常に満足した様子で宿泊を決め、支払いを行った。訪問者が言うには、「先ほど訪れた村内別の農家は250元もしたので、高すぎると感じ必美大院にやって来た。30元はとても安い。もし和順村観光が

写真７・８　必美大院内部（同上）

写真７・９　必美大院の窓から望む和順村（同上）

楽しいようだと二泊するつもりだ」。

この省外からの訪問者はウェブ上で必美大院を見つけたと言う。ウェブ上では、以前に宿泊したことのある旅行者による評価は概ね良好で、歴史ある建物が特徴とされる一方、欠点としては隣室のしゃべり声などが簡単に聞こえるなど各部屋の防音性が挙げられていたようである。この他に、騰衝の旅行ガイドブックの中にも、必美大院は紹介されている。有名である理由は決して土木造りの家屋ではなく、この住居がかつて第一九八師団の拠点であり、師団長と副師団長がこの家屋において騰衝奪還に向けた戦闘の指揮をとっていたことである。当時、地図が掛けられていた釘は今なお同じ場所にあり、人々に当時の情景を思い起こさせるのである。

3・3　護珠寺

護珠寺《フージュースー》は保山市の重要文化財に指定されており、騰衝県西北に位置する。別名は幹峨寺である。元代初期に建設された県で最も古い歴史を有する護珠寺の所有地は1958平方メートル、総建築面積は1323平方メートルを誇る。寺は山の中腹に位置し、背後には危険な岩山が聳えるものの、周囲は木々が木陰をつくり、その静寂さは他に類を見ない。護珠寺は二つの四合院から成っており、門には「護珠古寺」の額が掛けられている。一九四四年、騰衝奪還をめざす反攻作戦中、第二十方面軍総司令官霍揆彰《フォクイジャン》将軍は指令本部を寺内に設置し、「敵を城内に追いやり、包囲殲滅作戦」計画を制定、飛鳳山戦役や騰衝攻城戦などを指揮し成功を収めた。戦争中の護珠寺では、捕虜となった日本兵や売国行為を行った中国人が拘禁され、また飛鳳山へと向かった中国軍は、直接ここから出発した兵士たちであった。

一九八四年に騰衝県人民政府は護珠寺を県最初の重要文化財に、また二〇〇五年には保山市人民政府が市最初の重要文化財に、それぞれ指定することを公布した。現存する建築物の大半は近年になって修復されたものであり、現在では騰衝地方における仏教の聖地である一方、主要な観光名所となっている。しかしながら、観光名所としての護珠寺は、組織的な開発が進んでおらず、当地を訪れる旅行客は決して多くない。寺は無料で参観できるものの、われわれが調査のために訪れた二度とも、観光客は皆無であり、寺には数人の関係者がいるのみであった。

3・4　騰衝空港

騰衝空港は一九四〇年五月に建設が始まり、一九四一年初頭には工事がほぼ完成し、試験飛行が行われた。空港の広さは縦1200メートル、横800メートルである。一九四四年八月、遠征軍が騰衝郊外の日本軍の拠点を攻略した後、空港は米空軍によって使用されることになり、日々数十機の戦闘機が離着陸を繰り返した。これら戦闘機の主要任務は、中国遠征軍による騰衝・龍陵・芒市等の地への攻撃を援助するためであった。後に騰衝空港は耕地とされるが、保騰道路の建設に伴い、中央の一部が利用され、元来空港があった土地は二分されてしまう。すなわち、今日の保騰道路の両側がかつて空港のあった土地である。聞くところによると、これらの農地はすでに徴用され、住宅などの建設が計画されているそうである。現在、この地にはかつて空港であったことを示す面影はなく、またそれを示す標示さえない。それもそのはず、現在は別の地に新空港が建設されており、戦時中使用されていた空港を当時の姿のまま保存する必要はないのである。

3・5　スティルウェル道路

スティルウェル道路は別名「中印道路」とも呼ばれ、道路の建設に多大な貢献を果たした米軍スティルウェル将軍(3)を称えるために命名された。中印道路は、一九四二年一二月、インド・アッサム州のレドより建設が着手され、一九四五年一月に完成した。昆明《クンミン》を出発点に大理《ダーリー》・保山・騰衝・ミャンマーのミッチーナーを経由し、レドを終着地とする、全長1208キロの道路である。騰衝を中心に東西二区間に分かれており、東区間は昆明から騰衝までの606キロ、騰衝からレドまでの602キロが西区間にあたる。この中印道路はミャンマーのミッチーナーを過ぎると南北二路線に別れる。南路線は、ミャンマーのバモーとナムカンを経由し中国の畹町に至る。一方北路線は、中国に入ると騰衝の猴橋を通り龍陵に至る。両路線はともに最終的には雲南・ミャンマー道路へとつながる。

スティルウェル道路は戦時中に建設されたため、2万人を超える沿道住民が一方で戦争に参加しながら、もう一方で道路建設に携わった。そのため、鮮血と犠牲によって建設された道路といえるだろう。二〇〇五年三月、雲南省政府は騰衝―ミッチーナー間を四級道路から二級道路へと拡張することを決定し、二〇〇七年四月に全長217キロの二級道路が開通し、中国―ミャンマー間における経済・貿易の主要ルートとなった。

4　メモリアルサイトの現状

日中戦争に関するメモリアルサイトとしては、戦没者霊園・第一九八師団記念塔・李根源旧居・抗日戦争博物館・騰越文化広場などが挙げられる。いわゆるメモリアルサイトとは、日中戦争を記念するために建造された、さまざまな建築物や活動空間を指す。戦没者霊園や第一九八師団記念塔など、古くから存在するものもあれば、抗日戦争博物館や騰越文化広場のように現代になって新たに建造されたものもある。

4・1　戦没者霊園

戦没者霊園は、国の重要文化財に指定されており、また愛国主義教育の拠点でもある。騰衝や雲南における戦争、そして日中戦争全体を通してさえも重要な位置を占める戦没者霊園は、中国に現存する最も重要な日中戦争メモリアルサイトの一つである。騰衝県中心部の来鳳山付近に位置し、総面積5・3万平方メートル、建築面積は9・8万平方メートル、中国遠征軍第二十方面軍による騰衝攻略時に戦死した兵士を祀る霊園である。

戦没者霊園は一九四五年一月に着工され同年七月七日に完成、霊園塔・忠烈祠・展覧ホール・正門で構成されている。忠烈祠（写真7・10）は修復と増築が施されており、霊園塔は文化革命時に爆破されたことがある。文化革命時には、当地に埋葬されている兵士の墓標が掘り返され、霊園全体が破壊の対象となったが、八〇年代に入ると再建が始まり、できるだけ当時の状況に近い様子で復元がなされた（写真7・11）。斜面上の塔には「民族英雄」の四文字が掲げられ、脇には「李根源《リーゲンユエン》書」という字が記されている。当初、「民族英雄」の四文字は第二十方面軍総司令官であった霍揆彰《フォクイジャン》によって書かれたものであったが、塔が爆破された後、元来の書法を探し出すことができず、李根源の字体を代わりに用いたという。説明によると、9168名の中国兵士が騰衝戦場において戦死、うち4460名が地方兵士であり、残りが中央軍すなわち遠征軍に従軍した兵士である。「小団坂」には3346名の兵士が埋葬されており、各兵士の墓標には名前と肩書きが刻まれている。

忠烈祠の左側には同盟軍の記念碑が建てられており、そこには騰衝戦線で犠牲となった19名の米軍兵士の名前が刻まれている。実際に命を落とした兵士は22名であったが、うち3名の名前は明らかにすることができなかったため、19名のみの墓碑が建てられ、墓碑にはブッシュ大統領から保山市長に宛てられた手紙の内容が刻まれている。忠烈祠の表には「碧血千秋」の四文字が刻まれ、その側には「蒋中正題」の文字が見える。しかし、この蒋介石《ジアンジエシー》の署名とされている「碧血千秋」の四文字は、実際は彼の秘書である呉稚暉《ウージーフイ》によって書かれたものである。また、これら石碑は文化革命時に持ち去られたので、修復時に当地の政府が探し出すことができた李根源の字体が代わりに用いられている。このように、四〇年代に建造された忠烈祠は文革時に破壊され、また多くの石碑は持ち去られ厠や家畜用の囲いを建てるために用いられた。

八四年の修復の際、かつての忠烈祠の姿を知る術がない施工者の想像によって以前の忠烈祠に似せた建物が建造されたが、人々はそれが以前の忠烈祠とは大きく異なる姿であると認識していたようである。二〇〇九年には、忠烈祠の再建計画が提示され、半年間の再建工事の後、ようやく当初の忠烈祠の姿へと生まれ変わった。さらに、長期に及ぶ捜索の結果、失われた石碑の多くが探し出され、現地の学者によると、現在霊園内にある石碑はすでに96基に達しているとのことである。

戦没者霊園内の抗日戦争展覧館は二つのセクションに分けられており、一つはおもに騰衝戦前の被占

写真7・10　戦没者霊園　忠烈祠（来鳳山付近 2010.7.17 撮影）

写真7・11　戦没者霊園　墓地（同上）

領期における状況、もう一つはおもに反攻期における状況がそれぞれ展示されている。館内には240を超える実物のほか、騰衝当地の人々・日本人・アメリカ人・台湾人からそれぞれ提供された数多くの写真が展示されており、これらの貴重な写真により、騰衝戦線の歴史的経過が生き生きと映し出され、戦没者霊園によりいっそうの歴史的価値や現実的意義をもたらしている。筆者が霊園を訪問した際、畢館長は展示されているそれぞれの写真について説明する際、その中の一枚である朝鮮人慰安婦の写真に話が及ぶと、館長らが写真を頼りにこの元慰安婦を探し出したことを話された。写真の女性はその後、騰衝における悲惨な記憶を取り戻しただけでなく、実際に騰衝を訪れ館長との面会を果たしたそうである。

4・2　第一九八師団記念塔

第一九八師団記念塔（写真7・12）は保山市の重要文化財に指定されており、騰衝日中戦争に関する重要なメモリアルサイトの一つである。県中心部に位置する記念塔は方錐形レンガ造りであり、塔全体の高さは7・18メートル（塔自身の高さは4・52メートル、台座の高さが2・66メートル）、四面には文字が刻まれており、東側には国民党の徽章の下に「陸軍第五四軍団一九八師団騰衝攻略における戦没者記念塔」と闕漢騫《チュエハンチエン》の署名による文字が刻まれており、台座には蒋中正の署名で「民族之光」と記されている。

現在の視点から第一九八師団記念塔を考察すると、それは中国の歴史的変遷と密接な関係をもっていることがわかる。塔が文化大革命期に破壊された後、周辺には宿泊所が建てられ、将軍や兵士たちの墓

写真7・12　第一九八師団記念塔（騰冲県中心部 2010.7.16 撮影）

標は次々と持ち去られてしまう。当時は、塔全体を爆破する手筈を整えていた者もいたようであるが、ある宿泊所の従業員が機転を利かせて石灰石で墓標の文字を消すことにより、第一九八師団記念塔を保護することに成功した。八〇年代後半に入り、塔は修復され当初の姿を取り戻し、現在われわれは当時と同じ姿の第一九八師団記念塔を目にすることができる。また、塔周辺の宿泊所は後にすべて撤去され、現在では広場となっている。

4・3　李根源旧居

騰衝県の重要文化財に指定されている李根源(4)旧居は、県中心部に位置し、来鳳山や戦没者霊園、畳水川《ディエシュイチュアン》観光地区に隣接している。旧居は約33アールの広さで、元は「畳園」と呼ばれ、母屋などが各一棟からなる。旧居内には李根源による各種手稿・図画・書道作品・石摺・往復書簡・身分証・生活用品などが収蔵されている。李根源は近代史上において騰衝、あるいは雲南随一の人物と称され、陝西省長や国民党政府代理総理を歴任した。一九四二年、日本軍が雲南省西部へと侵攻した際、李根源は怒江での防戦を主張し、「雲南西部の同朋に告ぐ文」を発表、保山と運命を共にすることを誓った。当地における対日戦争に勝利した後、李根源は騰衝へと戻り、そこで戦後の事務処理を担当、その際戦没者霊園の建造を提唱した。このように、日中戦争における李根源の功績は非常に大きく、そのため旧居が文化財として指定されているのである。

4・4 雲南・ミャンマー抗日戦争博物館

二〇〇五年和順村に創立された騰衝雲南・ミャンマー抗日戦争博物館は、著名な収集家である段生《ドワンション》馗《クイ》による私立博物館である。館内には5千件の雲南とミャンマーにおける日中戦争に関する品々が展示されており、中国遠征軍・中国駐印軍・米英連合軍・抗日民衆・日本軍がそれぞれ戦時中に使用した物品がその中心である。おもな収蔵物として、李宗仁《リーゾンレン》将軍が県長の張問徳に贈った杖・張問徳による『騰北偏安録』手稿・飛虎隊の徽章一式・血で染まった日本軍軍刀・毒ガス弾・慰安婦の使用品（写真7・13）などが挙げられる。博物館は、「山河の粉砕」「悲壮な遠征」「陥落の歳月」「日本軍の暴行」「飛虎の雄鷹」「剣は風にゆらぐ煙へと帰す」「日月は再び輝く」と名づけられる七つのセクションから成る。

博物館の中心的意義は、歴史と国恥を風化させず、奮起して国家の富強をはかり、再び悲劇を繰り返さないことにある。すなわち歴史を歴史として認識し、平和をもって未来を描き、人民が幸福な生活を送ることが謳われている。筆者はこれまで三度博物館を訪れたが、そのたびに大きな収穫があり、また毎回異なる団体観光客が参観する姿を目撃した。博物館員の紹介によると、ほとんどの和順村観光客が抗日戦争博物館を訪れ、毎日平均1千人強の参観者があるようである。ただし、博物館員はただ検札や

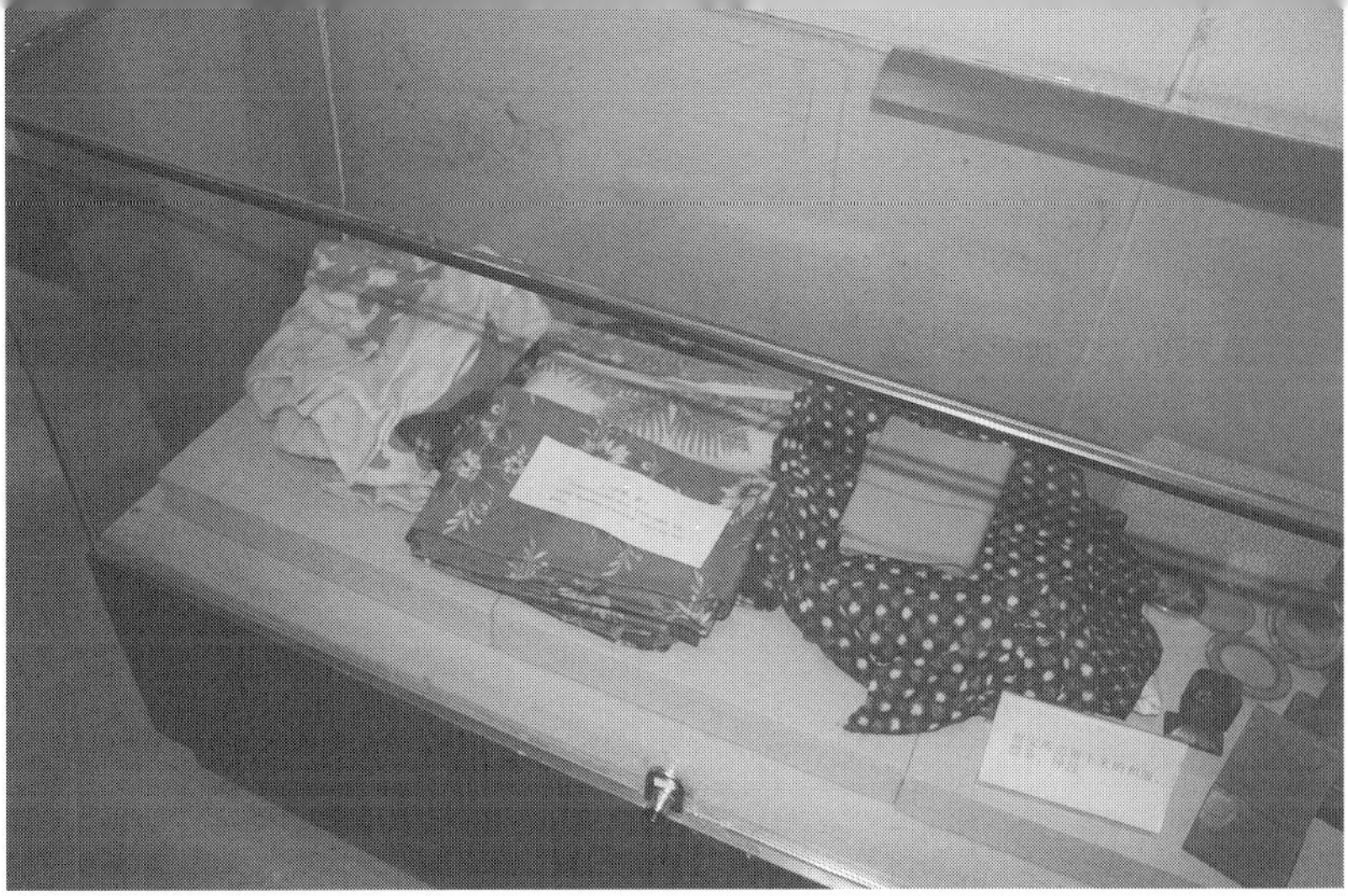

写真7・13　雲南・ミャンマー抗日戦争博物館　慰安婦の使用品展示
（和順村 2010.7.16 撮影）

工芸品の販売を行うのみであり、館内の解説や紹介は旅行案内者によって担われている。

4・5　騰越文化広場

騰越《トンユエ》文化広場は騰衝県西部の新城総合開発区内、光華西路の延長線と騰越路が交差する地点に位置する。水上を含む総面積は約20万平方メートルであり、二〇〇〇年に着工された。これまで、緑化広場・「高黎貢山母親」彫塑・騰越三橋・図書館・文化会館・博物館などが竣工しており、雲南省最大の県立文化広場の一つである。二〇〇一年に落成した「高黎貢山母親」彫塑には、日中戦争雲南西部騰衝戦役中の中国遠征軍と同盟軍兵士による、日本侵略軍殲滅の壮絶な情景がテーマとして反映されている。この「高黎貢山母親」彫塑は騰越文化広場の核心的コンセプトであり、高黎貢山の娘たちは困難を恐れず永遠に前進するという、精神の象徴である。

5　日中戦争遺跡・施設・メモリアルサイトの現代的諸問題

5・1　保護に関する問題

騰衝県は日中戦争遺跡・施設・メモリアルサイトの保護に尽力しているように思われる。たとえば、多くの日中戦争遺跡が県・市・省・国の重要文化財に指定され、また愛国主義教育の拠点とされている。たとえば、戦没者霊園と和順図書館は国の重要文化財に指定されており、イギリス領事館跡や文廟は雲南省の重要文化財に指定されている。また、第一九八師団記念塔と護珠寺は市の、来鳳山遺跡や李根源旧居は県の、それぞれ重要文化財に指定されている。一方、高黎貢山遺跡・騰衝空港・スティルウェル道路・必美大院は重要文化財には指定されていない。

日中戦争遺跡・施設・メモリアルサイトは時代の推移とともに変遷するものであると、筆者は考える。これらは文化大革命において破壊されるが、新たな時代を迎えると修復や保護の必要性が訴えられ、たとえば戦没者霊園が展覧館を付け加えたように、新しい内容が追加される。また観光業の発展とともに、新たに日中戦争を記念する意義を有する文化活動空間や建築物が設けられる。和順の雲南・ミャンマー抗日戦争博物館や騰越文化広場などがその一例である。当地の知識人によって、日中戦争に関する品々を収集、保護することを目的として建てられた私立博物館は、戦時中の品々を保存するという重要な意義をも有している。また騰越文化広場は、新たな趨勢に適応する形で建造された、表象性を有する建築物と活動空間である。

このように現在の騰衝では、多くの日中戦争遺跡が存在し、また注目を集めているが、その保全に関してはいくつかの問題が生じていることを指摘しなければならない。以下ではおもに三点に絞り論じてみたい。

第一に、然るべき保全がなされていない遺跡があることを指摘したい。騰衝県が実施する日中戦争遺跡・施設・メモリアルサイトの保護は誰もが認めるところであるが、しかしいくつかの戦争遺跡は良好な状態が保たれているとはいえない。これに対して当地の学者たちからも改善を求める声が上がっているが、未だ改善には至っていないのが現状である。一例として、飛鳳山遺跡の保全状態を挙げることができる。飛鳳山遺跡には多くの塹壕・機関銃坑道・散兵坑道・兵舎などの遺跡があり、各国の記者たちの注目を集めているが、現在の飛鳳山では付近の住民により立て続けに墓が建てられ、山にはただ墓地のみが広がっている。このような状況が継続することを防ぐために、有効的な遺跡保護策を打ち立てなければならないだろう。また、高黎貢山付近の戦争遺跡はより危機的状況に瀕しており、たとえば日本軍占領期における県政府跡は、騰衝県中心部より比較的遠い距離に位置するという理由で重視されていない。県中心部から距離が近く、また観光開発がなされている戦争遺跡は、総体的に保全状態が良好であり、反対に県中心部から遠く離れ観光開発がなされていない遺跡は、然るべき保全状態にないことが多い。以上のことから、戦争遺跡の保全に対して、騰衝県にはよりいっそうの努力が求められる。

第二に、いくつかの遺跡はその所有権が多様化しており、保全自体が困難となっていることが挙げられる。騰衝日中戦争遺跡は当地の政府や人民にとって、文化的、経済的に大きな意義を有しており、文化的意義はまだしも、経済的意義は多くの人が必要とするところである。戦争遺跡が占める土地面積は大きく、なかには都市の中心部に位置しているため、建築物がもつ歴史的価値のほか、その土地自体もまた高い経済的価値を有している。たとえば県の中心部に位置するイギリス領事館跡が占める面積は、1045平方メートル（建築面積は697平方メートル）にのぼる。現在、領事館は某社の所有とされているが、この会社は領事館のもつ経済効果のみを重視しており、文化遺産の保護に関しては関心をもっていない。騰衝県政府が文化遺産としての領事館を保護するためには、その権利を買い取らなければならないが、それには莫大な資金が必要であり、さらに修復や保全の費用までを含めると、遺跡の保護には相当な金額が必要となる。これが、イギリス領事館が然るべき保護を受けていない理由である。さらに哀れむべきは、もし土地の所有者がこの地を「公衆便所」にしようものなら、領事館跡周辺で随時用が足されることになってしまうのである。また、この領事館は早急に修復する必要があり、さもないと所有者によって別の建物への建て替え、あるいは不動産開発に利用される恐れがある。

所有権が複雑化しているもう一つの例が騰衝空港である。元来の空港はすでに農地へと変貌を遂げており、それ自体は奇妙なことではない。しかし、この地はファシズム体制への抗戦に多大な貢献を果たした空港跡であり、空港がもはや存在しないとはいえ、後の世代の人々がこの地を戦争遺跡として見いだすことができるように、明確な標示が施されるべきである。

第三のポイントとして、日中戦争遺跡は体系的な調査・整理・研究が実施されていないことが挙げられる。騰衝は二年余りのあいだ日本軍の占領下にあり、大小さまざまな戦闘が繰り広げられたが、その数は明らかになっておらず、各種事務機関・戦争施設・戦争用地などの統計を取ることができない。また反攻期には、県中心部全体が戦場と化したため、騰衝県中心部自体をひとつの戦争遺跡と考えることも可能である。しかしながら、数多の戦争遺跡のうち調査研究が実施されているものはごく一部である。未だ日の目を見ることのない戦争遺跡に対して調査を行い、同時に関連する逸話を収集し、それぞれの遺産をリスト化した上で保護を進めることが、今後の課題であろう。

騰衝県における戦争遺跡・施設・メモリアルサイトの保全状態は以下のように整理することができる。すなわち、重要な遺産的価値や記念する意義を有する文化遺産の保全状態は良好である一方、価値が低いと考えられている文化遺産の保全状態は良好とはいえない。また、県中心部近くの文化遺産は保護状態が良好であるのに対し、県中心部から離れた地区に位置する文化財は良好ではない。そして、観光開発の観点から価値が高いものは良好であり、価値が低いものは良好ではない。

5・2　観光開発

騰衝県において、観光と日中戦争遺跡・施設・メモリアルサイトとの関係は非常に密接であり、以下のような特徴を見いだすことができる。

騰衝は雲南省で最も人気の高い観光地のひとつであり、毎年3百万人以上の観光客が国内外から訪れ、二〇〇九年の観光総収入は14億元を超える。多くの現地有力者は、日中戦争を騰衝観光における最大のセールスポイントであると認識しており、観光地の大部分は日中戦争と関連づけられている。たとえば和順村観光は日中戦争博物館を中心として展開され、戦没者霊園・来鳳山遺跡・高黎貢山遺跡・李根源旧居など、すべてが日中戦争と関わりのある観光地である。このような状況は、騰衝観光が日中戦争を中心に企画されていることを物語っている。

次の特徴として、騰衝県内の日中戦争観光に関して、異なる意見を有する人々の間で論争が生じていることが挙げられる。これらの論争はおもに二つに分けることができ、一つは開発方式の相違による論争である。人々は騰衝の日中戦争遺跡を用いた観光に対して、まだ改善の余地があると考えており、改善のために政府が果たすべき役割は、商業界に投資を促すことであるのか、あるいは直接資本を投じることであるのか、という意見の相違である。また、日中戦争観光で得た収入の分配に関しても異なる意見がある。日中戦争遺跡は騰衝観光のセールスポイントであるが、県内の如何なる遺跡も入場に際して料金を徴収していない。たとえば戦没者霊園・来鳳山などは入場無料であり、また村の統一チケットにより入場可能な和順村の雲南・ミャンマー抗日戦争博物館は、入場料収入の分配を政府から受けておらず、和順村の投資会社の限りある投資によって経営が成り立っているのが現状である。騰衝日中戦争遺跡は高い文化的価値を有し、記念とする意義も深いが、その経済的利益については、おそらく今後の観光活動における重点的な研究対象となるだろう。

騰衝県による戦争遺跡を用いた観光計画に対しては、今なお多方面からの関心が注がれ、多くの新構想が練られている。現地政府もまた「騰衝抗日戦争広場」「中国遠征軍抗日戦争公園」「東方ロマンティック」などの多くのプランを打ち出しているが、いずれも成功には至っていない。いくつかのプロジェクトがさまざまな原因により頓挫しているが、各政府はこれらの問題に対し異なる意見を表明している。騰衝の雲南・ミャンマー抗日戦争博物館の段は、騰衝観光の最大の特徴は日中戦争にあり、戦争遺跡を見るために多くの若者が騰衝を訪れるため、どのように観光と日中戦争とを結びつけるのかが最も重要な問題であると言う。彼は日中戦争観光の開発は十分でないと考えており、抗日戦争文化広場公園を建設し、また戦没者霊園向かいの土地を徴用し、抗日戦争広場、雲南・ミャンマー抗日戦争博物館、研究センターの建設を行い、これにより全県的に日中戦争観光の推進効果が生じると考えている。日中戦争文化を観光体験と結びつけ、アニメとするのも良し、ゲームとするのも良し、あるいは戦争に関する観光商品を開発するのも良し。たとえば、戦車・「7・7プーアル茶」・軍服など、日中戦争文化と結びつけた商品が開発可能である。段による展望は当地有力者による戦争観光に対する考えを代表しており、高度な理論と実践的価値を有している。

最後に、騰衝県の日中戦争観光と愛国主義教育とは非常に密接な関係を有しており、人々は日中戦争遺跡の観光中に、愛国主義教育を直接的に体現することとなる。たとえば、戦没者霊園や来鳳山公園は、かつては入場料を徴収する公園であったが、現在は無料で開放されている。当初0・1元であった戦没者霊園の入場券は後に20元となるが、二〇〇八年からは無料で開放され、中央政府が毎年20万元を戦没者霊園に投じ、入場料に対する損失を補っている。これは国家が日中戦争遺跡の愛国主義教育を非常に重視していることを示すひとつの例であろう。これら戦没者霊園と来鳳山の状況は、日中戦争観光と愛国主義との関連を示すものである。騰衝における日中戦争観光は一般の観光地とは異なり、単に商業活動であるだけでなく、国家規模の政治と緊密な関係が保たれている。換言すると、日中戦争観光における文化的意義や記念的意義の大きさは、経済的意義に勝るのである。

以上、騰衝日中戦争遺跡・施設・メモリアルサイトと当地方の観光開発の密接な関連について、4つの特徴を示し、騰衝観光の最大の特徴が日中戦争関連の内容にあることを明らかにした。もちろん、人々は日中戦争観光に対して異なる意見をもっているが、これは観光の発展とともに徐々に改善されることになるだろう。

6　日中戦争遺跡・施設・メモリアルサイトと反侵略・愛国主義教育

日中戦争遺跡・施設・メモリアルサイトはすべて、反侵略教育と愛国主義に関する教育拠点として機能しており、平和を求め愛するべく人々を戒めている。日中戦争では、多くの人々が正義のために命を投げ出し、侵略者である日本軍に立ち向かった。国民はこの歴史を記憶に留め、国辱を忘れることなく国の発展に尽力しなければならない。騰衝日中戦争遺跡を用いた反侵略教育と愛国教育は、おもに以下のいくつかの方面に分けることができる。

まず、反侵略と愛国教育の最も重要な対象は、小学生・中学生・高校生などを含めた学生たちである。侵略者から祖国を守る戦争において、多くの革命烈士たちが自らの命を犠牲に戦った結果として今日の平和があることを、祖国の未来を担う人材である彼らは学ばなければならない。愛国主義教育とはまさに祖国の未来のための教育であり、歴史を忘れることなく、それを教訓として記憶に留めることによって、平和を願う心を養うことが可能となる。学生たちに対する愛国主義教育は年齢により異なり、小学生は通常「六・一児童節」、中学生と高校生は「五・四青年節」に参加する。また清明節・国慶節・元旦・光復節などの式典にもそれぞれ学生が参加する。

二つめは、社会における反侵略と愛国教育であり、政府高官・有力者層・大衆などがその対象である。清明節・光復節・抗日戦争勝利記念日などには、各界において記念式典が開かれ、愛国精神が表明される。清明節には毎年、騰衝の党と政府機関・学生・社会各層が戦没者霊園・第一九八師団記念塔・来鳳山遺跡などを訪れ、献花や革命歌の斉唱により、戦争で犠牲となった英雄たちの追悼が行われる。また九月一四日は騰衝の奪還に成功した重要な日であり、この日は光復節として毎年盛大に祝われる。当日は清明節と同様、各種記念式典が開催されるが、とりわけ老兵の参加が多く見られる。彼らは「中華民族万歳」と声高に唱え、この風景は光復節に重要な意義を加えている。愛国主義式典はこれら両日だけにはとどまらず、抗日戦争勝利記念日、抗日戦争勃発記念日、九・一八事件記念日などにおいても、各界により追悼記念式典が開催される。

反侵略・愛国教育の形式は多種多様であるものの、最も重要視されているのは日中戦争遺跡への参観である。先述の通り、多くの日中戦争遺跡・施設・メモリアルサイトは愛国主義教育の拠点とされており、たとえば戦没者霊園や来鳳山は大衆向けに無料開放されており、そこでは反侵略や愛国主義教育が表彰されている。

総じていうと、騰衝県における反侵略・愛国主義教育は、おもに「聴く」「見る」「遊ぶ」「歌う」「読む」の方法を通して実現されている。「聴く」とは、戦没者霊園・第一九八師団記念塔・来鳳山などへと赴き、解説員による無料解説や、老兵の戦争体験を聴くこと。「見る」とは、戦没者霊園の展覧室や雲南・ミャンマー抗日戦争博物館にて展示を、あるいは映像室で放映されている『忘れ難き殉国の士』などの戦争ドキュメンタリーを見ること。「歌う」とは、盛大な記念式典期間中、政府により組織された小中学生や各関係団体が日中戦争歌を、あるいは民衆が戦没者霊園にて、組織された県内の洞経楽団とともに「国傷歌」を歌うこと。「読む」とは、日中戦争の経緯や関連する知識を理解するために、戦没者霊園や和順図書館など多くの機関で無料提供されている、戦争関連の書物を読むことである。

筆者らはフィールドワークを通して、騰衝県における愛国主義教育は非常に成功していることを確認することができた。たとえば、当地の小中学生は日中戦争に関する豊富な知識を身に付けており、彼らは騰衝日中戦争の経緯を説明することや、日中戦争に関する歌を歌うことができる。また、観光客や現地住民が戦没者霊園・来鳳山遺跡・博物館などを訪れる際、戦没者の墓前に献花や額衝きをすることにより、ファシスト国家の侵略に抗した英雄たちに敬意を表する。戦没者霊園の小さな坂の上に位置する霊園塔の前では、人々により捧げられた花輪や生花をつねに目にすることができるのである。

上記のように、騰衝日中戦争遺跡・施設・メモリアルサイトと反侵略と愛国教育との間には密接な関連がある。烈士たちが戦闘した地として、また英雄たちを追悼記念する地として、現代に生きるわれわれは過去の歴史や先人たちの功績を決して忘却してはならない。歴史を記憶し、教訓とすることによって、悲劇を繰り返さず平和を尊重する環境を醸成することができる。これこそが、人々が日中戦争遺跡・施設・メモリアルサイトを保全する理由であり、これら文化遺産を通して後の世代の人々がよりいっそう祖国を愛し、平和を愛し、また祖国と平和のために貢献することが可能となるのである。

結び

本稿はフィールドワークを通して得た知見をもとに、まとめたものである。この一年間、筆者は騰衝日中戦争遺跡をたびたび訪れ、現地のさまざまな人々に対しインタビューを行い、また多くの資料を収集してきた。現在は初歩的な整理を通して、簡単な感想や分析を発表しており、それらがより詳細に騰衝戦争遺跡の調査を行う研究者の参考になれば幸いである。

騰衝日中戦争遺跡・施設・メモリアルサイトは現代社会において、依然として複雑な状況下におかれていると、筆者は考える。歴史ある文化遺産として保護を受けている遺跡もあれば、ふさわしい保護を受けていない遺跡もあり、観光価値を有する遺跡もあれば、文化価値をもつ遺跡もある。財産権が企業や個人に属する遺跡もあれば、国家が所有し管理する遺跡もある。このようにさまざまな状況が錯綜していることが、遺産保護を困難としている要因である。たとえば、ある遺産が重要文化財に指定されていたとしても、財産権が企業や個人に属しているため、国家による保護政策が責任をもって実施されるに至っていないこともある。保護の実施にあたって、なされるべき措置はまだ多く残っているのである。

騰衝日中戦争遺跡は当該社会やその経済に対して強い影響力を有している。当地の有力者は、騰衝を訪れる観光客の大半は戦争遺跡の参観のためにやって来ると考えている。圧倒的多数の戦争遺跡が無料で開放されているとはいえ、騰衝日中戦争に関する品々の販売業績が良好であることが示すように、観光客は記念品の購入を含めて当該社会に多大なる経済効果をもたらす。そのため、騰衝の戦争遺跡観光は大きな可能性を有しており、より高い水準に達するために企業を誘致するべきであると、人々は考えている。もちろん中央政府や地方政府も、戦争遺跡の保護や観光開発において大きな役割を果たしており、これは遺産の保全と観光開発の研究を進める上で、注意しなければならない点である。

騰衝日中戦争遺跡・施設・メモリアルサイトは多大な文化的意義を有し、戦没者霊園・来鳳山・和順図書館・李根源旧居などは、全国あるいは雲南省の反侵略と愛国主義教育の拠点として機能しており、社会各層とりわけ学生を中心とする青年層に向けて、戦争に反対し平和を愛すること、侵略に反対し祖国を愛することを教育するという課題を担っている。各種記念日や伝統的祝日の際には、大勢の人々が先人の追悼のためにここ騰衝日中戦争遺跡を訪れ、同時に平和を愛し、愛する祖国のために献身する精神を学ぶのである。

文献

保山市政协教科文卫体委员会编 2004《溅血岁月》云南民族出版社.
耿德铭 2006《滇西抗战史证》云南人民出版社.
彭文位・马有樊编 2001《碧血千秋：腾冲国殇墓园资料汇编》云南教育出版社.
腾冲县委宣传部编、许秋芳主编 2003《血色记忆》中国文联出版社.
孙代兴・吴宝璋主编 2005《云南抗日战争史》云南大学出版社.
腾冲县委宣传部・腾越文化协会编 2004《腾越文化研究》（第二辑）中国文联出版社.

訳注

（1）中国の行政機関は、中央、省（直轄市、自治区）、市（自治州）、県（区、県レベルの市）、郷（鎮）など五つのレベルの人民政府に区分され、それぞれに党委員会と人民政府がある。その下に村民委員会（および都市部における居民委員会）がおかれている。村民委員会は村民自治単位であり、一級人民政府ではない。村民委員会主任と副主任は村民による直接選挙によって選ばれる。また、いかなる一級人民政府も上級人民政府に従わなければならず、権力の中核は中央政府にある。騰衝県は雲南省保山市の下におかれている（中文では、云南省保山市騰冲県と表記する）。
（2）雲南省の民族・政治的背景は終章二八九頁を参照。騰衝県一帯はイ族、タイ族など少数民族が多く居住している。騰衝の戦争遺跡は、文化大革命時代に国民党軍の戦跡と見なされて破壊、放置されたが、改革開放以後、観光と愛国主義教育を背景に保存の観点から研究が進められている。
（3）ジョゼフ・ウォーレン・スティルウェル（Josepf Warren Stilwell, 1883–1946）は、米国陸軍の軍人。第二次世界大戦中は中国雲南、北ビルマ戦線で日本軍への反攻を指揮し大きな功績を収める。後に蒋介石と対立し、連合国東南アジア軍副最高司令官を罷免された。
（4）李根源（1879–1965）は、清末、中華民国、中華人民共和国の政治家・将校。雲南省騰越地方に生まれる。辛亥革命に参加後、政府高官を歴任し、抗日運動を指揮した。中華人民共和国成立後も大陸に留まり、政府の役職に就いた。

雲南の戦闘　文献解題（編者）

雲南省には、20以上もの少数民族が生活しており、それぞれの民族は固有の社会を形成してきた。また、共産党軍が完全勝利を収めるまで、各地域を実質的に治めていたのは武力を持つ土司であり、中央政府も力のある土司に依存せざるをえなかった。歴史的に見れば、複数の民族と土司が支配した多様な世界がそこにはあった。終章でも述べたように、雲南省を単純に中華民国および中華人民共和国という近代国家を構成する省のひとつとして見るだけでは不十分なのである。

こうした状況に大きな変化をもたらしたのが、日中戦争である。日本軍はもちろん、中国軍、連合軍の存在も、地域を変容させた。石島紀之『雲南と近代中国』（2004）は、戦争によって、雲南省が大きく変わったことについて詳しく説明しており、興味深い。石島は中国軍の側から日中戦争を取り上げており、参考文献の多くが中国人研究者によるものである。なお、石島は『中国抗日戦争史』（1984）を出版しているが、これには雲南省における戦闘の記述はほとんどない。

雲南省の戦闘に関する日本軍の側からの書物は、まず当事者である元兵士たちによって出版された。最も早い時期に出版されたのは、石井晈『拉孟《らもう》・騰越《とうえつ》――玉砕の真相』（1954）であろう。雲龍会は、第五六師団の生存者の集まりであり、拉孟・騰越の戦闘を歴史として残す編纂事業を行った。その後も、相良俊輔『菊と龍――祖国栄光への戦い』（1972）など当事者による著書が出版されている。

文学では、作家古山高麗雄が雲南から生還した元兵士の語りと自らの経験を『断作戦』（1982）『竜陵会戦』（1985）に描いた。古山は『フーコン戦記』と合わせた戦争三部作で菊池寛賞を受賞したが、一兵卒の目から見た軍隊の実態と元兵士の戦後の静かな生活が語られている。

軍事史研究としては、防衛庁防衛研修所戦史室が一九六九年に『戦史叢書　イワラジ会戦――ビルマ防衛の破綻』（1969）を刊行している。石島の研究が中国から見た戦闘であるのに対して、防衛研究所は日本軍の作戦の展開から戦闘をとらえている。また、陸戦史研究普及会編『陸戦史集16　雲南正面の作戦』（1970）がある。より最新の成果としては、浅野豊美「北ビルマ・雲南作戦と日中戦争」（2006）がある。浅野の視点は、国際関係から日本軍の雲南作戦を見ようとするもので、より包括的な視点を提示しようとする試みである。また、史料や文献も網羅的で参考になる。

現在、騰衝の抗日戦争博物館では、朝鮮人従軍慰安婦に関する展示があり、私がインタビューした地元の地方史研究者もこの点について言及していた。これに関しては、西野瑠美子『戦場の「慰安婦」――拉孟全滅戦を生き延びた朴永心の軌跡』（2003）がある。前出の浅野は、この問題に関しても、米国国立公文書館の史料も含めた多くの参考資料にあたり、実証的に議論を進めている。軍事史学会の『軍事史学』に掲載された論文、浅野豊美「北ビルマ・雲南戦線における日本軍の作戦展開と「慰安婦」達」（2007）は、大変示唆的な論文である。抗日博物館に展示されている写真資料についても詳しい説明があり、興味深い。

引用文献

浅野豊美 2006「北ビルマ・雲南作戦と日中戦争」波多野澄雄・戸部純一編『日中戦争の軍事的展開』慶應義塾大学出版会.
―― 2007「北ビルマ・雲南戦線における日本軍の作戦展開と「慰安婦」達」軍事史学会『軍事史学』錦正社.
石井咬 1954『拉孟・騰越――玉砕の真相』雲龍会.
石島紀之 1984『中国抗日戦争史』青木書店.
―― 2004『雲南と近代中国』青木書店.
相良俊輔 1972『菊と龍――祖国への栄光の戦い』光人社.
西野瑠美子 2003『戦場の「慰安婦」――拉孟全滅戦を生き延びた朴永心の軌跡』明石書店.
古山高麗雄［1982］2003『断作戦』文藝春秋.
――［1985］2003『竜陵会戦』文藝春秋.
防衛庁防衛研修所戦史室 1969『戦史叢書　イワラジ会戦――ビルマ防衛の破綻』朝雲新聞社.
陸戦史研究普及会編 1970『陸戦史集16　第二次世界対戦史 雲南正面の作戦・ビルマ北東部の血戦』原書房.

終章　近代社会における平和

荻野　昌弘

戦争と聖なるもの

今日、日本では戦争は絶対的な「悪」であるという考え方が支配的である。しかし、ロジェ・カイヨワは、『戦争論』のなかで、十九世紀の西欧では、戦争を賛美する議論が数多く出てきた点を強調する。ヘーゲルによれば、「戦争は、社会集団の在り方を極度に社会化するための契機」となり、「戦争が聖なる力」となる。また、プルードンは、戦争が「われわれの理性の一つの形態であり、われわれの魂の一つの法であり、われわれの存在の一つの条件である」と言う。そして、戦争擁護論を文学的に表現しているのは、次のドストィエフスキーの言葉である。

そうだ！　流された血が偉大なのだ。われわれの時代には、戦争が必要である。もし、戦争がなかったら、世界は瓦解してしまうだろう。あるいは少なくとも、壊疽にかかった体から流れ出す血膿のようなものでしかなかったろう（Caillois 1963 = 1974: 183）。

カイヨワによれば、ドストィエフスキーは、「平和が永く続くと、偽善と無恥が生じる」が、「戦争が、その時の精神的雰囲気を一新することを期待した」と言う。社会秩序の形成のために、国家による戦争が必要なときがあるという点で、ヘーゲル、プルードン、ドストィエフスキーというそれぞれ個性ある思想をもった知識人が一致した見解を提示していたのである。

祭りと戦争

実は、類似の視点は、社会学の古典エミール・デュルケームの『宗教生活の原初形態』にも見ることができる。デュルケームは、宗教の起源に沸騰状態があることを指摘し、沸騰状態について、次のように記述している。

このような高揚状態に達したならば、ひとは我を忘れる。ひとは、自分を通常と異なって思考させ行動させる一種の外的な力に支配され、引きずられていると感じるので、自然に、自分は自分自身でないという印象を抱く。自分が新たな存在になったかのように思われてくる。（中略）そして、時を同じくして、仲間たちもすべて同じように自分たちが変容するのを感じ、その感情を叫び声や身振りや態度によって表現するので、あたかも、通常生活している世界とまったくちがった世界、すなわち、自分のなかに侵入し、みずからを変身させる例外的に強い力で満ちた環境のなかに実際に移されたかのようにすべてが経過する（Durkheim［1912］1985: 312）。

デュルケームは祭りや革命において、こうした沸騰状態が生じると考え、特に血の役割について、言及している。デュルケームは、聖なる場所に血を捧げる儀礼がある点に触れ、革命においても、流血があり、暴力を通じて、既成の秩序が解体するなかから新たな秩序が生まれる点を強調している。

カイヨワがバタイユとともに開催していた社会学研究会では、デュルケーム社会学を集中的に研究していた。『人間と聖なるもの』（Caillois［1939］1988 = 1994）はその成果のひとつであり、カイヨワは、この著書のなかで、デュルケームの沸騰概念から出発しながら、祭りの理論を展開している。この理論に基づいて、カイヨワは祭りと戦争の類似性について比較考察し、かつて祭りが担っていた社会的機能を戦争が果たすようになったと指摘している。祭りにおいても、戦争においても、日常生活では許されないことが、逆に推奨されるようになる。「日常の法に反するような、度はずれた、犯罪的な行動をするよう義務づけられ」、まさに「道徳的規律の根源的逆転」が起こるのである。また、デュルケームは、祭りでは、人間は変身すると指摘したが、カイヨワによれば、戦争においても、「個人は事物の根底をかいま見たと信じ、そこで変身する」（Caillois 1963 = 1974: 241）。

第一次世界大戦に精鋭部隊の将校として参加したエルンスト・ユンガーの説は、戦争こそひとを変身させるという考え方を裏づけるようなものである。ユンガーは、戦争が技術によって高度化すると、兵士は巨大な戦争機械の単なる歯車にすぎなくなってしまうと言う。しかし、ユンガーは、二十世紀の戦争では、個人としての尊厳が完全に否定され、無惨に死んでいくだけだとは考えなかった。まったく反対に、戦争が過酷になればなるほど、戦争が人生に意味を与える唯一の源泉になると考えたのである。ユンガーによれば、戦争は「決定的な啓示」であり、戦争によって人生は「神々を喜ばしめるところの崇高にして血みどろな遊戯」になる。カイヨワは、ユンガーが提示した「結論」を引用する。

戦闘というものに向かって、諸々の力が絶ゆることなく展開していくという、この事実を前にするとき、一切の営為が消え失せ、一切の思考がその価値を失う。人はそこに、世界の根本原理をなすところの、ある不可思議な力の現われを認める。この力は、これまでつねに存在し、これからもずっと存在するものなのである。人間が存在しなくなり、したがって戦争もなくなってしまったずっとずっと後までも（Caillois 1963 = 1974: 208）。

世界には「根本原理」を構成する力があり、その前で、いかにあがこうとも、いかんともしがたい。戦争を行う人間も、この根本原理に動かされているにすぎない。ユンガーは、この事実を受け止め、積極的に戦争に参加するべきだと言うのである。ユンガーの説は不気味であり、しかも、それは巧みな文学的表現によって増幅されている。カイヨワは、このユンガーの結論を「戦争の恐怖そのものが引き起こしたこの眩暈を、極端な形で現した」と注釈している。

ユンガーの戦争論は、カイヨワのように戦争の恐怖が極限に達するときに出てきたと考えることもできるが、それ以上に根本的な問題を孕んでいる。それは、個と全体の問題である。

個と社会

近代国家においては、誰もが平等に個人としての権利をもつようになる。カイヨワは、それは戦争によって生みだされたものだと考えている。しかし、仮に戦争がナショナリズムを高揚させ、国家に一体感の幻想を与えるとしても、戦争がない場合には、日常生活において、個人は孤立している。個人と社会のあいだに乖離が存在し、それを埋め合わせるのは難しい。そもそも、社会学の出発点に、近代社会において個人が孤立化し、その結果、秩序が不安定になっているという認識がある。カイヨワの視点に立てば、戦争が生みだした社会は、戦争状態にあることを必要としており、平和が訪れると同時に、ふたたび個人は孤独に苛まれるということになる。

戦争によって、個人と社会の乖離を克服しようという思想は、日本では、京都学派に見ることができるだろう。太平洋戦争の開戦前夜から、京都学派の四人の学者が三回にわたって行った座談会「世界史的立場と日本」（高坂・高山・西谷・鈴木 1943）では、戦争は個人に対してあるべき真の「場所」を与えるものとして捉えられている。「皇戦」において戦死することは、個人が世界創造に加わることであり、永遠に「大君」と「帰一」することを意味する。

現実には、軍隊に入ることにより、孤独から解放されるわけではない。戦争の肥大化は、むしろ逆に、個人として戦争に参加することの不条理を浮き彫りにする。カイヨワは、第一次世界大戦から、戦争がしだいに「全体戦争」の様相を帯び、大量の兵器が投入され、大量の兵士が動員される点を指摘する。軍隊は、「魚やイナゴの大群」に似たものとなり、「一人一人の兵士は」「見分けのつかぬものになってしまう」。

第一次世界大戦のヴェルダンにおける「塹壕の戦い」は、一九一六年二月からほぼ３００日間続き、独仏軍合わせて70万人もの戦死者が出ている。レマルクの小説『西部戦線異状なし』（Remarque 1929 = 1955）は、このときのドイツ軍の様子を描いている。主人公「僕」が属する第二中隊は、１５０人ほどの兵士が属していたが、交代で前線から下がり点呼してみると、生き残っていたのは「たった32人」だった。また、フランスの漫画家タルディは、第一次世界大戦を題材にした一連の漫画を描いているが、『それは、塹壕の戦いだった』の冒頭で、「一時間でも多く生き延びようとする兵士たち」の「死を前にしての苦しみの叫び」を表現しようとしたと述べている（Tardi 1993: 7）。

カイヨワの『戦争論』にこうした近代戦争がはらむ根本的不条理への言及は乏しい。しかし、レマルクやタルディの作品が表現しているのは、戦争は個人と社会の溝を埋めるどころか、戦争に巻き込まれていくひとびとは無力さを感じるだけだという点である。国家は、戦争の不条理を隠蔽するために、新たに、国家が兵士を顕彰する制度も生みだす。カイヨワによれば、それは無名戦士を英雄に仕立て上げることから出発する。

このような諸条件のなかで英雄とされるのは、もはや武勇をもってその名を轟かせた者のことではない。それは無名の兵士、いいかえれば、自分を無にすることをよく為し得た者、彼がどこにいるのか探し求めてもその痕跡さえないような者、をいうのである。人びとの尊敬はそれ以来、最も哀れなる者、すなわちその身体が最もひどく破壊され、もとの形をとどめぬまでになってしまった者に対して、捧げられるようになった（Caillois 1963 = 1974: 192）。

無名戦士の顕彰の起源は、現在、観光客が多く集まる凱旋門にある第一次世界大戦（カイヨワのいう全体戦争）で戦死した無名戦士の墓である。一九二〇年、戦場のひとつであるヴェルダンの戦没者慰霊祭の後、132連隊の一兵卒が、8棺用意されていた無名戦士の棺から6番目の棺を選び、それがヴェルダンのドゥオーモン要塞からパリに送られる。「132連隊の1、3、2を足すと6になる。また、132連隊は、第6大隊に属している。そこで、私は6番目の棺を選んだ」と一兵卒は述懐している。選ばれた兵士の棺には、「フランスの兵士（Le Soldat Français）」という銅製のプレートが付けられた。あるフランス兵士の墓ではない。フランス兵士を代表する意味をもつ棺と墓がここに誕生したのである。

実験室 対 実験室の戦争

第二次世界大戦を経過し、原子爆弾のような核兵器の破壊力を知った現在、ヴェルダンの塹壕の戦いでさえ、牧歌的な戦争に見えてしまう。塹壕から敵の兵士を見ることはまだ可能だったからである。『戦争論』は、一九六三年に描かれているが、その結論部分でカイヨワが予測している点は、不気味なほど当たっている。カイヨワは、湾岸戦争からイラク戦争に至る現代の戦争の性格を見事に言い当てている。戦争は、しだいに「戦闘」ではなくなるとカイヨワは言う。無名の兵士が大量に動員され、過酷な戦闘に向かうことはなくなり、戦争はいわば「発明家対発明家、研究室対研究室、研究所対研究所の抗争として現れる」（Caillois 1963 = 1974: 262）。そして、次のように予測する。

戦争は、一連の奇襲戦となるであろう。ここにおいて無防備な大衆は、遠くから発射された強力なロケットにより全滅させられるだけである。人間はもはやほとんど戦闘員ではない。彼は機械の下僕となり被害者となる。ここで人間が行うよう要求されていることは、定められた部署に留まり、所定の時を知らせる光信号があったならば、二つのハンドルを回し、三つのスイッチを下げるのに必要な反射運動を、間違いなく行なうことにすぎない（Caillois 1963 = 1974: 263）。

すでに、広島、長崎の原爆被害において見られたように、核兵器や化学兵器は、軍隊と市民を区別することなく、環境そのものを破壊してしまう。戦争、あるいは戦争を生みだす「力」は、国家が意識的に制御することさえできなくなるとして、次のように指摘する。

現代の戦争には、人間的な意味での原因はもうあり得ない。それは、計り難いほどの膨大な物量の、ゆっくりとした、しかし抗し難い運動により、運ばれてゆくかにみえる。一旦この運動がはじまってしまうと、もうその動きを止めることはできない（Caillois 1963 = 1974: 264）。

そして「目で見ることができず、微妙でしかも奇妙に非物質的な戦争は、一種の至上権をも」つ。拮抗する戦力をもった国家間の戦争ではなく、「国連軍」の名の下に、イラクのような一地域を劣化ウラン弾で爆撃するのは、まさにカイヨワが予測したように、戦争という国家の制御を超えてしまう巨大な装置が、世界的規模でその力を行使しているかのように見える。テロリズムもそのなかで生まれる。テロリズムは奇襲戦で、先手を打つことであり、科学技術の成果をうまく利用しながら少数で攻撃することだからである。カイヨワの理論に基づけば、米国やそれに追随するその他の国家も、テロリストも、眼に見えない巨大な力で突き動かされ、戦争に駆り立てられているにすぎない。

テロリズムの時代

今日、新たなタイプの戦争への恐怖が生まれている。それは、カイヨワが予測していたテロリズムの恐怖である。国家間の戦争においては、一種の規則が存在している。国家は、宣戦布告をしたうえで、戦闘状態に入ることを求められる。テロリズムはこうした規則には拘束されない。テロリズムは、まさにカイヨワが言う「目で見ることができず、微妙でしかも奇妙に非物質的な戦争」のなかで、唯一惨事を見えるかたちで提示する。

ペーター・スローターダイクによれば、この目で見ることができない戦争は、すでに第一次世界大戦から始まっている。スローターダイクによれば、第一次世界大戦で、ドイツ軍が毒ガス兵兵器を使用した時点から、戦争の質が大きく転換し、戦争はテロリズムの様相を帯びるようになる。というのも、ガス器を使用した兵器による攻撃は、特定の兵士を標的にするのではなく、汚染によって環境全体を破壊することをめざしているからである。この「大気へのテロ」、すなわち敵の吸っている空気への攻撃は、その後のひとびとの認識のあり方と生活を方向づける。

広島と長崎への原子爆弾投下もこの延長線上にあるが、一方で、それは、新たに放射能テロリズムへの道を切り開くものだった（Sloterdijk 2002 = 2003）。放射能テロリズムの技術は、カイヨワが指摘したように、研究室のなかでしだいに洗練されていった。いわゆる「核実験」である。核兵器を作るためであるにもかかわらず、それは実験と呼ばれた。そしてその結果、ビキニ環礁のように大規模な環境破壊が引き起こされ、一九五四年には第五福竜丸が被爆することになった。この段階では、核は直接戦争と結びついていた。

その後、原子力の平和利用の名のもとに、原子力発電の開発が進んだ。ただそれは、必ずしも電力の安定的供給という「平和」をもたらしたわけではない。それは、スリーマイル、チェルノブイリに代表されるような一連の惨事が続いたことに明らかである。そして、この惨事のリストに、福島第一原子力発電所の爆発が加わることになった。原発災害では、実験室のような原子力発電所がそれ自体、放射能テロを引き起こしてしまう。したがって、戦争のように明確な敵は存在していない。しかも、ひとたび災害が起こると、あまりにも効果的なテロリズムであるため、それがいつ収束するのかは不透明で、いわば、永久革命ならぬ永久テロに遭遇している状態に陥ってしまうのである。

なぜ日本では、広島と長崎、そしてビキニ環礁の水爆実験の被害に遭った第五福竜丸という被爆体験がありながら、チェルノブイリのような大事故が起こった後も、原子力発電を推進してきたのか。また、少なくともなぜ事故の可能性を認識して、それに対する対策を練ってこなかったのか。

第五福竜丸の事故を受けて、黒澤明が一九五五年に撮影した映画に『生きものの記録』がある。映画のなかで、志村喬が演じる主人公の老人は、原水爆への強い不安にかられる。そして、最後に精神病院に隔離される運命をたどる。老人が精神病院に隔離されるのは、見えない核への恐怖が共有されていないからである。核兵器、核実験による放射能汚染、そして原子力の平和利用の名の下に進んだ原子力発電という一連の核開発によって、核による大気テロへの恐怖を生むような状況が生じた。しかし、大多数のひとびとは、つねに原水爆への恐怖におののきながら生活しているわけではない。それは、「現在」における平和を享受できればよいと思うからである。平和である限り、「未来」に潜むリスクに対しては無自覚になってしまう。放射能テロリズムへの恐怖におののくひとがいても、『生きものの記録』の老人のように、重度のノイローゼとしてしか扱われないことが、放射能テロリズムに対する批判が一定の限度を超えて、広まらない理由であろう。

開発と原発

もうひとつの理由は、開発と関わりがある。

福島第一原発がある場所は、かつて軍用地だった。農林省開拓局管理課「昭和二〇年一〇月末現在旧軍用地に関する調査報告原義」によれば、双葉郡熊町村と新山町に陸軍磐城飛行隊が設置されていたとある。その総面積は、三百町歩である。敗戦直後は農地開拓が行われていたが、その後国土計画が土地のかなりの部分を買い取り、塩田を開発しようとしたが、うまくいかなかったようである。そこに目をつけたのが、東京電力と通商産業省である。一九六二年から、東京電力は国土計画からこの土地を30万坪購入する（大熊町史編纂委員会 1985: 834）。また、福島県開発公社が、大熊町と共同で一般の民有地66万坪を買収していく。日本原子力産業会議は、「当該地区は開拓農家が主体で、生産力・定着力ともに低い」と指摘しており、原発建設予定地が、開拓農家が戦後開拓した農地であったことがわかる。

戦後の農地開拓は、旧軍用地を中心に進んだ。開拓民の多くは海外からの引揚者であり、開拓地はけっして開墾に適した土地ではなかった。このため、開拓農家は用地買収にさほどの抵抗はなかったと記されている。一九六〇年代に進んだ大規模開発には、戦後の開拓地がしばしば利用された。東京国際空港が建設されることになる成田も、福島同様、戦後に開拓された土地だった。敗戦によって、海外の領土や戦場などから数多くの引揚者が帰還し、引揚者の手によって新たな農地が開拓されていくのである。ただ、新たに開拓用地として用意された土地は、けっして肥沃な土地ではない。「開拓農家」の「生産力」が低かったのは、そもそも土地自体が農地に適していなかったからである。

福島に限らず、戦後の農地開拓によって、戦前からの農地に加え、新たな農地が生まれた。それを開拓したのは、引揚者に農家の二男、三男などを加えた層であった。敗戦による国境の変化によって、移動を余儀なくされたひとびとが、新たな開拓地に囲い込まれていったのである。そこには、肥沃な土地の所有者と、そうでない戦後開拓地の所有者から成る新たな二重構造が生まれた（荻野 2012）。

このうち、戦後に開発された農地は、一九六〇年代から工業用地に転用されていく。そこに、国際空港や原子力発電所のように、戦後の社会において中核的な役割を果たすことになる施設がつくられていったのである。空港や原子力発電所の立地条件で、特に考慮されるのは、土地取得が容易であるかどうかという点である。そもそも、軍用地の選択が、農地には適さず、人口密度が低い土地を中心に行われていた。新たに開発用地を選択する際のこの基準は、戦後も変わることはなかった。『大熊町史』は、原子力発電所が東京ではなく、人口が少ない大熊町に誘致されたこと自体、「いかに技術的に安全性が強調されようとも原子力発電所の性格なるものが如実に示されているといわざるをえないであろう」（大熊町史編纂委員会 1985: 837）と指摘している。

この地域は大地震が頻繁に起こる地域であり、特に一九三八（昭和一三）年には、福島県沖でマグニチュード7以上の地震が5回も起こっている（大熊町史編纂委員会 1985: 9）。しかし、この点については考慮されず、あたかも隔離された実験室のなかに原発を作るかのように計画は進み、結局事故を招いたのである。それは、放射能テロリズムへのリスクよりは、現在の利益だけが追求された結果である。

フランケンシュタイン効果

カイヨワは、戦争を生みだす巨大な力を食い止めるには教育の力しかないというが、それに続けて、それは微力であり、その効果はすぐには現れないことを考えると「恐怖から抜けだすことができないのだ」と言い、『戦争論』を終える。

それでは、巨大な力となって押しとどめることができない戦争への誘惑を、ただ教育することによって防ぐことは可能なのか。あるいは、平和の重要性をただ強調するだけでよいのか。

ここでまず問題になるのは、絶対的な平和がありうるのか。そして、絶対平和主義を貫くことは、果たして可能なのかという点である。言いかえれば、暴力を完全に排除することは可能かという点である。序章でも触れたように、近代社会では、私人が暴力を行使する機会は限られる。それが文明の証であるかのようにも論じられている。しかし、一方で、近代戦争は大量殺戮をもたらしてきた。したがって、近代社会は平時における暴力の減少と、戦時における暴力の過剰という対極的な特徴をもっているのである。実は、この二つの相反する特徴が対となって、近代社会を形づくっている。

平和を絶対視する価値観は、この平時と戦時の二極構造のなかで、それ自体積極的な意味をもつようになってきた。しかし、戦争と平和の二極のなかで生まれた価値は、そのなかでのみ意味をもつのであり、言いかえれば平和主義自体、近代社会のなかで生まれた、戦争を生みだす近代社会の産物にすぎないかもしれないのである。中世に絶対的平和を説く思想家は存在していなかったのではないか。

また、カイヨワやスローターダイクが指摘したように、科学技術の進歩は戦争によってもたらされてきた側面が大きい。したがって、科学は人類に幸福と平和をもたらすとナイーブに考えることはできない。反対に、科学の進歩に戦争は不可欠とさえいえるかもしれないのである。

そもそも科学を進歩させようと思えば、既存の知識では解明されていない領域に挑まなければならない。その過程のなかで、「犠牲者」が出てしまう可能性を全面否定していては進歩がないという暗黙の了解があることだけは明らかなように思われる。それは、フランケンシュタイン効果とも呼ぶべきものである。フランケンシュタインは、フランケンシュタイン博士が作った人造人間だが、人間を脅かす怪物と化す。科学の成果には、負の側面があることをフランケンシュタインの物語は見事に表現している。

フランケンシュタイン効果の闇を顧慮することなく、近代化を積極的に推進する階級があり、それが現在ではグローバルに存在する。また、科学技術によって物質的な豊かさが保障されるという思想が広く流布しているため、多くの者は、近代の闇には目をつぶることになる。ただし、目をつぶっているだけなので、つねに不安が残る。不安は、制御可能なリスクを超えた不確定性が認識されているときに生まれる。近代精神を推進する階級は、この不安を自ら忘れ、またひとびとにも忘れさせるために、さまざまな手段を講じる。巨額の交付金や原発マネーの投入、原発は安全だという神話は、その端的な例である。

原発事故で明らかになったのは、原子炉の現状さえ把握できないため、いつ事故が収束するのかさえわからない事態が、事故後長期的に続くという点である。ひとたび原発事故が起こると、いかなる事態が発生するのかについては予測できるが、どのように事故を収束させていくかについてはわからない。福島第一原子力発電所は、いまやフランケンシュタインと化しているのである。

科学はフランケンシュタインを生んでしまう。しかし、フランケンシュタインに罪があるわけではない。科学だけではなく、近代社会は、まだ明らかになっていない不確定な世界に挑むことを最も基本的な前提としている。それは、近代の公準なのである。

また、福島第一原発が設置された場所が、旧軍用地で人口が少ない場所であったことが示すように、原子力発電所は、できるだけ都市から離れた場所に作られる。伊方原子力発電所がある愛媛県の佐田岬半島も、かつては「陸の孤島」と呼ばれ、陸路がまったく整備されていなかった。しかし、伊方原発のPRセンターである伊方ビジターハウスが無料で配布している紙袋には、「メロディーラインの旅」として、「佐田岬半島を貫く国道は、メロディーラインの名で親しまれています。約四〇kmの快適ドライブコースを、美しい海のメロディに心をなごまし、伊方ビジターハウスを基点に、いろいろな名所に感動する佐田岬半島の旅におでかけください」と記されている。国家は、原子力発電を通じて「陸の孤島」に踏み込み、近代の公準に従うかのように、そこを開発していったのである。

空白の場所　国家が統治していない世界

近代の公準を推進する近代国家は、国家の内部と外部を隔てる国境を明確にしたうえで、領土を拡大しようとする。国境を越えて、未知の土地に積極的に踏み込んでいくのも、不確定な世界に挑むという近代の公準に従った行為である。まだ、国家秩序に組み入れられていない空間を、つぎつぎと領土に組み込んでいこうとするのである。そして、そこに、近代の公準を持ち込もうとする。

そもそも、近代国家による植民や侵略以前には、さまざまな統治形態が存在していた。たとえば、本書第7章でも取り上げた日中戦争の主要な舞台のひとつである雲南省は、清朝の時代には、封建諸侯が事実上支配している場所もあれば、漢民族以外の民族が自律的に社会を営み、清朝の権力が入り込んでいない場所もあった。鳥居龍蔵による調査の記録はそれを明らかにしている。

鳥居龍蔵は、一九〇二〜三年にかけて、雲南省の少数民族を調査しているが、次のような逸話を紹介している。

> 余はまず役所についてロロ調査の件を交渉すると、応対した官吏は壮年の人であって、あまり威厳の無さそうな人物であったが、余の申し出を聞いて非常に驚き、これを阻止しようと企てた。元来この付近のロロは獰猛で、むかしからしばしばシナ人の市街に対して襲撃を試みた来歴があるので、もし今回の調査に際して彼らの意にさからうようなことがあったら、またもやどんな騒ぎになるものでもあるまい……（鳥居 1980: 141）。

ここでロロと呼ばれているのは、現在の彝《イ》族のことである。清朝の官吏が常駐しているとはいえ、山岳部には、さまざまな民族が暮らしていた。そこには、多様性を認める世界が存在していたのである。

この状態は、一九一二年に中華民国政府が誕生しても、大きくは変わらなかったようである。そして、近代的統治が不在であったために、雲南省は戦場と化す。日本軍が、ビルマ（現在のミャンマー）から北上し、雲南省の騰衝に司令部を置き、一帯を占領したのである。

結局、騰衝とその周辺部は、国民党軍および連合軍と日本軍との熾烈な戦闘が繰り広げられ、日本軍はほぼ全滅した。雲南省で日本軍を打ち破ったのは、国民党軍であった。しかし、その後共産党とのあいだに激しい内戦が起こり、また、雲南省に割拠していた封建領主と共産党軍とのあいだにも激しい戦闘が繰り広げられた。最終的に共産党が勝利して、一九四九年に中華人民共和国が成立し、近代的統治のための制度化が本格的に進められることになった。その柱が「民族識別工作」であり、この政策によって、雲南省の少数民族は25にまとめられた。彝族という名称も、このときにつけられたものである。彝族という民族名称とは別に、そもそも、彝族と総称されるひとびとのなかには、サニ、ニスーなどという自称の異なる「民族」が存在する。サニとニスーでは話す言語も同じではない。これは、「支系」と呼ばれるが、公的に認められた名称ではない。民族識別工作によって、本来の自らの呼び名は公的制度からは消滅し、新たに与えられた彝という総称だけが認められているのである。

中華人民共和国は、中華民国に比べ、はるかに近代的であり、近代の公準に基づいて、統治を推し進めた。その結果、雲南省に限らず、中華人民共和国以前には足を踏み入れなかった地域にまで、漢族が進出する。たとえば、新疆ウイグル自治区では一九四九年には漢族が全人口に占める比率が6・9％だったが、一九六四年には31・4％に増加している（毛里 1993: 120）。これは、近代的な植民政策の成果なのである。

戦場空間と移動

雲南省の事例に限らず、近代戦争はしばしば国家制度によって統治されていない場所をめぐって起こる。その際、戦場となった地域の住民が、被害を被ることはいうまでもない。本書第6章で取り上げたフィリピンのマパニケ村の事例はそのひとつであった。

争奪戦の対象地域の住民は、国家への帰属という観点に立てば、複数の国家に帰属しうるような状態にある。日中戦争の舞台のひとつとなった雲南省がこうした地域の典型であることは、今日に至るまで、ミャンマーと中国の国境が確定していないことが示している。

また、争奪戦の対象地域にはさまざまなひとびとが流入する。本書第7章で取り上げた中華人民共和国による統治以前の雲南省では、中華民国政府の官吏、封建領主、漢民族以外のさまざまな民族が棲み分けていた。そこが戦場となり、日本軍、国民党軍、連合軍が戦闘を繰り広げ、また従軍慰安婦のように、軍隊によって無理やり連れて来られたひとびとまで存在した。その後も国民党と共産党のあいだで内戦があり、中華人民共和国が成立すると、多くの漢族が移動してくることになった。

近代的統治が存在しない地域は戦場となると同時に、移動を加速化するエンジンの役割を果たす。実は近代における移動は、こうした空白の地域を中心として進んできたのである。たとえば満州への植民と、敗戦によるそこからの撤退、すなわち引揚げは、こうしたなかで生まれている。

アメリカ合衆国の成立自体、同様に捉えることができる。十七世紀のアメリカ大陸は、国家による統治が行われていない場所であったため、近代国家イギリスによる本格的な植民地政策の対象となった。その結果、現在先住民と呼ばれるひとびとが生活していた場所が、しだいにイギリス系移民に侵略されていった。

このイギリスの植民地が、アメリカ合衆国として独立すると、いよいよアメリカ合衆国という近代国家によるアメリカ大陸の植民地化が始まる。十九世紀のアメリカが、「アメリカインディアン」と合衆国の騎兵隊との戦争に彩られたことはいうまでもない。それが合衆国軍による勝利に終わったことも、歴史的に明らかである。この一連の米国の植民政策のなかで、日本からの移民も受け入れられた。典型的な近代国家としての米国がアメリカ大陸を植民地化する過程で、そこに日系移民も参入していったのである。

第5章で取り上げた在米被爆者もこうした大きな歴史の流れのなかで生みだされている。在米被爆者たちの一言で言い表すことができない被爆体験や日米両国への「想い」は、個人の力では抗いがたい近代史のうねりのなかで出てくるものであろう。

戦争と差別

戦争の犠牲者とはどのような存在なのかについて、考えてみよう。戦争による死者＝犠牲者は、動員された兵士をはじめとして、さまざまなカテゴリーに分類できる。しかし、本書第5、6、7章および叢書全3巻を通じて特に着目した戦争の犠牲者は、突然、近代国家による陣取り合戦の対象となり、戦争に巻き込まれた無辜のひとびとであり、また、この陣取り合戦が進むなかで、移動の波に飲み込まれたひとびとである。

これらのひとびとは、近代国家の中枢から距離があり、戦争を通じて発展してきた近代国家が争奪戦の対象とした、近代国家から取り込まれていない空白の空間に、生活するひとびとである。もともとそこに住んでいたひとびともいれば、移動してきたひとびともいるが、不条理な戦争被害を最も直接に被りやすいひとびとであることは疑いない。

そもそも、軍隊の駐屯地自体が、近代国家の中枢から外れた場所に設置される。琉球王国があった沖縄は、近代国家日本に組み込まれ、太平洋戦争では島全体が戦場となった。日本の敗戦後、米国に占領されると、沖縄本島はまさに基地の島となった。それは、沖縄返還後も変わらない。沖縄には、軍隊を中心として、外部からさまざまな移動民が入り込んだ。一方で、沖縄は戦争前から移民の送り出し地域でもあった。

戦争と平和の問題を考えるとき、何よりもまず、戦場となるのは、国家による統治が十分に行き届いていない場所であり、しかもその場所が、人の移動を生みだしていることを認識しなければならない。こうした場所に生活していると、暴力の危険にさらされる可能性が高くなる。誰もが、一様に平和を享受できるわけではないのである。これは、戦争の被害が差別問題でもあることを意味する。戦場となる可能性を秘めた境界のはざまで生活するひとびとは、近代国家にとっての〈他者〉である。そして、ときに近代国家による包含、ときに排除の対象となる。真の意味で平和とは何かを問うためには、こうした他者がいかに創出されるのかを問うこと、つまり他者問題を解明していかなければならないのである。

他者問題の解明

そのために、本書ではさまざまな方法が採られた。

第1章では、戦争が生みだす社会の変容を人口動態という客観的な指標から把握しようとした。人口統計は、都市社会学、地域社会学、家族社会学のような領域では利用されているが、それはほとんどの場合、少子高齢化とそれに伴う過疎化のように、直接人口の変動がもたらす社会問題に限られており、社会学において社会構造に不可欠な構成要素として人口を使う試みは、蘭信三（2008）などを除けば、意外なほど乏しい。しかし、経験的研究として、マクロレベルでの社会変動を考えるうえで、人口動態を考慮することは不可欠であろう。

また、第2章と第3章では、地図が積極的に利用されている。地図の利用は、都市社会学では進んでおり、「社会地図」の作成が行われている（倉沢・浅川編 2004）。しかし、本書における地図の利用は、社会地図というよりは、より具体的で、特化された地域における空間編成上の物理的な変化を読み取るためのものである。社会移動が社会階層間における移動を意味するのに対して、人口移動は物理的な空間移動を問題にする。本書では同じように、地図は社会地図というよりは、端的に空間地図を意味している。

第5章は、在米被爆者との長期的な交流のなかで得られた膨大な語りのデータに基づいている。このデータはそれ自体非常に価値があり、これを通じて在米被爆者の気持ちの「ゆらぎ」をあぶり出すことが可能になる。ここで用いられた質的調査の方法は、通り一辺倒の聴き取り調査や、あらかじめ設定された「物語」に誘導するようなインタビューとは一線を画するものである。

第4、6、7章では、映像や写真のようなイメージを分析のツールとしている。特に第6章では、暴力の記憶をかたちにするために、記憶をとどめる当事者たちによって写真を撮影するフォトボイスという方法が用いられた。空間と記憶の結びつきを活かし、これを調査に用いたのである。

人口統計、地図、写真や映像は、近代の産物である。ベネディクト・アンダーソンの『想像の共同体』（［1983］1991＝1997）では、「人口調査、地図、博物館」という章があり、人口統計と地図は近代国家の形成と密接な関わりがあることが示されている。それは、近代国家の支配のために発達したツールであるといって間違いない。つまり、本書で用いた方法は、近代国家による支配のためにまず用いられたものなのである。方法論に限らず、知識を得ようとするとき、われわれもまた、近代国家が推進する近代の公準から逃れることはできない。『戦争が生みだす社会』という著書自体、ある意味で近代の産物なのである。

それでは、知識を求める限り、近代の公準に基づかざるをえず、またそれが生みだすフランケンシュタイン効果を避けることは不可能なのだろうか。

近代の公準では、まだ明らかになっていない不確定な世界に挑むことを基本的な前提としている。それは、ある時点において、結果や結論が出ていないようなさまざまな「実験」が試みられることを意味する。すでに見たように、戦争自体が実験の様相を帯びており、実際の戦闘とそのシミュレーションとのあいだに差異がないようにさえ見える。原子力発電所に隣接して必ず存在するPRセンター（一種の博物館）では、原子力発電所を模倣した疑似実験装置（シミュラークル）が展示されており、放射性物質が絶対に漏れることのない完全無欠な装置として紹介されている。この疑似実験装置を含む展示装置は、ディズニーランドにあるさまざまな遊戯施設のようにみえ、事実子どもがそこで遊べるようになっている。

原子力発電所の実態がこの純化された展示とまったく異なることは、堀江邦夫のようなジャーナリストによって、かなり以前から指摘されている（堀江 1979; 堀江・水木 2011）。科学博物館のような装いで、一見何らの政治的主張はしていないにもかかわらず、原子力発電所ＰＲセンターは、その名の通り、原子力発電を強力にＰＲしているのである。これは、社会学を含む社会科学の対象が、大きく変化しなければならないことを示している。もはや、狭義の政治的イデオロギーによる対立図式だけでは、社会的現実をとらえることはできないのである。原発推進の思想は、経済的効率や二酸化炭素削減に資するためといった現実主義的なものというよりは、現実から隔離された実験室の正当性をいかに守るかという問題意識に基づいている。その意味で、まさにＰＲセンターの疑似実験装置自体が、原発推進の思想なのである。

これは、ＰＲセンターにとどまらず、地政学的な視点にもいえることである。各国の政治的・軍事的戦略に関するシミュレーションそれ自体が、実験室の思想から生まれている。残念ながら、こうした点が社会科学の対象となることはほとんどない。無党派層が増大し、政治的な無関心あるいは無力感が取りざたされているが、それは、本来取り上げられるべきこうした論点が十分に意識化されていないことにも起因している。

ここでは、われわれは意識化していくべき対象をデュルケームがかつて用いた集合表象という用語にならって、表象という概念でとらえていくことを提案したい。集合表象は、本来、社会に関するさまざまなイメージ、知識、表現されたものを意味する。ただ、ここでは、表現された内容だけではなく、表現の方法、表現する営みそのものも表象分析の対象とする。また、表象された内容は、物事の「ありのまま」を表象するというよりは、表象する主体の関心によって、構築されたものとみなす。表象と似た概念にイデオロギーがあるが、イデオロギーは、文字言語の表現と結びついているのに対して、表象は、映像、音声や、たとえば展示装置のようなさまざまなモノを含む。人口統計や地図も、表象するためにある。そして、さまざまなメディアによって表象された内容と表現形態は、それ自体分析の対象となる。

しかし、単に表象されたものを分析するだけではなく、第6章のフォトボイスにおける写真のように、表象メディアを積極的に利用していくことにも、意味が見出されるべきである。近代国家が生みだした管理のための方法・手段を、誰もが、みずから措定した目的で利用できるようになっている点が、評価されるべき近代社会の特質なのである。

ところで、日本は隣国とのあいだで国境線と領土をめぐって、現在も対立が続いている。諸国家は国家が十分に統治していない空白の世界を埋めようとする以上、これは当然のことであるともいえる。また、この問題には、第二次世界大戦の歴史的解釈をめぐる対立も関係している。こうした問題に関して、解決策を現時点で提示することは非常に難しい。

ただ、歴史のとらえ方については、本書のようなアプローチによって、認識のあり方そのものを転換していくことは可能である。それは、歴史的現実を当事者と研究者、あるいは研究者間の相互作用によって構築していくという方法である。本書第5章が示した、在米被爆者と研究者との相互作用、第6章のフィリピンのマパニケ村の世代間および村人と研究者との相互作用、そして第7章のような雲南省の戦争で兵士だったひとびとと日中の研究者との相互作用は、そうした試みのひとつである。人間が生きている以上、必ず衝突は起こる。しかし、それをいかに解決していくかを政治的交渉以外の場においても考え実践していくことが、現在ほど求められている時代はない。

文献

Anderson, Benedict［1983］1991 *Imagined Communities: Reflections on the Origin and Spread of Nationalism*, Verso.（＝1997 白石隆・白石さや訳『増補 想像の共同体――ナショナリズムの起源と流行』NTT出版.）
蘭信三編 2008『日本帝国をめぐる人口移動の国際社会学』不二出版.
Caillois, Roger［1939］1988, *L'Homme et le sacré*, Flammarion.（＝1994 塚原史・小幡一雄・守永直幹・吉本素子・中村典子訳『人間と聖なるもの　改訳版』せりか書房.）
Caillois, Roger, 1963, *Bellone ou la pente de la guerre*, Renaissance de la livre.（＝1974 秋枝茂夫訳『戦争論――われわれの内にひそむ女神ベローナ』法政大学出版局.）
Durkheim, Émile,［1912］1985, *Les formes élémentaires de la vie religieuse*, P.U.F.（＝1975 古野清人訳『宗教生活の原初形態　上・下』岩波文庫.）
堀江邦夫 1979『原発ジプシー』現代書館.
堀江邦夫・水木しげる 2011『福島原発の闇――原発下請け労働者の現実』朝日新聞出版.
高坂正顕・高山岩男・西谷啓治・鈴木成高 1943『世界史的立場と日本』中央公論社.
倉沢進・浅川達人編 2004『新編　東京圏の社会地図　一九七五―九〇』東京大学出版会.
毛里和子 1993『現代中国政治』名古屋大学出版会.
荻野昌弘 2012『開発空間の暴力――いじめ自殺を生む風景』新曜社.

大熊町史編纂委員会 1985『大熊町史』大熊町.
Remarque, Erich Maria, 1929, *Im Westen nichts Neues*, Propyläen.（＝1955 秦豊吉訳『西部戦線異状なし』新潮文庫.）
Sloterdijk, Peter, 2002, *Luftbeben*, Suhrkamp.（＝2003 仲正昌樹訳『空震――テロの源泉にて』御茶の水書房.）
Tardi, Jacques, 1993, *C'était la guerre des tranchées*, Casterman.
鳥居龍蔵 1980『中国の少数民族地帯をゆく』朝日新聞社.

編者紹介

荻野　昌弘（おぎの　まさひろ）　**序文，序章，終章**

1957 年千葉県生まれ
パリ第七大学大学院社会科学研究科博士課程修了　博士（社会学）
関西学院大学社会学部教授
専攻　文化社会学，歴史社会学，社会学理論
主著
『資本主義と他者』関西学院大学出版会，1998.
Fissures, Ed. de la Villette, 1998.
『文化遺産の社会学─ルーブル美術館から原爆ドームまで』（編著）新曜社，2002.
『零度の社会─詐欺と贈与の社会学』世界思想社，2005.（英訳 *Scam and Sweeteners, Sociology of Fraud*, Trans Pacific Press, 2007.）
『文化・メディアが生み出す排除と解放　差別と排除の〔いま〕3』（編著）明石書店，2011.
Un Japonais en Haute-Marne, Ed. Châtelet-Voltaire, 2011.
『開発空間の暴力─いじめ自殺を生む風景』新曜社，2012.

叢書　戦争が生みだす社会　I
［関西学院大学先端社会研究所］
戦後社会の変動と記憶

初版第 1 刷発行　2013 年 2 月 25 日

編　者　荻野　昌弘
発行者　塩浦　暲
発行所　株式会社　新曜社
101-0051　東京都千代田区神田神保町 2-10
電話（03）3264-4973（代）・FAX（03）3239-2958
E-mail：info@shin-yo-sha.co.jp
URL：http://www.shin-yo-sha.co.jp/

印　刷　長野印刷商工（株）
製　本　渋谷文泉閣

ISBN978-4-7885-1323-5　C3036

著者紹介（執筆順）

石田　淳（いしだ　あつし）　**第1章**

関西学院大学大学院社会学研究科博士後期課程修了　博士（社会学）
大阪経済大学人間科学部准教授
専攻：数理社会学，社会階層と不平等，社会意識
論文：「相対的剥奪と準拠集団の計量モデル —— Yitzhaki の個人相対的剥奪指数の応用」『理論と方法』26(2)，2011；"Trend Analysis of Anticipated Lifetime Income Inequality among Post-war Japanese Youth," *International Journal of Japanese Sociology* 19, 2010；「仮想的所得再分配による不平等と幸福総和の変動—2005年 SSM 調査データを用いたシミュレーション分析」『社会学評論』59(4), 2009.

前田　至剛（まえだ　のりたか）　**第2章**

関西学院大学大学院社会学研究科博士後期課程単位取得退学
皇學館大学文学部専任講師
専攻：空間の社会学，メディア／コミュニケーション
論文：「インターネットを介した精神疾患を患う人々のセルフヘルプ—流動的な形態の活動を中心に」『ソシオロジ』55(3), 2011；『文化・メディアが生み出す排除と解放』（共著）明石書店，2011.

今井　信雄（いまい　のぶお）　**第3章**

神戸大学大学院文化学研究科博士課程修了　博士（学術）
関西学院大学社会学部准教授
専攻：文化社会学
論文："Death, Modernity and Monuments: The Realities Expressed in the Monuments of the Hanshin-Awaji Earthquake," *International Journal of Japanese Sociology* 21, 2012；「死者と記憶」大野道邦・小川伸彦編『文化の社会学』文理閣 2009；「ある地方都市の噂—不確かな隣人とモータリゼーションの社会学」『日仏社会学会年報』17, 2007.

雪村まゆみ（ゆきむら　まゆみ）　**第4章**

関西学院大学大学院社会学研究科博士後期課程修了　博士（社会学）
関西学院大学社会学部任期制助教
専攻：文化社会学
論文：「ヴィシー政権下におけるアニメーションの制度化」『日仏社会学会年報』20, 2011；「戦争とアニメーション—文化の制度化をめぐる一考察」（博士論文，2010)．「戦争とアニメーション—職業としてのアニメーターの誕生プロセスについての考察から」『ソシオロジ』52(1), 2007.

池埜　聡（いけの　さとし）**第5章**

カリフォルニア大学ロサンゼルス校（UCLA）　Ph. D.

関西学院大学人間福祉学部教授

専攻：臨床ソーシャルワーク，心的外傷学

著書：『犯罪被害者支援とは何か―附属池田小事件の遺族と支援者による共同発信』（共著）ミネルヴァ書房，2004.

中尾　賀要子（なかお　かよこ）**第5章**

カリフォルニア大学ロサンゼルス校（UCLA）　Ph. D.

武庫川女子大学大学院臨床教育研究科講師

専攻：老年学，マイノリティ問題，老年学に基づく社会福祉教育

論文：Knowledge, Attitudes, Preferences, and Arrangement of End-of-life Care and Decision-Making among Japanese American Older Adults: Implications for Culturally-Sensitive Social Work Practice, Dissertation.

武田　丈（たけだ　じょう）**第6章**

テネシー大学　Ph. D.

関西学院大学人間福祉学部教授

専攻：ソーシャルワーク

著書：『ソーシャルワーカーのためのリサーチ・ワークブック』ミネルヴァ書房，2004；『フィリピン女性エンターテイナーのライフストーリー』（編著）関西学院大学出版会，2005；『アクション別フィールドワーク入門』（共編著）世界思想社，2008；*Behind the Drama of Filipino Entertainers in Japan*（eds.）Batis Center for Women, Inc. 2008.

李　永祥（リ　ヨン-シアン）**第7章**

1964年生　彝族出身　ワシントン大学　Ph. D.

中国雲南省社会科学院民族文学研究所主任研究員

専攻：人類学

著書：《泥石流灾害的人类学研究》知识产权出版社，2012；《国家权力与民族地区可持续发展：云南哀牢山区环境，发展与政策的人类学考察》中国书籍出版社，2008；《舞蹈人类学视野中的彝族烟盒舞》云南民族出版，2009

村島　健司（むらしま　けんじ）**第7章翻訳**

関西学院大学大学院社会学研究科博士後期課程修了　博士（社会学）　慈濟大學宗教與文化研究所（2009-2011）

関西学院大学社会学部非常勤講師

専攻：文化社会学，災害社会学，宗教社会学

著書：『災害復興――阪神・淡路大震災から10年』（共著）関西学院大学出版会，2005；前野みち子編『侯孝賢の詩学と時間のプリズム』（共訳）あるむ，2012.

人名索引

事項索引

さ行

120°
140°
160°
180°
160°
140°
120°
北極
日本中央標準時子午線
北極圏
アラスカ
滿洲國
新京
北京
南京
香港
東京
日本
太平洋
日附變更線
北回歸線
南回歸線
バンクーバー
サンフランシスコ
ハワイ諸島
4500
4800
3400
2100
3595
グアム島
マーシャル群島
サモア諸島
パウモツ諸島
ニューカレドニヤ
オーストラリヤ
シドニー
メルボルン
ニュージーランド
南極